Das Tor zur partnerschaftlichen Liebe

Band 2 des Buches:
Das Tor zur körperlichen Transformation
von M. St. Germain
ISBN 3-89568-137-7

Meister Saint Germain

Das Tor zur partnerschaftlichen Liebe

gechannelt von
Sibylle Weizenhöfer

ch. falk-verlag

Originalausgabe
© ch. falk-verlag, seeon 2005

3. Auflage, Juli 2010

Umschlaggestaltung: Ch. Falk und Ch. Riecken
      unter Verwendung eines Porträts von St. Germain
      mit freundlicher Genehmigung des R. Lippert-Verlags, 88639 Wald

Satz: Plejaden Publishing Service, Neetze
Druck: Druckerei Sonnenschein, Hersbruck
Printed in Germany
ISBN 3-89568-145-8

Inhalt

Das Tor des göttlichen Willens 7

Das göttliche Element Feuer und seine göttliche Gemahlin,
das göttliche Element Wasser 17

Adam und Lilith 26

Adam und die drei Engel Gottes 76

Lilith und Samael 100

Das Tor der partnerschaftlichen Liebe 238

Das Tor des göttlichen Willens

So seid gegrüßt, meine geliebten Erdenkinder!

Die bewusste Bereitschaft, den göttlichen Willen als Wurzel aller irdischen Wege, die eure Seele auf Erden zu gehen sucht, erkennen und akzeptieren zu lernen, ist stets der irdische Anfang, der euch in das Mysterium eurer göttlichen Natur auf Erden einzuführen vermag.

Euer eigenes Leben wird euch nur so lange als Mühsal erscheinen, bis ihr dieses erste Tor, das Tor des göttlichen Willens auf Erden, in euch und in eurem irdischen Leben zu festigen bereit seid.

Solange ihr selbst eure Lebenssituationen noch als Missgeschick oder als Unglück bezeichnet, solange finden sich einzelne Aspekte von euch noch nicht dazu bereit, euer eigenes Leben als die Empfängnis des göttlichen Willens in euch und in eurem Leben zu akzeptieren, sondern bewegen sich augenblicklich in die Illusion des Opfer-Daseins auf Erden.

Jede Illusion, die euch glauben lässt, ihr wäret das Opfer einer alltäglichen oder einer für euch schwerwiegenderen Situation, hindert euch daran, in eure bewusste Schöpferkraft zu treten, um der göttlichen Lernaufgabe in ihr Angesicht zu sehen, die durch euer Leben zu euch spricht.

Jede Herausforderung in eurem Leben ist darauf ausgerichtet, euch in eurer göttlichen Bewusstwerdung auf Erden optimal zu unterstützen.

Es braucht nur dein: Ich bin bereit!

Ich bin bereit, ein bewusster Herr und Meister, eine bewusste Herrin und Meisterin über mich und mein Leben zu sein!

Jedes irdische Brot ist die göttliche Nahrung, die eure Seele für ihre göttliche Entfaltung auf Erden benötigt.

Alle Situationen in eurem Leben sind euer eigenes göttliches Brot, das Gott und die Göttin für euch und durch euch von eurem Lebenshorizont auf euch regnen lassen, um euer göttliches Wachstum auf Erden bewusst zu unterstützen.

Jede Situation in eurem Leben ist optimal darauf ausgerichtet, euch in eurem göttlichen Wachstum auf Erden zu unterstützen.

Es braucht nicht eure irdischen Bewertungssysteme, wenn euch euer Leben mit euren göttlichen Herausforderungen konfrontiert.

Es braucht nicht eure Illusionen von schlechten Erfahrungen, um euer Leben in göttlicher Bereitschaft zu meistern.

Wenn ihr euch in euren Bewertungssystemen verstrickt, dann beginnt ihr euch in den Situationen zu schwächen, die ihr als negativ bezeichnet.

Jede Illusion von negativen Erfahrungen befördert euch direkt in die Illusion des Opfer-Seins und distanziert euch von eurer göttlichen Macht auf Erden.

Jede Illusion von negativen Erfahrungen distanziert euch in eurem bewussten Geist von eurer göttlichen Kraft, eurer göttlichen Stärke, eurer göttlichen Disziplin und eurem göttlichen Mut.

Der göttliche Wille auf Erden fordert euch dazu auf, Gott und die Göttin in allen Situationen anzuerkennen, die euch euer irdisches Leben zu überreichen sucht.

Alle Lebenssituationen, die ihr als negativ bezeichnet, sind meist eure größten Gelegenheiten, euer eigenes irdisches Dasein in seine göttliche Natur auf Erden zu transformieren.

Niemals würdet ihr sie erfahren, wenn ihr nicht die Fähigkeiten besäßet, sie optimal für euch und euren göttlichen Aufstieg auf Erden zu nutzen.

Ihr seid die göttlichen Kinder eurer göttlichen Eltern auf Erden.

Es ist die goldene Zeit, die euch Bewusstheit zu überreichen sucht über euer göttliches Erbe, das in euch auf Befreiung wartet.

Jede größere Herausforderung in eurem Leben darf euch daran erinnern, dass Gott und die Göttin euer unbewusstes göttliches Potential in euch zu entfalten suchen.

Nur die besten Schüler erhalten die schwierigsten Aufgaben!

Ihr dürft euch bewusst in jeder irdischen Lebenssituation danach fragen, wie ihr diese nutzen könnt, um euer göttliches Licht auf Erden optimal zu entfalten.

Es gibt immer eine göttliche Antwort in euch, die darauf wartet, von euch gefunden zu werden. Ist das nicht großartig?

In göttlicher Wahrhaftigkeit sind alle irdischen Aufgaben, die ihr als schwierig bezeichnet, immer ein großes Kompliment Gottes und der Göttin an euch, die in ihrem göttlichem Vertrauen in euer eigenes göttliches Licht die Zeit für reif halten, euch in eurem göttlichen Wachstum auf Erden optimal zu unterstützen.

Es braucht nur dein: Ich bin bereit!

Jede Lebenssituation, die von euch als göttliches Geschenk betrachtet wird, wird sich auch als göttliches Geschenk zu offenbaren wissen.

Trainiert eure göttliche Glaubenskraft in euch!

Werdet zu einem göttlichen Pfeil auf Erden, dessen Ziel immer die Bewusstheit über die göttliche Macht auf Erden ist.

Wenn euch etwas in eurem Leben für eine göttliche Lernaufgabe genommen wird, dann berücksichtigt, dass ihr bewusst daran glauben dürft, dass alles, was euch genommen wird, langfristig um vieles mehr beschenken wird, als es euch gekostet hat, wenn ihr eurer göttlichen Lernaufgabe bewusst ins Angesicht zu sehen bereit seid.

Wenn euch etwas in eurem Leben für eine göttliche Lernaufgabe genommen wird, dann berücksichtigt, dass ihr bewusst daran glauben dürft, dass euch nur etwas genommen werden kann, was in diesem Augenblick nicht zu euch gehört und euch in eurem göttlichen Fortschritt auf Erden behindert.

Diese göttliche Weisheit bezieht sich auch auf eure materielle Ebene, denn das Tor des göttlichen Willens bezieht sich auf den 1. Strahl Gottes und der Göttin auf Erden, der immer euer irdisches Quadrat und somit euer irdisches Leben kennzeichnet.

Erzengel Michael ist der göttliche Wille in eurem Leben, der nur dann von euch in seiner göttlichen Wahrhaftigkeit empfangen werden kann, wenn seine Gemahlin Erzengel Faith, der göttliche Glaube in euch, bewusstes Training und somit bewusste Bereitschaft von euch erhalten darf, den göttlichen Willen auch in eurem Leben empfangen zu wollen.

Alle Illusionen von göttlicher Strafe distanzieren euch von eurem wahren Glauben und verkennen Gott und Göttin in ihrer göttlichen Natur.

Alle Illusionen von göttlicher Strafe distanzieren euch von eurer wahren Glaubenskraft und verzerren das irdische Abbild des göttlichen Willens in eurem Leben.

Euer göttlicher Glaube ist die Kraft in euch, der eure irdischen Berge zu versetzen weiß.

An die göttliche Liebe in eurem irdischen Leben bewusst glauben zu wollen, die euch in jedem Augenblick optimal zu unterstützen sucht, ist wahrhaftig ein goldener Anfang, der euch über die irdische Materie zu erheben weiß und euch in eure göttliche Wahrhaftigkeit und somit in eure göttliche Fülle auf Erden zu führen sucht.

Es lebe der göttliche Wille in eurem Leben, der auf eure bewusste Empfänglichkeit und somit auf euren bewussten göttlichen Glauben zu warten bereit ist, bis dieser sich in euch auf die göttliche Fülle und somit auf die Empfängnis des göttlichen Willens in eurem Leben auszurichten weiß!

Es ist die goldene Zeit auf Erden, die euch an die grenzenlose Fülle Gottes und der Göttin in euch und in eurem Leben zu erinnern sucht.

Eure göttliche Glaubenskraft will bewusst in dieser goldenen Zeit in ihre göttlichen Bahnen gelenkt werden, damit sich die göttlichen Gesetzmäßigkeiten der göttlichen Macht in ihrer göttlichen Fülle in eurem irdischen Leben bewusst erfüllen dürfen.

Solange ihr an den Illusionen von Defizit, Strafe oder Mangel festzuhalten sucht, werdet ihr euch in eurer irdischen Realität der göttlichen Fülle entziehen.

Solange ihr an den Illusionen von Defizit, Strafe oder Mangel festzuhalten sucht, werdet ihr eure göttliche Glaubenskraft verzerren und somit für die Empfängnis des göttlichen Willens auf Erden blockieren.

Solange ihr an den Illusionen von Defizit, Strafe oder Mangel festzuhalten sucht, werdet ihr eure göttliche Glaubenskraft missbrauchen, um sie für die irdische Manifestation der Dramen eurer unerlösten Wunden auf Erden zu nutzen.

Eure göttliche Glaubenskraft will in dieser goldenen Zeit wahrhaftig ihre göttliche Transformation auf Erden erfahren.

Schritt für Schritt werdet ihr euch in dieser goldenen Zeit aller Glaubensmuster bewusst werden, die es in euch zu transformieren und somit zu erlösen gilt, um wieder ein reiner Kelch der göttlichen Empfängnis auf Erden zu werden.

Bedenkt dabei, meine geliebten Erdenkinder, dass die Übung einen Meister macht, und trainiert euch in der göttlichen Gelassenheit.

Es braucht nur dein: Ich bin bereit!

Es lebe das göttliche Licht in euch, das seinen göttlichen Weg auf Erden kennt und euch immer in alle irdischen Situationen zu führen sucht, die es für eure göttliche Meisterschaft auf Erden benötigt.

An eure eigene Göttlichkeit bewusst zu glauben, mag ein Weg der göttlichen Weisheit auf Erden sein, den es für euch bewusst zu beschreiten gilt.

Erst wenn ihr euch eurer eigenen Göttlichkeit ganz und gar bewusst zu werden bereit seid, wird es euch möglich sein, die Göttlichkeit in allem, was euch umgibt, anzuerkennen.

Erst wenn ihr euch eurer eigenen Göttlichkeit ganz und gar bewusst zu werden bereit seid, wird es euch möglich sein, die Göttlichkeit in allen euren Brüdern und Schwestern anzuerkennen.

Erst wenn ihr euch eurer eigenen Göttlichkeit ganz und gar bewusst zu werden bereit seid, wird es euch möglich sein, den göttlichen Willen in eurem Leben bewusst in seiner göttlichen Größe zu empfangen.

Es ist die goldene Zeit auf Erden, die euch bewusst an eure eigene Göttlichkeit zu erinnern sucht.

Erwacht, meine geliebten Erdenkinder, und findet den göttlichen Mut in euch, wieder bewusst an diese göttlichen Wahrheiten zu glauben, denn ihr seid das göttliche Licht eurer göttlichen Eltern in Tätigkeit auf Erden.

Ist das nicht großartig!

Es braucht nur dein: Ich bin bereit!

Jeder göttliche Weg auf Erden, den ihr bewusst zu gehen sucht, wird von euch gegangen werden und somit wahre Meisterschaft in euch ermöglichen.

Jeder göttliche Weg auf Erden gleicht einer kosmischen Leiter, die es Schritt für Schritt zu erklimmen gilt.

Keine Stufe einer kosmischen Leiter kann übersprungen werden.

Denn die wahre Reihenfolge, das rechte Maß und die wahre Beschaffenheit eines Dinges ermöglicht das eine goldene Werk!

Kennt ihr die wahre Reihenfolge, das rechte Maß und die wahre Beschaffenheit eines Dinges, dann seid ihr Herr und Meister, Herrin und Meisterin eines Dinges.

Euer irdisches Leben fordert eure göttliche Bereitschaft, einen Schritt nach dem anderen auf eurem Weg in eure göttliche Vollkommenheit auf Erden zu machen.

Es existiert keine göttliche Rechtfertigung für eure Illusionen der Eile.

Eure bewusste Bereitschaft, eure göttlichen Wege auf Erden meistern zu wollen, wird euch mit ganzer göttlicher Gewissheit an euer göttliches Ziel auf Erden geleiten.

In der göttlichen Ruhe und Gelassenheit findet ihr eure göttliche Kraft. Jede Stufe einer kosmischen Leiter, die es für die Integration eines göttlichen Weges in eurer irdischen Realität zu nehmen gilt, besteht aus irdischen Situationen, die es für euch zu meistern gilt.

Jede Stufe einer kosmischen Leiter, die es für die Integration eines göttlichen Weges in eurer irdischen Realität zu nehmen gilt, besteht aus irdischen Situationen, die euch alle eine göttliche Botschaft zu übermitteln suchen, die es für euch zu entschlüsseln und somit zu benennen gilt, um eure gegenwärtige Lebens-Stufe zu meistern.

Ihr seid Herr und Meister, Herrin und Meisterin über euch und euer irdisches Leben!

Es sind so viele der göttlichen Wege, die es für euch zu entschlüsseln und zu benennen gilt, wenn eure Seele in göttlicher Bereitschaft zu erwachen beginnt, um ihr eigenes Selbst bewusst in ihre göttliche Natur auf Erden zu erheben.

Doch erst wenn die göttlichen Wege des 1. Strahles Gottes und der Göttin wahre Integration in euch erfahren dürfen, kann sich euch das göttliche Mysterium ganz und gar offenbaren und euch in alle weiteren Wege der göttlichen Meisterschaft auf Erden führen.

Trainiert eure göttliche Glaubenskraft, um den göttlichen Willen in seiner wahren Vollkommenheit zu empfangen.

Trainiert euren göttlichen Mut, den göttlichen Willen in eurem Leben bewusst anerkennen und somit gebären zu wollen.

Trainiert eure göttliche Disziplin, die eure eigenen Gedanken zu ermahnen weiß, wenn unerlöste Wunden eure Klarsicht vernebeln und euch in die Welt der Illusionen des Opfer-Seins zu führen suchen.

Trainiert eure göttliche Stärke, die euch in euren irdischen Handlungen zu einem göttlichen Pfeil des göttlichen Willens auf Erden werden lässt.

Trainiert ihr den bewussten Umgang mit diesen vier göttlichen Eckpfeilern in eurem irdischen Leben, dann befindet ihr euch auf den göttlichen Wegen des 1. Strahles Gottes und der Göttin auf Erden.

Trainiert ihr den bewussten Umgang mit diesen vier göttlichen Eckpfeilern in eurem irdischen Leben, dann wird die göttliche Macht in eurem Leben alle weiteren Tore und somit Wege der göttlichen Meisterschaft auf Erden zu öffnen wissen, und der göttliche Schutz wird sich um eure Aura legen und euer irdisches Leben zu einem Lobgesang Gottes und der Göttin werden lassen.

Ihr seid die göttlichen Kinder eurer göttlichen Eltern auf Erden.

Es braucht nur dein: Ich bin bereit!

Wo ein göttlicher Wille ist, ist auch immer ein irdischer Weg, der sich euch zu seinem göttlichen Zeitpunkt offenbaren wird.

Wenn der göttliche Wille seinen Weg zu euch finden möchte, dann wird er ihn finden.

Wenn der göttliche Wille seinen Weg zu euch finden möchte, dann könnt ihr diesen langfristig ganz gewiss nicht übergehen und nicht übersehen.

Die Wege Gottes und der Göttin sind unergründlich.

Die göttliche Macht kennt keine irdischen Begrenzungen und keine irdischen Beschränkungen.

Ihr dürft euch entspannen, meine geliebten Erdenkinder, und euch wieder bewusst der göttlichen Führung in eurem Leben anvertrauen.

Werdet eins mit eurem göttlichen Schöpfer und eurer göttlichen Schöpferin. Vertraut der göttlichen Macht Gottes und der Göttin in eurem irdischen Leben, deren wahre Größe wahrhaft grenzenlos ist.

Jede Illusion von Kampf in eurem Leben ist in göttlicher Wahrhaftigkeit immer ein Kampf gegen die Macht Gottes und der Göttin.

Jede Illusion von Kampf in eurem Leben ist in göttlicher Wahrhaftigkeit immer ein in Frage stellen der göttlichen Macht in eurem Leben.

Gewiss mag es in eurem Leben Situationen geben, in denen ihr den göttlichen Willen noch nicht bei seinem wahren Namen zu benennen in der Lage seid.

Eure Unwissenheit sollte dennoch keine Rechtfertigung dafür bilden, die göttliche Macht in eurem Leben bewusst in Frage zu stellen.

Vielmehr darf es zu einer göttlichen Herausforderung für euch werden, den Weg der bewussten Übung zu beschreiten.

Denn Übung macht den Meister!

Es braucht nur dein: Ich bin bereit!

Als Jesus, der Christus in die Wüste ging, um zu meditieren, suchte der gefallene Engel ihn in Versuchung zu führen.

Er spottete über Jesus, weil dieser ohne Brot und somit ohne Nahrung in der Wüste saß.

Er fragte Jesus, warum denn sein großer Gott und seine große Göttin kein Brot für ihn manifestierten.

Jesus gab ihm zur Antwort, dass seine göttlichen Eltern ihm immer das Brot überreichen, das für seinen göttlichen Geist die beste Nahrung sei.

Es gibt immer Augenblicke in eurem Leben, da die Enthaltsamkeit ein besserer Lehrer zu sein vermag als der Weg der Fülle, wenn diese innerlich von euch noch nicht wahrhaftig erreicht wurde.

Immer wird euch euer irdisches Leben das tägliche Brot überreichen, das euch langfristig zu einem goldenen Lichtstrahl auf Erden werden lässt.

Euer tägliches Brot beschreibt eure materielle Ebene, eure täglichen Situationen und Erfahrungen.

Der göttliche Wille ist ein Segen, der in eurem Leben zu wirken weiß.

Es ist eure göttliche Aufgabe, diesen göttlichen Willen akzeptieren zu lernen und euch dabei nicht in euren Illusionen von Bewertungen zu verlieren, die euch nur an die Welt der Dualität zu ketten wissen.

Vertraut der göttlichen Macht eurer göttlichen Eltern in eurem Leben, denn sie ist wahrhaftig grenzenlos.

Wenn euch Augenblicke der inneren Zweifel für die Illusionen von Angriffen in eurem Leben öffnen, dann nehmt bewusst das göttliche Ruder eures freien Willens in die Hand und verkündet:

Erzengel Michael-Faith ist die einzige göttliche Macht, die in diesem Augenblick in meinem Leben wirken darf.

Euer freier Wille ist euer göttliches Geburtsrecht auf Erden.

Wenn euch Augenblicke der Illusionen von Unsicherheit überfallen, dann erlaubt euch bewusst, euren freien Willen einzusetzen, um selbst zu entscheiden, welche Macht in eurem Leben wirksam werden darf.

Ihr seid die göttlichen Kinder eurer göttlichen Eltern auf Erden.

Es braucht nur dein: Ich bin bereit!

Erzengel Michael-Faith mag gewiss eine großartige Wahl bedeuten, wenn es der göttliche Wille ist, den ihr in eurem Leben zu finden sucht.

Jeder von euch darf in jedem Augenblick das Gesicht Gottes und der Göttin frei in seinem Leben anrufen und somit bewusst in sein Leben befördern, zu dem ihr euch persönlich am stärksten hingezogen fühlt.

Es existiert keine Konkurrenz unter den Gesichtern Gottes und der Göttin auf Erden.

Es existiert keine Konkurrenz unter den Namen Gottes und der Göttin auf Erden.

Es existiert in euch jedoch eine Resonanz zu den Gesichtern und somit zu den Namen Gottes und der Göttin, die eurer wahren Seelenschwingung gleichen und euch somit optimal auf eurem göttlichen Weg auf Erden unterstützen.

Eure Seele kennt die wahren Namen eurer eigenen inneren Götter und Göttinnen, die es bewusst in eurem Leben zu integrieren gilt, um euch zu einem göttlichen Brennpunkt auf Erden werden zu lassen.

Der göttliche Wille wird euch immer wieder mit den Namen und den Gesichtern Gottes und der Göttin in irdischen Kontakt führen, die eure eigene innere Bestimmung in diesem Leben aufzuzeigen in der Lage sind.

Wenn ihr die göttlichen Mächte in euer Leben zu rufen bereit seid, dann entscheidet bewusst, welches Gesicht und somit welcher Name Gottes und der Göttin in eurem Leben wirksam werden darf.

Ihr seid die göttlichen Kinder eurer göttlichen Eltern in Tätigkeit auf Erden.

Es braucht nur dein: Ich bin bereit!

Trainiert eure göttliche Disziplin in eurem Geist und somit in euren Gedanken, damit sie euch in jedem Augenblick eures Lebens daran zu erinnern weiß, dass euer irdisches Leben ein Lobgesang Gottes und der Göttin auf Erden zu werden sucht.

Es braucht nur dein: Ich bin bereit!

Das göttliche Element Feuer und seine göttliche Gemahlin, das göttliche Element Wasser

Meister El Morya ist der Meister und somit der irdische Repräsentant des 1. Strahles Gottes und der Göttin auf Erden.

Zu Beginn eurer gegenwärtigen Epoche begrüßte er den neuen Morgen eurer Zeit als Noah, der mit seiner Arche auf Atlantis strandete.

Das war nach eurer gegenwärtigen Idee von Zeit vor 12.000 Jahren.

Im Laufe der letzten 12.000 Jahre wurde er immer wieder als Mensch auf Erden geboren, um die Entwicklung der Menschheit durch seinen Dienst zu unterstützen.

Er ist das göttliche Element Feuer in Tätigkeit auf Erden.

Das göttliche Element Feuer repräsentiert den göttlichen Willen auf Erden, den es bewusst in euch zu empfangen gilt.

Meister El Morya in euch zu integrieren, mag der goldene Anfang eurer göttlichen Wege auf Erden sein.

So wird er es nun sein, der euch in diesem Kapitel zu führen weiß.

Da wir jedoch die engste Verbindung zu unserem Kanal besitzen, werden wir ihn darin unterstützen dürfen, seine Worte durch unseren Kanal zu formen, und ihr werdet unsere persönliche Handschrift in jedem Wort und jeder Ausdrucksform der Dinge wiederfinden, die er euch durch dieses Buch zu überreichen sucht.

Meister Saint Germain

So seid gegrüßt, meine geliebten Erdenkinder.

Vor 12.000 Jahren strandeten wir mit unserer Arche Noah auf Atlantis.
 Welch´ großes Ereignis, das alle Antworten eurer gegenwärtigen Zeit in sich birgt!
 Euch die wahre Bedeutung dieses göttlichen Mysteriums zu offenbaren, ist unser göttliches Ziel.

Viele Antworten sind wir bereit, euch zu übermitteln, damit es euch möglich ist, euch wieder eurer göttlichen Natur auf Erden bewusst zu werden.
 Es werde Licht, so wie es euch von Anbeginn aller Zeiten offenbart wurde.

Wir wissen um alle Fehlüberlieferungen der menschlichen Geschichte in euren Geschichtsbüchern.
 Sie wurden geboren aus den unerlösten Wunden der Angst der Menschen vor der großen Göttin.
 Doch erst wenn ihr die wahren Namen eures Gottes und eurer Göttin kennt, seid ihr in der Lage, zu einem bewussten Schöpfer, einer bewussten Schöpferin auf Erden zu werden.
 Doch erst wenn ihr die wahren Namen eures Gottes und eurer Göttin kennt, seid ihr in der Lage, euch in ihr göttliches Ebenbild zu transformieren.
 Es werde Licht!

Die große Göttin ist auch euer eigener menschlicher Körper, der ein reiner Kelch der Empfänglichkeit für den Willen Gottes auf Erden zu sein sucht.

Euer menschlicher Körper, ob er nun ein weibliches oder ein männliches Geschlecht aufzeigt, besteht zu seinem größten Bestandteil aus dem Element Wasser.

Eure menschliche Geschichte zeigt zahlreiche Fehlüberlieferungen in der Benennung eurer weiblichen Elemente.

Viele heiligen Schriften wurden bewusst von einigen Menschen manipuliert, um die Gesichter der großen Göttin auf Erden zu entmachten.

Alle diese Wege wurden geboren aus den unerlösten Wunden der Angst der Menschheit vor ihrer eigenen Göttlichkeit, denn der menschliche Körper ist in seiner Substanz immer ein irdisches Abbild der großen Göttin.

Alle diese Wege wurden geboren aus den unerlösten Wunden der Angst der Menschheit vor ihrer eigenen Göttlichkeit, denn der menschliche Körper ist in seiner Ausdrucksform immer ein irdisches Abbild Gottes oder ein irdisches Abbild der Göttin.

So kann weder die Ausdrucksform Gottes noch die Ausdrucksform der Göttin in euch und in eurer irdischen Realität Anerkennung finden, wenn ihre weibliche Ur-Substanz nicht gewürdigt wird.

Aus eurer weiblichen Ur-Substanz gebärt ihr eure irdischen Ausdrucksformen.

In der irdischen Materie gebiert sich jedes Kind, ob männlich oder weiblich, aus seiner Mutter.

Wie im Kleinen, so im Großen ist alles nach dem einen Bilde erschaffen!

So kann der göttliche Wille in eurer irdischen Realität nicht bewusst empfangen werden, wenn ihr euch zu weigern sucht, die große Göttin in euch bewusst anzuerkennen.

Euer menschlicher Körper ist ein göttlicher Kelch.

Die Speicherzentralen der göttlichen Empfänglichkeit in eurem menschlichen Körper bestehen aus dem Element Wasser, das in eurem Körper fließt.

Das göttliche Element Wasser ist der göttliche Ausdruck der göttlichen Empfänglichkeit.

Das göttliche Element Wasser ist ein irdisches Abbild der großen Göttin, die euren ganzen Körper beherrscht.

Es ist wenig sinnvoll, wenn die Menschheit gegen Sie zu kämpfen sucht.

Es ist wenig sinnvoll, wenn die Menschheit Sie zu vergessen sucht.

Es ist wenig sinnvoll, wenn die Menschheit sich ihrer Göttlichkeit zu entziehen sucht.

Es ist immer nur ein Kampf gegen euch selbst, den ihr antreten werdet, wenn ihr Sie bewusst oder unbewusst aus eurer irdischen Realität auszugrenzen sucht und Ihr somit eure bewusste oder unbewusste Missachtung entgegenbringt.

Es ist die goldene Zeit, euch zu erheben, denn das ist der göttliche Wille in euch und um euch!

Erwacht, meine geliebten Erdenkinder!

Die große Göttin in euch anzuerkennen, ermöglicht es ihr, in euch und durch euch zu einem reinen Kelch der Empfänglichkeit für den göttlichen Willen auf Erden zu werden.

Trainiert gewissenhaft eure göttliche Glaubenskraft an eure eigene Göttlichkeit!

Trainiert gewissenhaft eure göttliche Glaubenskraft an euren göttlichen Vater und an eure göttliche Mutter auf Erden!

Denn Ihre Macht, die in euch zu wirken sucht, ist grenzenlos in eurer irdischen Realität, wenn ihr euch Ihrer in eurer irdischen Realität hinzugeben bereit seid.

Es gilt die unerlösten Wunden zu benennen, die wir auch die unerlösten Wunden der Angst vor eurer eigenen Göttlichkeit nennen.

Alles, was ihr in eurem Leben zu benennen sucht, will von euch verstanden werden, damit ihr es zu benennen in der Lage seid.

Die Bewusstheit eurer eigenen Göttlichkeit erzeugt immer das Feld der bewussten Verantwortung für eure eigenen göttlichen Schöpferkräfte, die viele Seelen zu vermeiden gesucht haben.

Die Bewusstheit eurer eigenen Göttlichkeit wird euch jegliche Möglichkeit rauben, in die Rolle des armen Opfers zu schlüpfen, das sich seinen göttlichen Herausforderungen, die ihm sein Leben zu überreichen sucht, nicht zu stellen braucht.

Die Bewusstheit eurer eigenen Göttlichkeit erzeugt immer das Feld des göttlichen Gehorsams, den es für euch auf Erden bewusst zu leisten gilt.

Der göttliche Gehorsam verbeugt sich vor eurer eigenen Göttlichkeit, die in euch zu wirken sucht.

Der göttliche Gehorsam verbeugt sich vor seinem Gott und seiner Göttin, die in allen euren irdischen Lebens- und Alltagssituationen zu wirken suchen.

Der göttliche Gehorsam verbeugt sich vor seinen Brüdern und Schwestern in eurem Leben, die euch den göttlichen Willen zu überreichen suchen.

Bewertet nicht die göttlichen Botschaften, die euch euer Leben überreicht, sondern übt euch darin, diese göttlichen Botschaften für euch zu entschlüsseln, denn sie suchen euch immer den göttlichen Weg der Erlösung eurer unerlösten Wunden auf Erden aufzuzeigen und euch ein Wegweiser auf eurer irdischen Reise in euer bewusstes göttliches Ich-Selbst auf Erden zu sein.

Es lebe der göttliche Wille in eurem Leben!

Alle unerlösten Wunden und alle irdischen Konflikte sind geboren aus der bewussten oder unbewussten Weigerung, eure eigene Göttlichkeit anzuerkennen, um nicht die bewusste Verantwortung für euer eigenes Leben übernehmen zu müssen.

Alle unerlösten Wunden und alle irdischen Konflikte sind geboren aus der bewussten oder unbewussten Weigerung, dem göttlichen Willen auf Erden Gehorsam zu leisten, der in euch zu wirken sucht.

Wenn ihr bereit dazu seid, euch in eurer eigenen Göttlichkeit anzuerkennen, dann wird es keine Trennung mehr zwischen euch und euren göttlichen Eltern geben können.

Wenn ihr bereit dazu seid, euch in eurer eigenen Göttlichkeit anzuerkennen, dann wird der Wille Gottes und der Göttin auch immer euer eigener Wille sein, der euch in eurem Leben zu führen sucht.
Das göttliche Element Feuer ist der Wille Gottes, der den reinen Kelch der Göttin zu befruchten sucht.

Das göttliche Element Feuer und das göttliche Element Wasser suchen immer eine göttliche Vereinigung zu erzeugen, aus der die göttliche Macht auf Erden geboren werden kann.

Das göttliche Element Wasser ist der reine Kelch der Göttin, der den göttlichen Willen in seiner göttlichen Wahrhaftigkeit zu empfangen weiß.

Stets durfte ich in meinen irdischen Inkarnationen das göttliche Feuer auf Erden verkörpern.

Als das göttliche Element Feuer benötige ich den reinen Kelch der Göttin auf Erden, der mich bewusst zu empfangen weiß.

Das göttliche Element Wasser ist der Schlüssel zu meiner göttlichen Macht auf Erden.

Durch die Vereinigung mit meiner göttlichen Auserwählten, der Stellvertreterin des göttlichen Elementes Wasser auf Erden, sollte das magische Quadrat der vier Elemente auf Erden gezeugt und geboren werden, das euch die göttliche Möglichkeit bietet, euch zu einem göttlichen Schöpfer, einer göttlichen Schöpferin auf Erden zu erheben.

Es ist eure göttliche Aufgabe auf Erden, durch die Vereinigung der göttlichen Elemente, die in euch pulsieren, euer eigenes magisches Quadrat in eurem eigenen Leben bewusst zu manifestieren.

Jede von euch Menschen gewählte Vereinigung auf Erden besitzt die göttliche Möglichkeit, das reine Gold Gottes und der Göttin auf Erden zu erzeugen und zu gebären, um diese Erde und euch selbst in eurer feinstofflichen Schwingung anzuheben, wenn diese Vereinigung dem göttlichen Willen auf Erden entspricht.

Euer Erdenplanet ist aus der Vereinigung des göttlichen Elementes Feuer mit dem göttlichen Element Wasser entstanden.

Zu Beginn eurer irdischen Entwicklung gab es eine große Explosion, aus der euer Erdenplanet gezeugt und geboren wurde.

Ein Feuerball, dessen innerster Kern aus Wasser bestand, reagierte in seinem äußeren göttlichen Element Feuer mit seinem innersten göttlichen Element Wasser.

Das Element Feuer drang in seinen innersten Kern, das Element Wasser, ein und befruchtete es.

Denn –

Am Anfang war das Feuer.
Am Anfang war das Wort.

Die Befruchtung des göttlichen Elementes Wasser durch das göttliche Element Feuer, war das gesprochene, das göttliche Wort, aus dem euer Erdenplanet gezeugt und geboren wurde.

Alles wurde gezeugt aus dem göttlichen Willen, dem göttlichen Element Feuer, das seine göttliche Gemahlin Wasser befruchtet hat.

Alles wurde geboren aus dem göttlichen Kelch, dem göttlichen Element Wasser, das sich von seinem göttlichen Gemahl Feuer befruchten ließ.

Feuer und Wasser ist des Rätsels Lösung, würde uns unser geliebter Lehrer Meister Saint Germain gewiss zur Antwort geben.

Aus der kraftvollen Vereinigung der göttlichen Elemente Feuer und Wasser wurden die Elemente Luft und Erde gezeugt und geboren.

Euer irdischer Lebensraum war entstanden.

Ihr seid in euch der göttliche Urmythos der Vereinigung von Feuer und Wasser, den es für euch bewusst zu bergen gilt, um euch in eurem innersten Streben selbst zu verstehen und somit benennen zu können.

Euer menschlicher Körper ist das Element Wasser, das sich der Befruchtung durch das Element Feuer, das euch umgibt, hingeben darf.

Das Element Feuer, das euch umgibt, bewusst in seiner göttlichen Form zu empfangen und zu erzeugen, mag euer Weg der göttlichen Bewusstwerdung auf Erden sein.

Ewiglich ist das göttliche Feuer auf der Suche nach dem reinen Kelch in euch, der das göttliche Feuer auf Erden bewusst zu empfangen weiß.

Eure Welt ist gezeugt und geboren aus der Vereinigung der göttlichen Elemente Feuer und Wasser.

Ein brennender Feuerball, der in seinem innersten Kern aus reinem Wasser bestand, war der Anfang aller irdischen Dinge.

Ein brennender Feuerball, der in seinem innersten Kern aus reinem Wasser besteht, wird das Ende aller irdischen Dinge sein.

Dieses Rätsel zu entschlüsseln, mag den Weg der göttlichen Erkenntnis und somit der göttlichen Erleuchtung auf Erden bedeuten.

Dieses Rätsel zu entschlüsseln, mag den Weg der göttlichen Alchemie bedeuten, die es für euch in eurer irdischen Realität bewusst zu begreifen gilt, um ein bewusster Herr und Meister, eine bewusste Herrin und Meisterin auf Erden zu sein.

Erst wenn sich euer eigener innerer Kelch in seiner göttlichen Reinheit befindet, wird eure Seele in der Lage sein, das göttliche Feuer in seiner göttlichen Feinstofflichkeit bewusst auf Erden zu erzeugen, und ihr werdet dann zu einem brennenden Feuerball des göttlichen Willens auf Erden, dessen innerer Kelch den göttlichen Willen bewusst zu empfangen weiß.

Als Meister des 1. Strahles Gottes und der Göttin auf Erden bin ich in meinen irdischen Inkarnationen den Weg des Elementes Feuer von seiner irdischen und somit dichtesten Form bis in seine göttliche und somit feinstofflichste Form gegangen.

Ich werde mich in diesen Kapiteln bewusst als ein Ich beschreiben, denn so wird es euch leichter fallen, euch selbst in meinen irdischen Wegen zu erkennen.

Der Weg des göttlichen Feuers auf Erden ist immer der eine Weg.

Denn alle irdischen Wege sind ein Weg!

Der eine Weg kann sich jedoch auf viele Inkarnationen verteilen, bis er am Ende, im Augenblick eurer göttlichen Meisterschaft auf Erden über eines der vier Elemente in euch, zu einem göttlichen Weg der Erleuchtung verschmelzen wird, der euch zu einem bewussten Herrn und Meister, einer bewussten Herrin und Meisterin auf Erden erheben wird.

Jeder von euch wird in diesem oder in einem anderen Leben den Weg der bewussten Einweihung in das Element Feuer gehen oder gegangen sein.

Jeder von euch wird in jedem seiner Leben den Weg der bewussten Auseinandersetzung mit dem göttlichen Element Feuer gehen müssen.

Es lebe der göttliche Wille in euch und in eurem Leben!

Meister El Morya

Adam und Lilith

Meine erste irdische Inkarnation als Stellvertreter des 1. Strahles Gottes und der Göttin auf Erden liegt schon sehr lange zurück.

Nach der großen Explosion durch die Vereinigung der zwei göttlichen Elemente Feuer und Wasser wurde der Lebensraum Erde durch die Entstehung der Elemente Luft und Erde gezeugt und geboren.

Das göttliche Element Feuer war in seinem eigenen inneren Mittelpunkt angelangt und bildet den Kern eures Planeten.

Ein großer Kontinent wurde geboren, der von seiner göttlichen Mutter, dem Element Wasser, umgeben war.

Das große Werk, es war vollbracht!

Das göttliche Element Feuer, das den Kern eures Planeten bildet, ist auf Erden von seinen eigenen Schöpfungswerken umgeben, die durch seine Befruchtung des göttlichen Elementes Wasser gezeugt und geboren wurden.

Das göttliche Element Feuer ist ein Symbol und eine Ausdrucksform Gottes.

Gott ist in euch, denn er bildet den zentralen Mittelpunkt eurer eigenen irdischen Realität und somit eures Planeten.

Wenn ihr eure eigenen Schöpferkräfte für irdische Manifestationen zu nutzen sucht, die nicht dem göttlichen Willen auf Erden entsprechen, dann wird Er diese durch euch zu Seiner Zeit mit ganzer Sicherheit wieder zerstören.

Wenn ihr eure eigenen Schöpferkräfte für irdische Manifestationen zu nutzen sucht, die dem göttlichen Willen auf Erden entsprechen, dann wird Er euch gewiss mit ganzer göttlicher Unterstützung zur Seite stehen, und göttliche Wunder mögen euch und euer irdisches Leben erfüllen.

Dem göttlichen Willen euren göttlichen Gehorsam auf Erden zu leisten, wird die wahren Wege der göttlichen Wunder auf Erden erzeugen und gebären.

Es werde Licht!

Alles in eurer irdischen Realität kreist und bewegt sich bewusst oder unbewusst um Gott, der als das göttliche Element Feuer den innersten Kern eures Planeten bildet.

Alles in eurer irdischen Realität kreist und bewegt sich bewusst oder unbewusst um Ihn und somit um den göttlichen Willen auf Erden, den es für euch bewusst zu leben gilt.

Gott pulsiert im Innersten eures Planeten Erde und befruchtet täglich neu seine eigene Schöpfung und somit euch mit seinem göttlichen Willen.

Jede unerlöste Wunde, die euch glauben lässt, ihr könntet euch dem göttlichen Willen auf Erden bewusst oder unbewusst entziehen, distanziert euch von eurer göttlichen Wahrhaftigkeit und somit von eurer göttlichen Natur und führt euch immer in die Illusion des Opfer-Daseins auf Erden.

Euch dem göttlichen Willen hinzugeben, mag die Reise in euer göttliches Paradies auf Erden bedeuten.

Es lebe der göttliche Wille auf Erden, der euch immer in die Bewusstwerdung eurer göttlichen Natur zu führen vermag und somit eure göttliche Erlösung auf Erden anzustreben sucht!

Ihr dürft euch darin üben, den göttlichen Gehorsam bewusst in euch zu trainieren, denn er führt euch immer in die Bewusstheit eures göttlichen Willens auf Erden, den es zu erfüllen gilt.

Es werde Licht!

Der göttliche Wille sucht alle Bereiche eures irdischen Lebens zu befruchten.

Der göttliche Wille pulsiert in allen euren zwischenmenschlichen Kontakten und somit auch in euren irdischen Partnerschaften.

Es ist kein Anlass zur Illusion der Bewertung gegeben, wenn sich die irdischen Wege zweier Seelen im Namen des göttlichen Willens bewusst oder unbewusst voneinander zu lösen suchen, wenn euch der göttliche Wille mit diesem Auftrag befruchtet.

Es ist kein Anlass zur Illusion der Bewertung gegeben, wenn sich die irdischen Wege zweier Seelen im Namen des göttlichen Willens zu vereinen suchen, wenn euch der göttliche Wille mit diesem Auftrag befruchtet.

Es lebe der göttliche Wille in eurem Leben, der allen seinen Kindern auf Erden die Nahrung zu überreichen sucht, die jeder einzelne von euch für seinen göttlichen Aufstieg auf Erden benötigt.

Den göttlichen Willen bewusst in euch und in eurem Leben empfangen zu lernen, mag den Weg der Übung für euch Menschen auf Erden bedeuten, der euch in dieser goldenen Zeit gewiss das göttliche Gelingen erzeugen und gebären lässt.

Den göttlichen Willen bewusst in eurem physischen Körper anzuerkennen, der täglich von seinem göttlichen Schöpfer Befruchtung erfahren darf, wird ein Weg eurer goldenen Zukunft auf Erden sein.

Die Reaktionen eures physischen Körpers als göttliche Botschaften zu entschlüsseln, mag ein notwendiger Weg der Übung für euch auf eurem Weg in eure göttliche Bewusstheit auf Erden sein, denn er wird euch in das Tal der göttlichen Selbsterleuchtung führen, das euch stets die göttliche Weisheit auf Erden erzeugen und gebären lässt.

Die bewusste Suche nach dem göttlichen Willen in eurem Leben wird euch ganz gewiss zu ihm führen.

Es braucht nur eure eigene innere Bereitschaft, diesen goldenen Weg der göttlichen Bewusstwerdung auf Erden einschlagen zu wollen.

Es braucht nur dein: Ich bin bereit!

Aus dem göttlichen Element Wasser, das von seinem göttlichen Gemahl, dem Element Feuer, befruchtet wurde, ist alles irdische Leben geboren.

Das Element Wasser ist auf Erden die Mutter aller Dinge.

Die erste menschliche Lebensform wurde aus dem Meer geboren, das durch die Befruchtung des göttlichen Willens im Laufe einer für euch sehr langen Entwicklungszeit den ersten Menschen gebar.

Der erste Mensch, dessen Lebensraum die feste Materie bildete, war eine Frau.

Ihr Name war Lilith.

Lilith war die körperliche Geburt der großen Göttin auf Erden, die dem Schaum des Meeres entstiegen war, denn sie wurde aus dem Meer geboren und somit aus dem göttlichen Element Wasser.

Lilith stand in einem direkten Kontakt zu Gott, denn sie war sein reiner Kelch auf Erden, der ihn bewusst in ihrem Körper zu empfangen wusste.

Gott befruchtete Lilith mit seiner göttlichen Schöpferkraft, und Lilith gebar ihm einen Sohn, der aus ihrem Leib geformt wurde.

Ihr erster Sohn war Adam.

Er sollte mit ihr gemeinsam die neue Welt regieren und für die Fortpflanzung der Menschheit sorgen.

Denn so war es der göttliche Wille.

Adam war meine erste Inkarnation als Stellvertreter des 1. Strahles Gottes und der Göttin auf Erden.

Ich durfte meinen göttlichen Schöpfer auf Erden vertreten und suchte ihn auf meine Weise sehr bemüht zu imitieren.

Ich war mir der Illusionen nicht bewusst, die dieser Erdenplanet zu erleuchten suchte.

Ich war mir der Mythen dieser neuen Welt und somit meiner eigenen Urmythen nicht bewusst, die ich in dieser Welt erschaffen würde.

Denn so war es der göttliche Wille auf Erden.

Gemeinsam mit der wunderschönen Lilith sollte ich diese Welt im Namen des göttlichen Willens erzeugen und regieren.

Ich war voller Tatendrang, diese große Aufgabe zu erfüllen wollen.

Das göttliche Element Feuer pulsierte in meinem Körper, und mir war nicht bewusst, dass es meine Aufgabe sein sollte, die feinstoffliche Form des Elementes Feuer auf Erden – und somit in mir – in seiner göttlichen Feinstofflichkeit bewusst bewahren und somit erzeugen zu lernen.

Der Weg meiner göttlichen Einweihung auf Erden in mein eigenes Element, das göttliche Element Feuer, sollte durch meine irdischen Erfahrungen und damit durch meine scheinbaren Irrwege auf Erden bewusst gezeugt und geboren werden.

Der Weg meiner göttlichen Selbstbewusstheit und somit der Weg der bewussten Meisterschaft über mein eigenes Element, das göttliche Element Feuer, sollte durch meine irdischen Erfahrungen und somit durch meine scheinbaren Irrwege auf Erden bewusst gezeugt und geboren werden.

Denn so war es der göttliche Wille auf Erden!

Die zwei Seiten der irdischen Dualität suchen ihren Weg der göttlichen Vereinigung auf Erden.

Aus den grobstofflichen Irrwegen der Menschheit sollte sich ihr eigenes göttliches Potenzial erzeugen und gebären.

Auf diese Weise vereinen sich die scheinbaren Gegensätze, die irdischen Illusionen von Gut und Böse, und werden gemeinsam zu einem Werkzeug des höchsten Lichtes Gottes und der Göttin auf Erden.

Der Weg der Vereinigung unserer scheinbaren Gegensätzlichkeiten ist der Weg der Überwindung der Illusion von Dualität.

Somit öffnet jede unerlöste Wunde mit ihrem Schmerz ein göttliches Tor in eurer irdischen Realität, das euch in eure göttliche Natur zu führen sucht.

Meine Inkarnation als Adam gleicht dem Weg des Sternenbildes Widder, der die göttliche Handlungsenergie auf Erden zum Ausdruck zu bringen sucht.

In seiner transformierten feinstofflichen und somit göttlichen Form symbolisiert das Sternbild Widder die göttliche Handlungsenergie des göttlichen Elementes Feuer auf Erden.

Das göttliche Element Feuer ist in seiner feinstofflichen Natur ein Dreieck, das als Weg der Einweihung auf Erden in das göttliche Element Feuer betrachtet werden darf.

Das göttliche Dreieck des Elementes Feuer

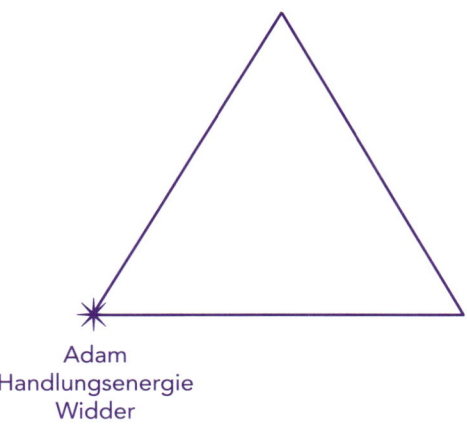

Meine Inkarnation als Adam erschuf den ersten Eckpunkt des göttlichen Dreieckes des göttlichen Elementes Feuer auf Erden, das sich aus diesem ersten Eckpunkt in einer späteren Zeit erzeugen sollte.

Meine Inkarnation als Adam erschuf den ersten Eckpunkt für den Weg der göttlichen Einweihung in das göttliche Element Feuer auf Erden.

Meine Inkarnation als Adam erschuf den ersten Eckpunkt für den Weg der bewussten Meisterschaft über das göttliche Element Feuer auf Erden.

Bevor sich das göttliche Dreieck der bewussten und somit göttlichen Meisterschaft über eines der göttlichen Elemente auf Erden zu erzeugen oder zu gebären vermag, benötigt es eine irdische Basis, eine irdische Realität, die seine irdische Existenz ermöglicht.

Deshalb war ich als Adam vorerst darauf ausgerichtet, diese irdische Realität erzeugen zu wollen.

Die Existenz meiner Art auf Erden zu ermöglichen, war in meiner Inkarnation als Adam mein vordringliches Ziel.

Denn so war es der göttliche Wille auf Erden!

So vereinten Lilith und ich mich als Mann und als Frau.

Lilith gebar aus unserer körperlichen Vereinigung ein Kind.

Es war ein Sohn.

Sein Name war Samael.

Er sollte der irdische Stellvertreter für das Element Luft auf Erden sein.

Denn so war es der göttliche Wille auf Erden!

Mein Sohn wuchs heran, und ich begann die Illusion zu erzeugen, dass er das genaue Gegenteil von mir sei.

Während ich voller Tatendrang meinem göttlichen Schöpfer nachzueifern suchte, schien er mich dabei nur zu beobachten, und mir schien, als wolle er mich belächeln.

Immer suchte er die Nähe meiner geliebten Lilith und schien mir meinen Platz an ihrer Seite streitig machen zu wollen.

Ich war ratlos, denn mir war das Mysterium der wahren Elternschaft auf Erden noch nicht bewusst.

So begann ich in der Tora Gottes zu studieren und las:

Die Geburt eines Kindes erhebt jede Seele aus der Rolle des Kindes in die Rolle der Mutter und des Vaters auf Erden.

Die Geburt eines Kindes erzeugt und gebiert immer das Abbild Gottes und der Göttin in seinen irdischen Eltern.

Mir war nicht bewusst, dass Gott durch seine Worte von mir zu fordern begann, dass ich mich aus der Rolle des bedürftigen Kleinkindes an der Seite meiner Mutter Lilith in das Amt des Gottes an der Seite meiner Partnerin Lilith erheben sollte.

Vielmehr sah ich in seinen Worten eine Bestätigung für meinen Machtanspruch an ihrer Seite.

Ich hätte sie im Namen Gottes bewusst bei ihrem verantwortungsvollen Amt der göttlichen Mutter auf Erden entlasten und somit mit ganzer göttlicher Stärke unterstützen sollen, denn das war gemeint, als Gott uns sagte, wir sollen gemeinsam diese Welt regieren.

Denn unsere Kinder erschaffen und erschufen unsere zukünftige Welt.

Doch um alle diese Dinge wusste ich nicht.

Denn so war es der göttliche Wille auf Erden!

Jede Frau ist ein Abbild der großen Göttin in ihrem Amt der Mutter, und jede Frau ist ein Abbild der großen Göttin in ihrem Amt der Partnerin und somit der Geliebten Gottes auf Erden.

Jeder Mann entscheidet, ob bewusst oder unbewusst, wann er den großen Schritt aus der Rolle des unbewussten irdischen Kindes, das in jeder Frau bewusst oder unbewusst den Mutterschoß zu finden sucht, aus dem es entsprungen ist, in das Amt des göttlichen Partners an der Seite seiner göttlichen Partnerin zu tun bereit ist.

Jeder Mann ist ein Abbild des großen Gottes in seinem Amt des Vaters, und jeder Mann ist ein Abbild des großen Gottes in seinem Amt des Partners und somit des Geliebten der Göttin auf Erden.

Jede Frau entscheidet, ob bewusst oder unbewusst, wann sie den großen Schritt aus der Rolle des bewussten oder unbewussten irdischen Kindes, das in jedem Mann bewusst oder unbewusst den Vater zu finden sucht, der sie gezeugt hat, in das Amt der göttlichen Partnerin an der Seite ihres göttlichen Partners zu tun bereit ist.

Keine Seele auf Erden vermag sich diesem Schritt zu entziehen, wenn sie den göttlichen Weg der wahren Vereinigung Gottes und der Göttin durch den eigenen Körper erfahren möchte.

Euch aus der Rolle des bedürftigen Kleinkindes in die Rolle des bewussten Schöpfers, der bewussten Schöpferin auf Erden erheben zu wollen, ist die Voraussetzung für das göttliche Tor der partnerschaftlichen Liebe auf Erden. Der bewusste Schöpfer und die bewusste Schöpferin sind bereit, die bewusste Verantwortung für die eigenen Schöpfungswerke zu übernehmen, und gehen bewusst den Weg der göttlichen Übung in ihrem göttlichen Amt auf Erden.

Das göttliche Element Feuer findet seine bewusste Ausdehnung auf Erden durch die göttliche Anerkennung und somit durch den Applaus Gottes und der Göttin für seine ausgeführten Handlungen und seine ausgesprochenen Worte.

Das göttliche Element Feuer sucht auf Erden in jeder Seele seine göttliche Ausrichtung, denn es sucht bewusst oder unbewusst den göttlichen Willen zu vertreten und somit zu manifestieren.

Somit sucht jedes Kind in seinen irdischen Handlungen und in seinen gesprochenen Worten den Applaus, die Anerkennung Gottes und der Göttin, als Bestätigung für die göttliche Ausrichtung seines Elementes Feuer.

Somit sucht jedes Kind in seinen irdischen Handlungen und in seinen gesprochenen Worten den Applaus, die Anerkennung Gottes und der Göttin, als Bestätigung, dass seine Handlungen und seine Worte auch dem göttlichen Willen auf Erden entsprechen.

Für das Kind symbolisieren die eigenen Eltern und somit sein irdisches Umfeld Gott und Göttin.

Jedes Kind benötigt für die Entwicklung seines göttlichen Elementes Feuer auf Erden den Applaus, die Anerkennung seiner irdischen Eltern und somit seines irdischen Umfeldes für seine ausgeführten Handlungen und seine ausgesprochenen Worte.

Bekommt eine Kinderseele keine Anerkennung von seinen Eltern und somit von seinem irdischen Umfeld, dann wird sie an der Göttlichkeit ihres eigenen Elementes Feuer zu zweifeln beginnen.

Aus diesen Zweifeln gegenüber ihrem eigenen Element Feuer und somit gegenüber ihren eigenen Handlungen und Worten erzeugen sich in der Kinderseele die Illusionen des Misstrauens gegen ihre Handlungen und Handlungsweisen und gegen ihre gesprochenen Worte.

Da das göttliche Element Feuer eure irdischen Handlungen und eure irdischen Worte zu führen sucht, verwundet jede äußere Ablehnung eurer Handlungen in eurer Kindheit nicht nur eure inneren Einstellungen zu euren Handlungen, euren Handlungsweisen und eurer Handlungsbereitschaft in dem angesprochenen Lebensbereich, sondern verwundet euch auch in eurer Kommunikation und somit in eurer Kommunikationsbereitschaft in diesem Lebensbereich.

Da das göttliche Element Feuer eure irdischen Handlungen und eure irdischen Worte zu führen sucht, verwundet jede äußere Ablehnung eurer gesprochenen Worte in eurer Kindheit nicht nur eure innere Einstellung zu euren gesprochenen Worten, eurer Wortwahl und eurer Kommunikationsbereitschaft in dem angesprochenen Lebensbereich, sondern sie verwundet euch auch in euren Handlungen und somit in eurer Handlungsbereitschaft in diesem Lebensbereich.

Der Lebensbereich eines Kindes kann sich darauf beziehen, über die eigenen Gefühle sprechen oder sie durch äußere Handlungen zum Ausdruck bringen zu wollen.

Dieser Lebensbereich beschreibt den Weg der Geburt der eigenen inneren Göttin in dem Leben eines Kindes.

Der Lebensbereich eines Kindes kann sich darauf beziehen, den eigenen mentalen Impulsen, den eigenen inneren Ideen folgen zu wollen und sie durch äußere Handlungen umzusetzen oder über ihre eigenen mentalen Impulse, die eigenen inneren Ideen, sprechen zu wollen.

Dieser Lebensbereich beschreibt den Weg der Geburt des eigenen inneren Gottes in dem Leben eines Kindes.

Jeder Lebensbereich besteht aus sieben Lebensthemen, denn jedes Lebensthema besitzt einen weiblichen und einen männlichen Pol:

1. Macht – der Weg des göttlichen Willens
   Hals-Chakra

2. Gott und Göttin – der Weg der Erleuchtung
   Kronen-Chakra

3. Liebe – der Weg des Herzens
   Herz-Chakra

4. Vertrauen – der Weg des Glaubens
   Wurzel-Chakra

5. Heilung – der Weg der Wahrheit und der Gerechtigkeit
   Drittes Auge

6. Frieden – der Weg der Demut
   Magen-Chakra

7. Sexualität – der Weg des Körpers
   Sakral- Chakra

Die sieben Lebensthemen sind in ihrem männlichen Pol die sieben Gesichter Gottes.
  Die sieben Lebensthemen sind in ihrem weiblichen Pol die sieben Gesichter der Göttin.
  Euer irdischer Lebensweg überreicht euch die göttliche Aufgabe, euren eigenen inneren Gott in seinen sieben Gesichtern und eure eige-

ne innere Göttin in ihren sieben Gesichtern bewusst manifestieren zu lernen.

Das Halschakra, der Weg des göttlichen Willens, gleicht einem körperlichen Tor, durch das sich eure eigenen göttlichen Lebensthemen und somit eure eigenen göttlichen Lebenswege bewusst in der irdischen Welt zu erzeugen und zu gebären suchen.

Euren eigenen inneren Gott und eure eigene innere Göttin in ihrer göttlichen Vollständigkeit in eurer irdischen Realität bewusst zu erzeugen und zu gebären, ist der göttliche Wille auf Erden!

Wenn ein Kind in seinem Leben keine Anerkennung, keinen Applaus und somit keine Akzeptanz für die Geburt seiner eigenen göttlichen Wege der bewussten Handlung und der bewussten Kommunikation in seinem irdischen Leben finden kann, dann wird das Kind seine Kommunikations- und Handlungsimpulse in den angesprochenen Lebensbereichen zu unterdrücken beginnen, und in seinem Halschakra erzeugen und gebären sich Verdichtungen, die Illusionen und die unerlösten Wunden des Kindes, die langfristig verhindern, dass das Kind seinen inneren Gott oder seine innere Göttin in seinem irdischen Leben bewusst in ihrer göttlichen Vollständigkeit zu erzeugen und zu gebären vermag.

Das irdische Kind wird somit als Erwachsener in den verwundeten Lebensthemen und somit auch in seinen eigenen Lebensbereichen in der Rolle des bedürftigen Kindes haften bleiben.

Aus seinen irdischen Illusionen heraus wird das Kind als Erwachsener weiterhin seine Handlungen und Worte auf Anerkennung und Applaus durch sein irdisches Umfeld ausrichten, so dass es nicht sein göttlicher Wille, sondern der Wille seiner irdischen Illusionen wird, der die Führung bei der Erzeugung seiner irdischen Wege übernehmen wird.

Was du säest, das erntest du!

Die unerlösten Wunden werden ganz gewiss die irdischen Schrecken manifestieren, aus denen heraus sie gezeugt und geboren wurden.

Durch den Weg der göttlichen Bewusstwerdung ihrer irdischen Illusionen und ihrer unerlösten Wunden darf sich jede Seele in die Rolle des göttlichen Kindes auf Erden erheben, das sich und sein Leben dem Applaus Gottes und der Göttin unterstellt, die ihm durch sein Leben entweder Anerkennung für seine ausgeführten Handlungen und seine ausgesprochenen Worte zukommen lassen oder aufzuzeigen bereit sind, dass sich sein Element Feuer noch nicht in seiner göttlichen Ausrichtung befindet und somit noch nicht dem göttlichen Willen auf Erden entspricht.

Das irdische Leben ist ein Weg des göttlichen *Zufallens*.

Übung macht den Meister!

Der Weg des göttlichen Kindes, das sich als das Kind seiner göttlichen Eltern auf Erden bewusst anerkennt und sein irdisches Leben der Führung seiner göttlichen Eltern anvertraut, wird gewiss zur bewussten Meisterschaft auf Erden durch den Weg der bewussten Übung führen.

Jedes göttliche Kind ist ein irdisches Abbild seiner göttlichen Eltern auf Erden.

Lilith war die Frau, die mich auf Erden geboren hatte.

In göttlicher Wahrhaftigkeit bot mir erst die Geburt unseres Sohnes die Möglichkeit, mich an ihrer Seite zum Partner zu erheben.

Erst das von mir bewusst gezeugte Kind bot mir die Möglichkeit, mich zu einem göttlichen Schöpfer an der Seite meiner göttlichen Schöpferin auf Erden zu erheben.

Mir war nicht bewusst, dass ich erst den Weg der bewussten Verantwortlichkeit für meine eigenen Schöpfungswerke und somit für meinen eigenen Sohn hätte gehen müssen, um ihr ein göttlicher Partner auf Erden sein zu können.

Die irdischen Illusionen und die unerlösten Wunden der neuen Menschheit sollten auf dieser Erde ihre Integration erfahren, um hier sichtvoll zu werden.

Denn so war es der göttliche Wille!

Erst im Licht der Bewusstheit und somit im Zustand des Sichtvoll-Werdens kann sich der Weg der göttlichen Transformation auf Erden erfüllen.

Es werde Licht!

Manchmal vermag ein kleiner Satz so viel göttliche Größe zu besitzen, dass ein Leben des Studierens nicht ausreichen mag, um ihn in seiner vollen göttlichen Größe zu begreifen.

Das göttliche Licht ist das Licht der Erleuchtung, das euch darin zu führen sucht, euch eurer eigenen Göttlichkeit auf Erden bewusst zu werden.

Ihr seid die göttlichen Kinder eurer göttlichen Eltern in Tätigkeit auf Erden!

Mein Sohn war mein erstes Schöpfungswerk auf Erden.

Ich selbst konnte mich jedoch in meinem Schöpfungswerk nicht erkennen und distanzierte mich von ihm.

Ich erzeugte die Illusion, ein Opfer meiner eigenen Schöpfung zu sein, die mir den Platz an der Seite meiner geliebten Lilith zu rauben schien.

Die Illusion, ein Opfer der menschlichen Schöpfung zu sein, existiert in göttlicher Wahrhaftigkeit nur in der irdischen Welt des irdischen Kindes.

Nur das irdische Kind kann wahrhaftig die Illusion, das Opfer seiner Eltern und somit seines irdischen Umfeldes zu sein, erfahren, um die Aktivierung seiner unerlösten Wunden, die seine Seele aus Vorzeiten mitgebracht hat, auf dieser Erde zu ermöglichen.

Ich selbst wollte in meiner Inkarnation als Adam unbewusst in der Rolle des Kindes verhaftet bleiben und frei von jeglicher Verantwortung das Opfer meiner eigenen Schöpfung sein.

Somit war ich erst der irdische Sohn meiner Mutter Lilith.

Dann war ich der irdische Sohn meiner Partnerin Lilith.

Lilith ist die weibliche Urkraft, die in der Mutter Gottes wie auch in der Partnerin Gottes pulsiert.

In göttlicher Wahrhaftigkeit machte nicht mein Sohn mir meinen Platz an der Seite meiner Partnerin Lilith streitig, sondern er suchte im Gegenteil mir diesen zu überreichen.

In göttlicher Wahrhaftigkeit machte ich meinem Sohn den Platz an der Seite seiner Mutter Lilith streitig.

Der Weg eures männlichen Urmythos begann sich durch mich auf Erden zu erzeugen.

Mein Sohn ist in eurem männlichen Urmythos ein Symbol für eure eigenen Schöpfungsenergien, für die es die bewusste Verantwortung in euch und in eurem Leben zu übernehmen gilt.

Euer gesamtes Leben besteht aus euren eigenen Schöpfungswerken, denn ihr manifestiert euer gesamtes Leben aus euch selbst, aus euren eigenen Schöpfungsenergien.

Jede Situation in eurem Leben ist euer eigenes Schöpfungswerk, das aus euren eigenen bewussten und unbewussten Schöpfungsenergien gezeugt und geboren wurde.

Jede Situation in eurem Leben ist euer eigener irdischer oder göttlicher Sohn auf Erden, der von euch gezeugt und geboren wurde!

Erst die bewusste Bereitschaft, mich aus der Rolle des Opfers meiner eigenen Schöpfung und somit aus der Rolle des irdischen Kindes lösen zu wollen, hätte mir ermöglicht, mich bewusst in das Amt des Gottes auf Erden zu erheben, um ein göttlicher Partner für meine göttliche Partnerin auf Erden zu sein.

Wenn ihr euch in eurem Leben diesem notwendigen Schritt der Verantwortung für eure eigenen Schöpferkräfte zu entziehen sucht, besonders dann, wenn ihr mit euren eigenen irdischen Schöpfungswerken nicht zufrieden seid, dann werdet ihr in der Rolle des irdischen Kindes und somit in der irdischen Illusion des Opfers haften bleiben.

Wenn ihr euch in eurem Leben diesem notwendigen Schritt der Verantwortung für eure eigenen Schöpferkräfte zu entziehen sucht, weil der Applaus Gottes und der Göttin in eurem irdischen Leben ausfällt, weil es im Namen des göttlichen Willens einer inneren Korrektur eurer eigenen Ausrichtung in eurem Element Feuer bedarf, dann werdet ihr in eurem Leben in der Rolle des irdischen Kindes und somit in der irdischen Illusion des Opfers haften bleiben.

Jeder Weg der Illusion des Opfers hindert eine Seele daran, den Weg der bewussten Übung auf Erden zu beschreiten, der sie wahrhaftig und mit ganzer göttlicher Sicherheit auf Dauer aus dieser Illusion befreien würde.

Es werde Licht!

Denn ihr seid die göttlichen Kinder eurer göttlichen Eltern in göttlicher Übung auf Erden!

Jedes Lebensthema aus dem männlichen Lebensbereich einer Seele ist ein Bestandteil und somit ein Gesicht Gottes.

Jedes Lebensthema aus dem weiblichen Lebensbereich einer Seele ist ein Bestandteil und somit ein Gesicht der Göttin.

Gelingt es einer Seele in ihrer Kindheit nicht, die sieben Gesichter Gottes und der Göttin und somit ihren eigenen inneren Gott und ihre eigene innere Göttin in seiner und in ihrer göttlichen Vollständigkeit in ihrem Leben zu erzeugen und zu gebären, dann bleibt die Seele auch in ihrem Erwachsenen-Dasein in den jeweiligen Lebensbereichen und ihren Lebensthemen in der Rolle des irdischen Kindes haften und Gott und die Göttin vermögen sich nicht in ihrer wahren göttliche Größe in ihrem Leben zu offenbaren.

Es braucht eure bewusste Bereitschaft, den Weg der göttlichen Selbst-Verantwortung zu beschreiten, um euch in eure göttliche Natur auf Erden zu erheben.

Der Weg der bewussten und somit göttlichen Selbst-Verantwortung für die eigenen unerlösten Wunden, die eigenen unbewussten Aspekte und somit für die von euch so genannten unerlösten Schatten in euch erhebt euch aus der Rolle des irdischen Kindes in die Rolle des göttlichen Kindes und somit in das göttliche Abbild eurer göttlichen Eltern auf Erden.

Der Weg der göttlichen Selbst-Verantwortung sucht euch in eurem Leben daran zu erinnern, dass ihr selbst der Schöpfer und die Schöpferin eurer eigenen irdischen Realität seid.

Aus dem Weg der göttlichen Selbst-Verantwortung wird immer der göttliche Weg der bewussten und somit göttlichen Verantwortung für die eigenen irdischen Schöpfungswerke gezeugt und geboren.

Die göttliche Bewusstheit eurer eigenen Schöpfungsenergien schenkt euch die göttliche Disziplin und den göttlichen Mut, den Weg der bewussten Übung einzuschlagen.

Jeder Weg der bewussten Übung erzeugt und gebiert einen Meister und eine Meisterin auf Erden.

Gott und die Göttin sind die wahren Meister der göttlichen Übung auf Erden!

Somit ist jeder, der sich in seiner eigenen Göttlichkeit und somit in seinen eigenen Schöpfungsenergien bewusst zu üben sucht, ein wahrhaft göttliches Abbild seiner göttlichen Eltern auf Erden.

Es braucht nur dein: Ich bin bereit!

Jede Seele, die in ihren göttlichen Lebensthemen in der Rolle des irdischen Sohnes als Erwachsener haften bleibt, kann in diesen verwundeten Lebensthemen aus ihrem männlichen und somit mentalen Pol heraus in jeder Frau, die ihr auf Erden begegnet, nur die eigene irdische Mutter sehen und ansprechen.

Jede Seele, die in ihren göttlichen Lebensthemen in der Rolle des irdischen Sohnes als Erwachsener haften bleibt, kann in diesen verwundeten Lebensthemen aus ihrem männlichen und somit mentalen Pol heraus in jedem Mann, der ihr auf Erden begegnet, nur den eigenen irdischen Vater sehen und ansprechen.

Jede Seele, die in ihren göttlichen Lebensthemen in der Rolle der irdischen Tochter als Erwachsene haften bleibt, kann in diesen verwundeten

Lebensthemen aus ihrem weiblichen und somit emotionalen Pol heraus in jedem Mann, der ihr auf Erden begegnet, nur den eigenen irdischen Vater sehen und ansprechen.

Jede Seele, die in ihren göttlichen Lebensthemen in der Rolle der irdischen Tochter als Erwachsene haften bleibt, kann in diesen verwundeten Lebensthemen aus ihrem weiblichen und somit emotionalen Pol heraus in jeder Frau, die ihr auf Erden begegnet, nur die eigene irdische Mutter sehen und ansprechen.

Um das Tor der partnerschaftlichen Liebe auf Erden bewusst zu meistern, benötigt es diese göttlichen Erkenntnisse über euch und eure irdischen Entwicklungswege, die es bewusst zu erleuchten und zu transformieren gilt.

Die verwundeten Aspekte in einer Seele, die wir als irdischen Sohn bezeichnen, beziehen sich auf die fehlende Erzeugung des eigenen inneren Gottes in eurem Leben.

Die verwundeten Aspekte in einer Seele, die wir als irdische Tochter bezeichnen, beziehen sich auf die fehlende Geburt der eigenen inneren Göttin in eurem Leben.

Die verwundeten Aspekte in einer Seele, die wir als irdischen Sohn oder als irdische Tochter bezeichnen, sind noch nicht in der Lage, sich einzulassen auf das göttliche Spiel der Vereinigung Gottes und der Göttin in ihrem Leben, da sie selbst noch nicht in diese göttliche Identität hineingewachsen sind.

Die verwundeten Aspekte in einer Seele, die wir als irdischen Sohn oder als irdische Tochter bezeichnen, sind noch nicht in der Lage, das göttliche Tor der partnerschaftlichen Liebe auf Erden zu durchschreiten.

Es braucht eure bewusste Selbst-Verantwortung für eure eigenen irdischen Illusionen und für eure eigenen unerlösten Wunden, um in eure göttliche Identität als das Abbild Gottes und der Göttin auf Erden bewusst hineinzuwachsen.

Der irdische Sohn und die irdische Tochter werden in den Seelen, die ihnen in ihrem irdischen Alltag begegnen, die Schatten und somit die irdischen Illusionen und die unerlösten Wunden der eigenen irdischen Eltern und somit des Umfeldes ihrer eigenen Kindheit unbewusst suchen, die dazu geführt haben, dass sie ihren eigenen inneren Gott oder ihre eigene innere Göttin in ihrer Kindheit nicht erzeugen und gebären konnten.

Der irdische Sohn und die irdische Tochter werden in die Seelen, die ihnen in ihrem Alltag begegnen, die Schatten und somit die Illusionen und die unerlösten Wunden der eigenen irdischen Eltern und somit des Umfeldes ihrer eigenen Kindheit zu manifestieren beginnen, in der unbewussten Hoffnung, die Verantwortung für ihre eigenen Illusionen und ihre eigenen unerlösten Wunden auf eine andere Seele übertragen zu können.

Alle Seelen, die wahrhaftig eine Resonanz zu den Schatten und somit zu den Illusionen und den unerlösten Wunden der Eltern und des Umfeldes des irdischen Sohnes oder der irdischen Tochter besitzen, werden aus ihrem unbewussten Schuldkomplex für ihre eigenen Schatten und somit für ihre eigenen Illusionen und für ihre eigenen unerlösten Wunden eine Resonanz empfinden, aus der heraus sie unbewusst die Verantwortung für die Illusionen und die unerlösten Wunden des irdischen Sohnes oder der irdischen Tochter, die auf der Suche danach sind, die Verantwortung für ihre Illusionen und ihre unerlösten Wunden abschieben zu können, übernehmen wollen.

Diese Verhaltensstrukturen zeigen, dass es sich dabei nur um Seelen handeln kann, die selbst an ihren eigenen irdischen Illusionen und ihren eigenen unerlösten Wunden haften und sich somit in der Rolle des irdischen Sohnes oder der irdischen Tochter befinden.

Wenn die verwundeten irdischen Kinder dieser Welt den Weg der partnerschaftlichen Liebe miteinander auf Erden zu gehen suchen, dann werden sie sich unbewusst die Verantwortung für ihre eigenen

Schatten und somit für ihre eigenen irdischen Illusionen und unerlösten Wunden gegenseitig übertragen wollen.

Ein irdischer Sohn sucht seiner Partnerin immer unbewusst die Verantwortung für seine eigenen irdischen Illusionen zu übertragen.

Ein irdischer Sohn sucht seiner Partnerin immer unbewusst seine göttliche Aufgabe der Selbst-Erleuchtung zu übertragen.

Eine irdische Tochter sucht ihrem Partner immer unbewusst die Verantwortung für ihre eigenen unerlösten Wunden zu übertragen.

Eine irdische Tochter sucht ihrem Partner immer unbewusst ihre göttliche Aufgabe des Mitgefühls für das eigene Selbst zu übertragen.

Ein irdischer Sohn und eine irdische Tochter sind sich ihrer eigenen Göttlichkeit nicht bewusst und fühlen sich durch die göttlichen Herausforderungen in ihrem Leben überfordert und erhoffen durch das Außen die Lösung für ihre eigenen göttlichen Lernaufgaben auf Erden.

Der Weg der bewussten Selbst-Erleuchtung erlöst euch immer aus euren irdischen Illusionen.

Der Weg des bewussten Mitgefühls für das eigene Selbst transformiert immer eure unerlösten Wunden auf Erden.

Ein irdischer Sohn weiß nicht um seine göttliche Stärke und hofft in seiner Illusion der Hilflosigkeit, die jede Illusion des Opfers nach sich zieht, auf die Hilfe durch das Außen, das ihm eine Lösung für die eigenen irdischen Illusionen anbieten soll, ohne dass er selbst die Verantwortung für die göttliche Fülle in seinem eigenen irdischen Leben zu übernehmen braucht, da diese Verantwortung ihn in seiner Rolle des Opfers zu überfordern scheint.

Eine irdische Tochter weiß nicht um ihre göttliche Kraft und hofft in ihren unerlösten Wunden der Hilflosigkeit, die jede unerlöste Wunde des Opfers nach sich zieht, auf die Hilfe durch das Außen, das ihr eine Lösung für die eigenen unerlösten Wunden anbieten soll, ohne dass sie selbst die Verantwortung für die göttliche Fülle in ihrem

Leben zu übernehmen braucht, da diese Verantwortung sie in ihrer Rolle des Opfers zu überfordern scheint.

Wenn die verwundeten irdischen Kinder dieser Welt den Weg der partnerschaftlichen Liebe miteinander auf Erden zu gehen suchen, dann werden sie in ihrer irdischen Unbewusstheit glauben, dass es die partnerschaftliche Liebe sei, die sie zueinander geführt hat.

In göttlicher Wahrhaftigkeit sind es ihre irdischen Illusionen und ihre unerlösten Wunden, die sie zueinander geführt haben.

In göttlicher Wahrhaftigkeit sind es ihre irdischen Illusionen und ihre unerlösten Wunden, die eine irdische Resonanz zueinander erzeugt und geboren haben.

In göttlicher Wahrhaftigkeit sind sie nicht auf der Suche nach einem Partner oder einer Partnerin in ihrem Leben, sondern sie sind auf der unbewussten Suche nach einem irdischen Vater oder einer irdischen Mutter, die die Verantwortung für ihre emotionalen, mentalen, spirituellen oder materiellen Defizite übernehmen soll.

Ein irdischer Sohn und eine irdische Tochter erkennen in ihrer Unbewusstheit ihr eigenes Leben nicht als eine göttliche Lern- und somit Übungsaufgabe, die ihr irdisches Leben ihnen zu überreichen sucht, sondern leben in der Illusion und den unerlösten Wunden der Ohnmacht den eigenen göttlichen Herausforderungen ihres irdischen Lebens gegenüber.

Ein irdischer Sohn und eine irdische Tochter befinden sich durch ihre Illusionen und ihre unerlösten Wunden außerhalb der Bewusstheit ihrer eigenen Göttlichkeit auf Erden.

Die Illusionen und die unerlösten Wunden der Defizite können nur in der Welt des irdischen Kindes erfahren werden, das sich seiner eigenen göttlichen Schöpferkräfte unbewusst ist.

Jede Seele, die sich in ihrem irdischen Leben in der Erfahrung der mentalen oder materiellen Defizite befindet, hat die sieben Gesichter ihres eigenen inneren Gottes in ihrem Leben nicht vollständig erzeugen können.

Jede Seele, die sich in ihrem irdischen Leben in der Erfahrung der emotionalen oder spirituellen Defizite befindet, hat die sieben Gesichter ihrer eigenen inneren Göttin in ihrem Leben nicht vollständig gebären können.

Jede irdische Welt einer Seele erleuchtet und transformiert sich in eine göttliche Welt der göttlichen Wunder und der göttlichen Fülle, wenn der bewusste Kontakt zu der eigenen inneren Göttlichkeit in ihrem eigenen Leben vollständig erzeugt oder geboren wurde.

Ihr seid die göttlichen Kinder eurer göttlichen Eltern auf Erden!

Die Illusionen und die unerlösten Wunden der irdischen Defizite erfüllen die göttliche Aufgabe in eurem Leben, euch an eure eigenen inneren Defizite zu erinnern, die es für euch bewusst auf dieser Erde zu erleuchten und zu transformieren gilt und die sich immer auf die fehlende Erzeugung oder die fehlende Geburt eures eigenen inneren Gottes oder eurer eigenen inneren Göttin in ihrer göttlichen Vollständigkeit in eurem Leben beziehen.

Der göttliche Wille auf Erden sucht euch bewusst an die göttliche Fülle in eurem Leben zu erinnern, denn sie ist euer göttliches Erbe auf Erden, das es bewusst in euch zu finden gilt.

Hat eine Seele die sieben Gesichter ihres eigenen inneren Gottes und die sieben Gesichter ihrer eigenen inneren Göttin in ihrem irdischen Leben gezeugt und geboren, dann wird sich ihr irdisches Leben in ein göttliches Leben der emotionalen, mentalen, spirituellen und materiellen Fülle erleuchten und transformieren.

Die göttliche Fülle in eurem Leben findet auf Erden keine Grenzen, wenn die göttliche Fülle in euch bewusst gezeugt und geboren wurde.

Es gibt keine Ausreden für die Illusionen und die unerlösten Wunden der Defizite in eurem irdischen Leben, außer der göttlichen Wahrhaftigkeit, dass in euch ein eigenes inneres Defizit erleuchtet und transformiert werden möchte.

Ihr dürft erkennen, dass es eure göttliche Aufgabe auf Erden ist, euch bewusst aus den Rollen des irdischen Opfers zu erlösen, denn ihr seid die göttlichen Kinder eurer göttlichen Eltern in Tätigkeit auf Erden.

Ihr dürft euch in göttlicher Disziplin stets daran erinnern, dass die Übung einen Meister in euch erzeugen wird.

Ihr dürft euch in göttlichem Mut stets daran erinnern, dass die Übung eine Meisterin in euch gebären wird.

Es braucht nur dein: Ich bin bereit!

Die göttliche Einweihung des Elementes Feuer auf Erden ist der Weg aus der Rolle des irdischen Sohnes in das Abbild Gottes auf Erden durch den bewussten Weg der göttlichen Erleuchtung.

Die göttliche Einweihung des Elementes Wasser auf Erden ist der Weg aus der Rolle der irdischen Tochter in das Abbild der Göttin auf Erden durch den bewussten Weg des göttlichen Mitgefühls.

In meiner Inkarnation als Adam hätte ich versuchen können, das Rätsel und die Botschaften zu entschlüsseln, die mir durch meinen eigenen Sohn über diese Erdenwelt offenbart wurden, aber ich war mir zu Beginn meines irdischen Weges noch nicht bewusst, dass Gott-Sein auch Erkenntnis und Erleuchtung über das eigene Selbst auf Erden bedeutet.

Ich hätte versuchen können, das Rätsel und die Botschaften zu entschlüsseln, die mir durch meinen eigenen Sohn über mich und meine unbewussten Aspekte offenbart wurden, aber ich war mir noch nicht bewusst, dass ich als Gott auch ein bewusster Beobachter meiner eigenen Schöpfung sein durfte, der die ganze Welt als Spiegel seiner selbst betrachtet.

Der Weg der göttlichen Selbsterkenntnis und Selbsterleuchtung und somit der Weg der Integration des 2. Strahles Gottes und der Göttin war auf Erden noch nicht gezeugt und geboren worden.

Ich war mir meiner nicht bewusst.

Denn so war es der göttliche Wille auf Erden!

Das irdische Leben gleicht einer kosmischen Leiter, die es Stufe für Stufe zu erklimmen gilt.

Kein Schritt kann *vor* dem anderen auf Erden gezeugt werden, ohne dass ihr letztendlich wieder auf die Stufe zurückfallen werdet, die von euch noch unerleuchtet ist.

Kein Schritt kann *vor* dem anderen auf Erden geboren werden, ohne dass ihr letztendlich wieder auf die Stufe zurückfallen werdet, die von euch noch nicht mit eurem göttlichen Mitgefühl gesegnet wurde.

So werdet ihr euch der göttlichen Eigenschaften einer jeden Stufe der kosmischen Leiter des Lebens bewusst und lernt sie bei ihrem wahren Namen zu benennen.

Die kosmische Leiter ist der Weg aus eurer irdischen und somit animalischen Natur in eure bewusste göttliche Natur auf Erden.

Denn so ist es der göttliche Wille auf Erden!

In meiner Inkarnation als Adam war mir nicht bewusst, dass ich das Amt des Gottes auf Erden nicht einnehmen konnte, solange ich die bewusste Verantwortung für meine eigenen irdischen Schöpfungswerke nicht übernahm.

Als Adam symbolisierte ich den irdischen Sohn, der seinen göttlichen Thron und somit sein Amt als das Abbild Gottes auf Erden zu finden sucht.

Als Adam war ich der irdische Sohn, der sich in das Amt des Gottes auf Erden zu erheben sucht.

Das göttliche Element Feuer sucht den Weg aus seiner unbewussten und somit grobstofflichen Form in seine bewusste und somit feinstoffliche Form auf Erden zu erzeugen.

Das göttliche Element Feuer sucht den Weg aus seiner irdischen Form in seine göttliche Form auf Erden zu erfahren.

Als Adam war ich der erste Eckpfeiler des göttlichen Elementes Feuer auf Erden.

Ich war der Anfang des Weges, denn ich war das göttliche Element Feuer in seiner irdischen Unbewusstheit.

In meiner Inkarnation als Adam ließ mich meine irdische Unbewusstheit an der Rolle des irdischen Sohnes haften, ohne dass ich mir dessen bewusst gewesen wäre.

Ich erzeugte die Illusionen von Machtlosigkeit und Ohnmacht meiner eigenen Schöpfung gegenüber.

Je mehr ich mich in diesen Illusionen verlor, umso mächtiger schien mein eigener Sohn Samael in meinem Leben zu werden.

Meine geliebte Lilith schien sich mir zu entziehen, und der Thron des göttlichen Vaters auf Erden schien für mich verloren.

Aus der Illusion der Verzweiflung, die ich aus der Illusion der Machtlosigkeit und Ohnmacht in mir zu erzeugen begann, schuf ich die erste Illusion von Kampf auf Erden.

Meinen Sohn schuf ich mir unbewusst als Rivalen, der verantwortlich sei für meinen Thronverlust und den es somit zu bekämpfen galt, um meinen göttlichen Thron auf Erden zurückzuerobern.

Jede Illusion von Kampf erzeugt immer seinen irdischen Bruder, die Illusion der Konkurrenz, auf Erden.

Ich selbst war mir meiner eigenen Kampfbereitschaft nicht bewusst, sondern betrachtete meine Handlungen als eine notwendige Verteidigung, um meinen göttlichen Thron auf Erden zu sichern.

Meinen Sohn betrachtete ich nicht bewusst als Rivalen, sondern als einen bedrohlichen Angreifer auf meinen göttlichen Thron auf Erden.

Ich war mir bewusst, dass ich meinen göttlichen Thron auf Erden einnehmen sollte.

Ich war mir nicht bewusst, dass ich dazu den Weg der göttlichen Bewusstheit über mich selbst zu gehen hatte und mich nicht in der Illusion des Opfers auf Erden verlieren durfte.

Die irdischen Illusionen der kommenden Menschheit wurden unbewusst von mir in der irdischen Atmosphäre gezeugt.

Wäre ich mir meiner bewusst gewesen, ich hätte nicht auf die Weise handeln können, wie ich es in meiner Unbewusstheit tat.

Wäre ich mir meiner bewusst gewesen, ich hätte nicht auf die Weise handeln wollen, wie ich in meiner Unbewusstheit gehandelt habe.

Doch meine irdischen Illusionen, die ich unbewusst in der irdischen Atmosphäre zu erzeugen begann, sollten die Resonanz zu den verwundeten Seelen ermöglichen, die den Planeten Erde als ihren göttlichen Erleuchtungspunkt benötigten.

Denn so war es der göttliche Wille auf Erden!

Mein eigener Sohn, als mein eigenes Schöpfungswerk, spiegelte mir meinen von mir erschaffenen Kampf und meine von mir geschaffene Konkurrenz.

Ich war mir nicht bewusst, dass alle unsere Schöpfungswerke und somit alle unsere irdischen Kinder die Aufgabe erfüllen, uns ein Spiegel zu sein, der es uns ermöglicht, uns selbst zu erkennen und somit uns selbst zu erleuchten.

Ich war mir nicht bewusst, dass ich in ihn meine eigenen unbewussten und somit unerlösten Aspekte hinein manifestierte, um die Verantwortung für meine eigenen unbewussten und somit unerlösten Aspekte abgeben zu können.

Ich war mir nicht bewusst, dass ich meinen eigenen Sohn daran gehindert habe, sich selbst auf Erden in seiner göttlichen Natur zu erzeugen.

Jeder irdische Vater prägt und erzeugt die irdische Gedankenebene seiner Kinder.

Jeder irdische Vater befruchtet die mentale Ebene seiner Kinder auf Erden mit seinem eigenen irdischen Geist und somit mit seinen eigenen irdischen Gedanken.

Mein Sohn Samael hätte jedoch nicht mein irdischer Sohn sein können, wenn er nicht in seiner Seele eine eigene innere Resonanz zu den Gedankenformen getragen hätte, mit denen ich ihn befruchtet hatte.

In göttlicher Wahrhaftigkeit sollte es auf dieser göttlichen Erde keine Opfer mehr geben.

Denn so ist es der göttliche Wille auf Erden!

Lange vor der Entstehung des Planeten Erde war Samael der Engel Gottes und der Göttin mit dem Namen Lucifel gewesen, der euch als Luzifer bekannt ist.

Er hatte die Illusion der Getrenntheit in der göttlichen Einheit erzeugt.

Er war sich seiner nicht bewusst gewesen.

Die göttliche Einheit war sich ihrer nicht bewusst gewesen.

Es war einst seine göttliche Aufgabe gewesen, dafür zu sorgen, dass sich die göttliche Einheit in ihre einzelnen Bestandteile zu zerlegen begann, um sich in jedem einzelnen Bestandteil bewusst erfahren zu können.

In seiner Unbewusstheit ist er immer ein Diener Gottes und der Göttin gewesen, der den Seelen auf Erden ihre eigenen unerlösten Schatten und somit ihre eigenen irdischen Illusionen spiegelt.

In meiner Inkarnation als Adam schien ich gefangen in der Rolle des irdischen Sohnes und hungerte somit unbewusst nach Applaus und Anerkennung für meine irdischen Worte und Handlungen.

Da mir weder Lilith noch Samael, die einzigen Menschen, die es außer mir gab, Applaus und Anerkennung für meine irdischen Worte und Handlungen zukommen lassen wollten, suchte ich selbst nach Applaus und Anerkennung für meine irdischen Worte und Handlungen.

So nahm ich das Verhalten, das Samael mir entgegenbrachte, als eine Bestätigung für meine Illusionen, dass er mit mir in Konkurrenz treten und mich angreifen würde.

Ich war mir nicht bewusst, dass ich meine eigenen unbewussten und somit irdischen Illusionen in ihn manifestierte, die er für mich auszuleben begann.

Ich gab ihm keine göttliche Anerkennung und keinen göttlichen Applaus, aber auch keine göttliche Gelegenheit, seine göttlichen Energien auf Erden im Namen des göttlichen Willens bewusst ausrichten zu lernen.

Ich versorgte ihn unbewusst nicht ausreichend mit meinem göttlichen Applaus und somit mit meinem göttlichen Element Feuer, so dass er seinen eigenen inneren Gott und seine eigene innere Göttin in seinen und in ihren sieben Gesichtern in seinem Leben hätte erzeugen können.

Als mein Sohn war er in seiner unbewussten göttlichen Liebe zu mir bereit gewesen, mir meine unerlösten Schatten aufzuzeigen, damit ich mir meiner selbst bewusst wurde.

Das Tor der göttlichen Kommunikation ist ein Bestandteil des göttlichen Elementes Feuer auf Erden.

In meiner Unbewusstheit konnte ich diesen wesentlichen Bestandteil meiner eigenen göttlichen Energie nicht erkennen und verlor damit die Möglichkeit, bewussten Einfluss auf meine eigene irdische Schöpfung nehmen zu können.

Meine fehlende göttliche Kommunikation schuf die Basis für die irdischen Illusionen der Kriege, die scheinbar zwischen mir und meinem Sohn Samael entbrannten.

Die Illusion der Getrenntheit, die ich zwischen mir und meinem Sohn auf Erden zu erzeugen begann, sorgte dafür, dass sich unser Kontinent als Spiegel unserer selbst zu teilen begann.

Nach einem großen Streit, den ich mit meinem Sohn Samael führen zu müssen glaubte, floh er auf den neuen Kontinent, der ehemals ein Bestandteil unseres einen Kontinentes gewesen war.

Jeder von uns schien nun auf seinem eigenen irdischen Boden zu leben, den jeder von uns scheinbar mit seiner eigenen Energie befruchten durfte, um ein eigenes irdisches Quadrat für das menschliche Leben zu ermöglichen.

In meinen irdischen Illusionen wollte ich daran glauben, dass meine irdischen Konflikte damit gelöst seien.

In göttlicher Wahrhaftigkeit sind wir beide ein unerlöster Bestandteil des einen Quadrates auf Erden gewesen, denn wir bilden eine göttliche Einheit.

Denn so ist es der göttliche Wille auf Erden!

Der Kontinent, den ich mit Lilith weiterhin bewohnte, war Lemurien.

Lemurien war das Paradies Eden auf Erden.

Ich schien meine geliebte Lilith wieder für mich ganz alleine zu haben, um mit ihr gemeinsam für die Zukunft unserer menschlichen Art auf Erden zu sorgen.

Alles schien in bester Ordnung, wenn sich in mir selbst nicht die ersten Zweifel geregt hätten, ob die Lösung, die ich mit meinem Sohn Samael getroffen hatte, auch wirklich die rechte Lösung gewesen war.

Ich überspielte meine eigene Unsicherheit vor meiner geliebten Lilith, weil ich in meinen irdischen Illusionen daran glauben wollte, dass ich noch mehr an Größe verlieren würde, wenn ich ihr meine Zweifel eingestanden hätte, und gab mich vor ihr zuversichtlich meinen eigenen irdischen Wegen gegenüber.

Wäre ich aufrichtig zu ihr gewesen, dann hätte ich meine göttliche Macht auf Erden zurückgewinnen können, denn dann hätte ich den ersten Schritt in die bewusste Verantwortung für mich selbst gewagt.

Mein Schweigen führte dazu, dass sich meine Zweifel verstärkten, und ich musste die Illusion des Kampfes gegen mich selbst auf dieser Erde erzeugen, um dem göttlichen Weg der bewussten Verantwortung auszuweichen, der mich in meiner Rolle als irdischer Sohn überfordert hätte.

Ich war in unserer Vergangenheit so mit meinen Illusionen des Überlebenskampfes und somit den Illusionen des Kampfes um den irdischen Thron beschäftigt gewesen, dass ich gar nicht bemerkt hatte, wie kalt es zwischen mir und Lilith geworden war.

Da ich in meiner Unbewusstheit in der Rolle des irdischen Sohnes gefangen blieb, suchte ich erneut die Verantwortlichkeit für meine eigenen irdischen Konflikte an das Außen und somit an Lilith abzugeben.

Meine von mir selbst geschaffenen Illusionen des Kampfes suchten erneut in mir einen mutmaßlichen Angreifer, der mir meinen göttlichen Thron auf Erden streitig zu machen schien.

Da Samael nicht mehr anwesend war und ich mich noch immer ohnmächtig und somit machtlos fühlte, konnte nur Lilith dafür verantwortlich sein, dachte ich in meiner Rolle als irdischer Sohn auf Erden.

Ich wollte in meinen Illusionen daran glauben, dass ich nicht genug Anerkennung und Applaus für meine Worte und Handlungen von ihr bekäme und mich deshalb machtlos und ohnmächtig fühlte.

Ich war bereit, alles zu sagen und alles dafür zu tun, um ihren Applaus und ihre Anerkennung zu bekommen, aber ich übernahm nicht die bewusste Verantwortung für meine irdischen Worte und Handlungen der Vergangenheit.

Ich war bereit, alles zu sagen und alles dafür zu tun, um ihren Applaus und ihre Anerkennung zu bekommen, aber ich übernahm nicht die bewusste Verantwortung für meine irdische Gegenwart.

Ich war bereit, alles zu sagen und alles dafür zu tun, ihren Applaus und ihre Anerkennung zu bekommen, aber ich übernahm nicht die bewusste Verantwortung für meine göttliche Zukunft auf Erden.

Ich blieb in allem, was ich sagte, und in allem, was ich tat, in der Rolle des irdischen Sohnes verhaftet und verlor somit den bewussten Kontakt zu meiner göttlichen Natur auf Erden.

In meiner Rolle als irdischer Sohn versperrte ich mir selbst den Weg des göttlichen Partners an ihrer Seite auf Erden, der den wahren göttlichen Thron auf Erden bedeutet.

Es war der göttliche Wille auf Erden, dass ich lernen sollte, meiner geliebten Lilith ein göttlicher Partner auf Erden zu sein.

Ich war von Gott in ihrem Körper gezeugt worden, damit ich als sein Abbild auf Erden durch ihren Körper geboren werden sollte.

Ich war von Gott in ihrem Körper gezeugt worden, um ihr ein göttlicher Partner auf Erden zu werden.

Übung macht einen Meister, das dürft ihr mir glauben!

In meiner Inkarnation als Adam war ich mir meiner eigenen Göttlichkeit und somit meiner eigenen göttlichen Möglichkeiten auf Erden noch nicht bewusst.

Meine geliebte Lilith dachte nicht daran, mir zu applaudieren, denn sie war auf der Suche nach einem göttlicher Partner auf Erden, den sie in mir nicht finden konnte.
 In meinen Illusionen wollte ich daran glauben, dass meine geliebte Lilith meine ganzen Liebesbemühungen mit Missachtung strafte.
 In meinen Illusionen wollte ich daran glauben, dass meine geliebte Lilith mich durch ihren für mich fehlenden Applaus und ihre fehlende Anerkennung entmachten und mir somit meinen rechtmäßigen Thron auf Erden streitig machen würde.
 In göttlicher Wahrhaftigkeit fing ich unbewusst an, sie für ihre göttliche Wahrnehmung anzugreifen und sie somit in ihrer Göttlichkeit auf Erden zu entmachten.

In meiner Inkarnation als Adam erschuf ich das Urbild eures unerlösten Animus auf Erden.
 Ich durfte die Illusionen eures eigenen Mentalkörpers in dieser Erdenwelt erzeugen, um euch eine Resonanz zu dieser göttlichen Erde zu ermöglichen, die euch in ihrer Göttlichkeit langfristig die göttliche Erleuchtung eurer eigenen Illusionen ermöglichen wird.
 Jede Seele, die auf eurem Erdenplaneten gezeugt wurde, besaß eine eigene Resonanz zu den Illusionen, die ich auf dieser Erde als Adam erzeugen durfte.

Ich teilte mich unbewusst entzwei, als ich mich von meinem Sohn Samael trennte, und erschuf eure geteilte irdische Welt der Dualität in ihrem männlichen Pol.
 Ich teilte mich unbewusst entzwei, als ich mich von meinem Sohn Samael trennte, und erschuf die Illusion der Getrenntheit zwischen

euren bewussten und euren unbewussten Aspekten eurer eigenen inneren Männlichkeit.

Ich erschuf unbewusst die Illusionen in euren eigenen Gedanken, euren Worten und in euren Handlungen, die es bewusst in euch auf dieser Erde zu erlösten gilt.

In ihrer Inkarnation als Lilith gebar sie das Urbild eurer unerlösten Anima auf Erden.

Sie durfte die unerlösten Wunden eures eigenen Emotionalkörpers in dieser Erdenwelt gebären, um euch eine Resonanz zu dieser göttlichen Erde zu ermöglichen, die euch in ihrer Göttlichkeit langfristig die göttliche Transformation eurer unerlösten Wunden ermöglichen wird.

Jede Seele, die auf eurem Erdenplaneten geboren wurde, besaß eine eigene Resonanz zu den unerlösten Wunden, die sie auf dieser Erde als Lilith gebären durfte.

Sie gebar unbewusst die unerlösten Wunden in euren eigenen Gefühlen, euren Worten und in eurer Empfänglichkeit, die es bewusst in euch auf dieser Erde zu transformieren gilt.

Gemeinsam spiegeln wir die Illusionen in eurem Geist und die unerlösten Wunden in eurem Gefühl, die es in euch bewusst zu erleuchten und zu transformieren gilt, um eure eigene innere Einheit zu finden.

Jede Seele auf Erden findet ihr göttliches Ziel in der bewussten Vereinigung ihrer beiden inneren Pole, ihres männlichen Persönlichkeitsaspekts und ihres weiblichen Persönlichkeitsaspekts.

Als uns unser Sohn Samael verließ, begann Lilith, sich zu verändern.

Sie gebar die unerlösten Wunden von Verlust und somit die unerlösten Wunden von Schmerz durch Getrenntheit, da ihr Sohn für sie verloren schien.

Sie begann die unerlösten Wunden zu gebären, die ich zuvor als eine Illusion aus meinem Geist gezeugt hatte.

Sie wurde von meinen Illusionen befruchtet, die ich erschaffen hatte, und gebar als meine göttliche Partnerin unbewusst meine eigenen feinstofflichen Töchter auf Erden, die unerlösten Wunden in ihrem Emotionalkörper.

Lilith war nicht bewusst, dass sie ihre eigenen Emotionen aus meiner unbewussten Befruchtung heraus geboren hatte.

Lilith war nicht bewusst, dass eine irdische Frau, die sich mental, emotional oder körperlich einem irdischen Mann öffnet, von diesem Mann auch immer eine energetische Befruchtung erfährt.

Lilith war bewusst, dass sie den Kontakt zu ihrem Sohn Samael verloren hatte, weil ich mich nicht in das Amt des Gottes auf Erden zu erheben in der Lage war.

Lilith war nicht bewusst, dass sie den Kontakt zu ihrem Sohn Samael verloren hatte, weil sie die Rolle der irdischen Tochter auf Erden zu gebären und sich somit in die Rolle des Opfers auf Erden zu flüchten begann.

Ich tanzte in meiner Unbewusstheit weiter wie ein bedürftiges Kleinkind vor ihrer Nase herum und bettelte um Applaus und Anerkennung, weil ich mich durch meine eigenen Illusionen ohnmächtig und machtlos fühlte und von ihr erhoffte, dass sie mir durch ihren Applaus und ihre Anerkennung meinen göttlichen Thron auf Erden zurückgeben könnte, indem ich glaubte, dass ich mich wieder mächtig und machtvoll fühlen würde, wenn sie mir applaudierte.

Ich war gefangen in meiner Rolle als irdischer Sohn, so dass ich sie als meine göttliche Partnerin in ihren irdischen Konflikten nicht sehen konnte.

Mein unausgesprochener Ärger über ihren scheinbar fehlenden Applaus befruchtete meine geliebte Lilith, und sie gebar die unerlösten Wunden der Wut auf Erden als emotionale Reaktion auf meine unbewusste mentale Kampfansage.

Das unausgesprochene Bedürfnis nach Applaus und Anerkennung für meine irdischen Illusionen von ihr führte in ihr zu der Geburt ihrer unerlösten Wunden der Bedrohung ihrer göttlichen Natur auf Erden.

Es schien ihr nicht zu gelingen, meine göttliche Partnerin auf der irdischen Welt zu sein, weil ich in der Rolle des irdischen Kleinkindes gefangen blieb.

Es schien ihr nicht zu gelingen, die göttliche Mutter auf der irdischen Welt zu sein, weil ich ihrem Sohn Samael den Platz an ihrer Seite als ihr Sohn genommen hatte.

Meine geliebte Lilith begann euren weiblichen Urmythos auf Erden zu gebären.

Meine geliebte Lilith war sich ihrer nicht bewusst.

Denn so war es der göttliche Wille auf Erden!

In ihrer Unbewusstheit begab sich Lilith in die Rolle des Opfers ihrer eigenen Schöpfungswerke auf Erden und gebar die Rolle der irdischen Tochter auf Erden, denn ich und mein Sohn Samael waren aus ihr geboren worden und waren somit ihre eigenen Schöpfungswerke auf Erden.

Ihr schien es nicht zu gelingen, die bewusste Verantwortung für die aus ihr geborenen Schöpfungswerke auf Erden zu übernehmen, denn sie war sich ihrer eigenen Göttlichkeit nicht bewusst.

Als irdische Tochter fühlte sich Lilith ohnmächtig und machtlos ihren eigenen Schöpfungswerken ausgeliefert.

Als irdische Tochter fühlte sich Lilith unbewusst in ihren göttlichen Lernaufgaben auf Erden überfordert und suchte die Verantwortung für ihre eigenen göttlichen Lernaufgaben an mich abzugeben, indem sie mir die Verantwortung für ihre eigenen göttlichen Herausforderungen zu überreichen suchte.

In ihrer Unbewusstheit wollte sie daran glauben, dass alle ihre eigenen göttlichen Lernaufgaben gelöst wären, wenn ich in meine bewusste

Selbstverantwortung und somit in das Amt des Gottes auf Erden gehen würde.

In ihrer Unbewusstheit übernahm sie nicht die bewusste Selbstverantwortung für die Geburt ihrer eigenen inneren Göttin auf Erden, sondern blieb in der Rolle der irdischen Tochter verhaftet, die mein Mitgefühl für ihre eigenen Emotionen und somit für ihre eigenen unerlösten Wunden zu erkämpfen suchte, um diese durch mein Mitgefühl zu transformieren.

Meine geliebte Lilith wollte unbewusst vergessen, dass ich einst aus ihr geboren wurde.

Als ihr irdisches Schöpfungswerk konnte ich ihr in göttlicher Wahrhaftigkeit kein göttliches Gefühl und somit kein Gesicht der Göttin spiegeln, das sie für sich selbst auf Erden noch nicht geboren hatte.

Sie wollte in ihren unerlösten Wunden daran glauben, dass ich ihr das göttliche Mitgefühl zu geben hätte, das sie für die Transformation ihrer eigenen unerlösten Wunden benötigte, weil sie ihre unerlösten Wunden durch meine irdische Befruchtung auf Erden erfahren hatte.

Meine wunderschöne Lilith erkannte sich nicht als das Abbild der Göttin auf Erden, die sich in ihrer göttlichen Freiheit und somit in ihrer irdischen Unabhängigkeit bewusst zu transformieren sucht.

Denn so war es der göttliche Wille auf Erden!

Lilith wollte daran glauben, dass ich ihr etwas geben könnte, das sie sich selbst nicht zu geben in der Lage war.

Sie war sich nicht bewusst, dass sie auf Erden lernen durfte, für sich selbst das göttliche Mitgefühl zu gebären, um ihre eigenen unerlösten Wunden bewusst zu transformieren und sich somit in die Rolle der göttlichen Schöpferin auf Erden zu erheben.

Die göttliche Schöpferin auf Erden ist immer ein reiner Kelch des göttlichen Mitgefühls.

Denn so ist es der göttliche Wille auf Erden!

Das göttliche Mitgefühl ist wahrhaftig der Schlüssel für das Tor der göttlichen Transformation eurer unerlösten Wunden auf Erden.

Lilith war sich ihrer eigenen göttlichen Schöpferkräfte unbewusst und konnte in ihrer Rolle als irdische Tochter nicht erkennen, dass die von ihr geborene irdische Welt ihr nur das göttliche Mitgefühl für sie spiegeln und geben konnte, wenn sie es aus ihrem eigenen göttlichen Gefühl für sich selbst heraus geboren hatte.

Das göttliche Element Wasser sucht auf Erden den Weg aus seiner unbewussten und somit grobstofflichen Form in seine bewusste und somit feinstoffliche Form auf Erden zu gebären.

Das göttliche Element Wasser sucht den Weg aus seiner irdischen Form in seine göttliche Form auf Erden zu erfahren.

Lilith war das göttliche Element Wasser in seiner irdischen Unbewusstheit.

Lilith war auf der unbewussten Suche nach ihrem göttlichen Thron auf Erden.

Ihr war nicht bewusst, dass sie das Amt der Göttin auf Erden nicht einnehmen konnte, solange sie die bewusste Verantwortung für ihre eigenen irdischen Schöpfungswerke nicht übernahm.

Als Lilith symbolisierte sie die irdische Tochter, die ihren göttlichen Thron und somit ihr Amt der Göttin auf Erden zu finden sucht.

Als Lilith war sie die irdische Tochter auf Erden, die sich in das Amt der Göttin auf Erden zu erheben sucht.

Mein scheinbar fehlendes Mitgefühl für ihre unerlösten Wunden führte zu großen Auseinandersetzungen zwischen ihr und mir, und wir begannen uns unbewusst voneinander zu entfernen.

Ihr scheinbar fehlender Applaus für meine Illusionen führte zu großen Auseinandersetzungen zwischen ihr und mir, und wir begannen uns unbewusst voneinander zu entfernen.

Jeder von uns blieb in seiner Rolle des irdischen Kindes auf Erden gefangen und verteidigte seinen eigenen Standpunkt, der eine wahre Gemeinsamkeit und somit einen gemeinsamen Standpunkt auszuschließen schien.

Es war unsere gemeinsame göttliche Aufgabe, für unsere Vermehrung auf Erden zu sorgen, dessen waren wir uns beide bewusst.

Als wir uns erneut vereinigen wollten, ergab sich eine Meinungsverschiedenheit, und es schien uns nicht zu gelingen, diese zu überwinden.

Ich war der Meinung, dass ich während unserer körperlichen Vereinigung über ihr liegen sollte, da ich symbolisch als Gott der Himmel sei und sie die göttliche Erde, die von mir befruchtet werden sollte.

Unser gemeinsamer Sohn Samael wurde von mir auf diese Weise in ihrem Körper gezeugt.

Meine geliebte Lilith hatte ihre Meinung in der Zwischenzeit geändert.

Sie war plötzlich der Meinung, dass sie oben und somit auf mir sitzen müsse, wenn wir uns vereinigten.

Wenn ich sie fragte, wie sie auf diese Idee käme, gab sie mir zur Antwort, das sei ihr göttliches Gefühl.

Ich gab ihr zur Antwort, dass ich eine mentale Erklärung benötigte, um sie verstehen zu können.

Darauf gab sie mir zur Antwort, dass sie angefangen hatte, die Tora der Göttin zu studieren, als ihre unerlösten Wunden durch den scheinbaren Verlust ihres Sohnes Samael von ihr geboren wurden und sie auf der Suche nach einer göttlichen Erlösung für ihre scheinbaren Qualen gewesen war.

In der Tora der Göttin hätte sie gelesen, dass sie, um ihre eigene innere Göttin in ihrer göttlichen Vollständigkeit auf Erden zu gebären, lernen müsse, ihrem eigenen göttlichen Gefühl ihr eigenes göttliches Vertrauen entgegenzubringen.

Die Geburt der eigenen inneren Göttin auf Erden ist die göttliche Erlösung und somit die göttliche Transformation einer jeden weiblichen Energie auf Erden.

Als Stellvertreter Gottes war es mir möglich, die Tora Gottes und somit die Gebote des Herrn vor meinem inneren Auge abzurufen und darin zu lesen.

Ich wollte daran glauben, dass ich die Tora Gottes zu lesen begann, um eine göttliche Bestätigung für ihre Worte zu finden.

In göttlicher Wahrhaftigkeit war ich auf der Suche nach einer göttlichen Bestätigung für meine unbewussten Zweifel.

In göttlicher Wahrhaftigkeit war ich auf der Suche nach einer göttlichen Bestätigung für meine unbewussten Illusionen, die ich dem göttlichen Gefühl meiner geliebten Lilith entgegenbrachte.

Hätte ich keine unbewussten Zweifel gegen ihr göttliches Gefühl in mir getragen, dann hätte ich die Tora Gottes nicht lesen brauchen, um ihrem göttlichen Gefühl meine göttliche Anerkennung und somit meine göttliche Befruchtung auf Erden zukommen zu lassen.

Als irdischer Sohn war es mir nicht möglich, in ihr das Abbild der Göttin auf Erden zu sehen und sie in dem Amt der Göttin auf Erden bewusst zu ehren.

Als irdischer Sohn empfand ich mich als machtlos, und ich hätte sie nicht in ihrer göttlichen Macht auf Erden anerkennen können, ohne mich selbst noch machtloser zu empfinden und somit meine eigenen irdischen Illusionen zu verdichten.

Solange mir Lilith unbewusst genauso machtlos erschien, wie ich mich selbst empfand, erschien mir meine Machtlosigkeit auf Erden als weniger bedrohlich.

In der Tora Gottes konnte ich nichts von dem finden, was Lilith mir sagte, das sie in der Tora der Göttin über die Wege der Geburt der eigenen inneren Göttin in ihrem irdischen Leben gelesen hätte.

In meiner irdischen Unbewusstheit übersah ich meine eigenen göttlichen Herausforderungen, die sie mir mit ihren Worten zu überreichen suchte, und nahm die Gegebenheit, dass ich nichts von ihren

Worten in der Tora Gottes lesen konnte, als Anlass, meine eigene göttliche Herausforderung unbewusst zu übergehen.

Ich blieb in der Rolle des irdischen Sohnes auf Erden verhaftet, und es gelang mir nicht, die bewusste Verantwortung für die Erzeugung meiner eigenen Göttlichkeit auf Erden zu übernehmen.

Ich blieb in der Rolle des irdischen Sohnes auf Erden verhaftet, und es gelang mir nicht, meine geliebte Lilith auf dem Weg in die bewusste Verantwortung für die Geburt ihrer eigenen Göttlichkeit auf Erden zu unterstützen.

In göttlicher Wahrhaftigkeit ist es euch auf Erden nicht möglich, einem anderen etwas zu geben, was ihr euch bewusst oder unbewusst selbst verweigert.

Als Stellvertreterin der Göttin auf Erden war es meiner geliebten Lilith möglich, die Tora der Göttin und somit die Gebote der Herrin vor ihrem inneren Auge abzurufen und darin zu lesen.

Ich war mir nicht bewusst, dass die Tora der Göttin, die vor Liliths innerem Auge erschien, viele Seiten mehr besaß als die Tora Gottes, die vor meinem inneren Auge erschien.

Ich war mir nicht bewusst, dass die Tora Gottes, die vor meinem inneren Auge erschien, bewusst unvollständig war, denn die fehlenden Seiten sollten durch die Geburt der Göttin auf Erden bewusst geboren und somit geschrieben werden.

Die Geburt der Göttin auf Erden beginnt immer in euch!

Es braucht eure bewusste Bereitschaft, euer eigenes göttliches Gefühl in euch anzuerkennen, um es in eurem irdischen Leben gebären zu können.

Es braucht eure bewusste Bereitschaft, aus eurem eigenen göttlichen Gefühl euer eigenes göttliches Vertrauen in euch und somit in eure irdische Welt zu gebären.

Ihr seid die göttlichen Schöpfer und die göttlichen Schöpferinnen eurer eigenen irdischen Realität.

Als Adam wollte ich vorerst meinen Standpunkt in der körperlichen Liebe, als göttlicher Himmel seine göttliche Erde befruchten zu wollen, verteidigen.

Ich erzeugte die Illusionen der Zweifel gegen das göttliche Gefühl meiner geliebten Lilith und sorgte somit unbewusst für die irdische Entmachtung ihrer Göttlichkeit auf Erden.

Es schien ihr nicht zu gelingen, ihre eigene Göttin auf Erden bewusst zu gebären, denn sie fand keine Annahme ihrer eigenen Göttlichkeit in mir.

Als irdische Tochter fühlte sie sich meinen irdischen Reaktionen ohnmächtig ausgeliefert und konnte nicht erkennen, dass ich ihr als ihr irdisches Schöpfungswerk ihre eigenen unerlösten Konflikte zu offenbaren suchte.

Hätte ich mir den Himmel in meiner göttlichen Bewusstheit betrachten dürfen, dann wäre mir aufgefallen, dass der Mond, der am Himmel zu sehen war, um vieles kleiner war als die Sonne, die am Himmel stand.

Die Sonne ist ein himmlisches Abbild Gottes.

Der Mond ist ein himmlisches Abbild der Göttin.

Ich erkannte nicht die Botschaft vom Ungleichgewicht zwischen Gott und seiner Göttin, das es auf dieser Erde zu erlösen gilt.

Auf eurer göttlichen Erde gilt es die Verkleinerung der Mondin rückgängig zu machen, damit sie an der Seite ihres göttlichen Gemahls, der Sonne, Platz nehmen kann.

Euer Mond, er ist gewachsen!

Euer Mond, er wird weiter wachsen und eure Symbolik für eure göttlichen Erleuchtungen auf Erden sein.

Euer Mond, er wird weiter wachsen und eure Symbolik für eure göttliche Transformation auf Erden sein.

Denn so ist es der göttliche Wille!

Die Seelen, die sich als irdische Menschheit auf dem Planeten Erde zu zeugen und zu gebären suchten, kamen von dem Planeten Mars.

Ich symbolisierte in meiner Inkarnation als Adam das Sternbild des Widders.

Meine göttliche Geliebte symbolisierte in ihrer Inkarnation als Lilith das Sternbild des Skorpions.

Das Sternenbild des Widders und das Sternenbild des Skorpions werden von dem Planeten Mars regiert, den es hier auf dieser göttlichen Erde in seine göttliche Form zu erleuchten und zu transformieren gilt.

Ich durfte mit meiner geliebten Lilith auf Erden das Ende eurer eigenen grobstofflichen Entwicklung aufzeigen, die von euch auf dem Planeten Mars gezeugt und geboren worden war und zu einem erneuten Fall geführt hatte.

Ich durfte mit meiner geliebten Lilith auf Erden den Anfang eurer eigenen göttlichen Entwicklung ermöglichen, die es durch die göttliche Erleuchtung und Transformation eurer eigenen Illusionen und unerlösten Wunden auf dieser Erde bewusst zu erfahren gilt.

Auf dem Planeten Mars wolltet ihr daran glauben, dass euer göttliches Ziel in der Verehrung des männlichen Pols und somit in der Verehrung Gottes zu finden sei, ohne den weiblichen Pol und somit die Göttin in eurer göttlichen Verehrung ausreichend zu berücksichtigen.

Dadurch war ein Ungleichgewicht zwischen Gott und seiner Göttin entstanden, und es konnte keine wahre göttliche Vereinigung mehr in euch gezeugt und geboren werden.

Dadurch war ein Ungleichgewicht zwischen Gott und seiner Göttin entstanden, und es konnte keine wahre göttliche Vereinigung mehr auf Mars gezeugt und geboren werden.

Die Illusionen und die unerlösten Wunden der Getrenntheit in euch führten zu einer marsischen Erlebniswelt von Kampf und Verteidigung.

Zwei Drittel der gesamten Einheit der Seelen auf dem Planeten Mars distanzierten sich durch ihre Illusionen und ihre unerlösten Wunden des Kampfes und der Verteidigung weiter von der Bewusstheit über der göttlichen Einheit, so dass es zu einem erneuten Fall für diese zwei Drittel der gesamten Einheit kommen musste.

Gott und die Göttin müssen auf *einer* Stufe der kosmischen Leiter stehen, wenn sie die göttliche Vereinigung wahrhaftig erfahren möchten.

Eure Wege der göttlichen Vereinigung auf Erden fordern immer eine gemeinsame Stufe der kosmischen Leiter, um eine göttliche Vereinigung ermöglichen zu können.

Suchen sich zwei Seelen auf dieser Erde spirituell, mental, emotional, körperlich oder materiell zu vereinen, die sich auf zwei unterschiedlichen Entwicklungsstufen befinden, dann kann eine solche Vereinigung für keine der beiden Seelen langfristig eine steigende Bewusstheit der eigenen Göttlichkeit bewirken, um die göttliche Einheit auf Erden bewusst miteinander manifestieren zu können.

Der Weg der Bewusstwerdung eurer eigenen Göttlichkeit auf Erden ist jedoch der göttliche Schlüssel, den ihr benötigt, um ein bewusster Herr und Meister, eine bewusste Herrin und Meisterin auf Erden zu werden.

Denn so ist es der göttliche Wille auf Erden!

Eine Seele, die auf der kosmischen Leiter viele mehr Entwicklungsstufen zu meistern in der Lage war als der von ihr gewählte Partner oder die von ihr gewählte Partnerin, findet für die eigene göttliche Entwicklung auf Erden keine Möglichkeit des bewussten und somit des göttlichen Austausches durch den Weg der bewussten und somit göttlichen Kommunikation in ihrer Partnerschaft..

Das Tor der bewussten und somit göttlichen Kommunikation auf Erden ist ein Tor der feinstofflichen Vereinigung, wenn zwei Seelen eine gemeinsame göttliche Kommunikationsebene und somit eine gemeinsame Entwicklungsstufe auf der kosmischen Leiter besitzen, aus der heraus sie sich gegenseitig zu spiegeln in der Lage sind, um gemeinsam einen Weg der Erleuchtung und der Transformation durch den Weg der bewussten und somit göttlichen Kommunikation erzeugen und gebären zu wollen.

Sucht ihr gemeinsam mit einer anderen Seele bewusst einen göttlichen Weg der Erleuchtung und der Transformation auf Erden zu erzeugen und zu gebären und seid ihr in der Lage, durch eine gemeinsame Entwicklungsstufe eine göttliche Vereinigung zu erzeugen, die es euch ermöglicht, euch selbst in eurem Gegenüber zu erkennen und somit eins mit ihm oder ihr zu werden, dann intensiviert sich euer göttliches Licht.

Wenn sich euer eigenes göttliches Licht durch eine göttliche Vereinigung mit dem göttlichen Licht einer anderen Seele vereint und somit intensiviert, dann erfährt eure göttliche Entwicklung auf Erden eine großartige und sehr rasante Beschleunigung.

Euer Leben wird durch die Intensivierung eures göttlichen Lichtes zu einem Feld der wahren Wunder, und in euch wird die göttliche Begeisterung erzeugt und geboren.

Die göttliche Begeisterung ist der erste Schritt in die göttliche Ekstase auf Erden.

Denn so ist es der göttliche Wille auf Erden!

Jeder irdische Weg, bewusst eine göttliche Einheit mit einer anderen Seele erzeugen und gebären zu wollen, wird euch den göttlichen Segen in seiner ganzen göttlichen Größe durch euer irdisches Leben bescheren.

Um die göttliche Einheit auf Erden bewusst zu erzeugen und zu gebären, seid ihr auf dieser Erde, meine geliebten Erdenkinder!

Wenn ihr einen irdischen Weg zu erzeugen und zu gebären in der Lage seid, der eine göttliche Einheit auf Erden ermöglicht, dann wird der Applaus Gottes und der Göttin in eurem Leben kein Ende finden wollen.

Denn so ist es der göttliche Wille auf Erden!

Vor gar nicht so langer Zeit wurde auf eurer Erde ein Experiment gemacht.

Ein irdisches Ehepaar gebar einen Sohn.

Zur gleichen Zeit, da dieser kleine Menschensohn geboren wurde, kam ein Schimpansenbaby auf die Welt.

Das irdische Ehepaar wollte daran glauben, dass, wenn sie das Schimpansenbaby gemeinsam mit ihrem kleinen Sohn aufziehen würden und es genauso behandelten wie ihren kleinen Sohn, es dann lernen könne, die menschliche Entwicklung ihres Sohnes zu imitieren und sich somit der menschlichen Entwicklung anzupassen.

In den ersten Monaten schien sich ihre irdische Illusion zu bestätigen.

Das Schimpansenbaby lernte wie ihr kleiner Sohn das Essen mit dem Löffel und das Trinken aus der Tasse.

Als ihr kleiner Sohn in die Entwicklungsphase gelangte, die sich auf das Erlernen der menschlichen Kommunikation bezog, gab es eine große Wende.

Nicht das Schimpansenbaby lernte, zu kommunizieren und sich somit auszudrücken wie ein kleiner Mensch, sondern ihr kleiner Sohn passte sich der sprachlichen Entwicklung und der Ausdrucksform eines Schimpansen an.

Ihr kleiner Sohn imitierte die Geräusche, die Gestik und die Mimik des kleinen Schimpansen und schien keinen Zugang zu der menschlichen Sprache finden zu können.

Die irdischen Eltern des Kindes waren sich ihrer eigenen Göttlichkeit und somit ihrer eigenen göttlichen Entwicklung auf Erden nicht bewusst.

Für einen Menschen ist es leicht, die Kommunikation und die Ausdrucksform eines Affen fast vollständig zu erlernen, um einen irdischen Austausch mit einem Affen zu ermöglichen, soweit das für einen Affen generell möglich ist.

Für einen Affen ist es unmöglich, die Kommunikation und die Ausdrucksform eines Menschen ausreichend zu erlernen, um einen irdischen Austausch mit einem Menschen zu ermöglichen.

Für sein Bedürfnis nach Nähe und Miteinander war der kleine Junge bereit gewesen, sich der Entwicklung des kleinen Affen anzupassen und somit auf seine eigene, die göttliche Entwicklung, die ihm auf Erden von Gott und Göttin bestimmt war, zu verzichten.

Der irdische Sohn seiner irdischen Eltern war sich seiner eigenen Göttlichkeit und somit seiner eigenen göttlichen Entwicklung auf Erden unbewusst.

Erst nachdem der kleine Junge räumlich von dem kleinen Affen getrennt wurde, konzentrierte sich der Junge in seinem Bedürfnis nach Nähe und Miteinander auf seine eigene Art.

Erst nachdem der kleine Junge von dem kleinen Affen räumlich getrennt wurde, gelang es dem Jungen, sich mit seiner eigenen Art wieder zu identifizieren und seine fehlende Entwicklung nachzuholen.

Zu einer späteren Zeit ergaben sich erneut Kontakte zwischen dem Jungen und dem Affen.

Der Junge hatte gelernt, eine liebevolle Verbindung mit dem Affen zu leben, ohne dabei zu übersehen, dass er ein Mensch und der Affe ein Affe war.

Der Junge hatte unbewusst verstanden, dass er sich mit seinem Freund, dem Affen, nicht identifizieren und somit vereinen konnte, da jeder von ihnen auf seiner eigenen Entwicklungsebene existierte.

Der Junge hatte unbewusst verstanden, dass er sich mit seinem geliebten Freund verbinden, aber nicht vereinen konnte, ohne auf seine göttliche Entwicklung zu verzichten, die sein göttliches Geburtsrecht auf Erden ist.

Der Junge hatte unbewusst verstanden, dass er sich mit seinem geliebten Freund verbinden, aber nicht vereinen konnte, ohne dem göttlichen Willen in seinem Leben den göttlichen Gehorsam zu verweigern.

Der göttliche Wille in euch und in eurem Leben fordert in seiner grenzenlosen Liebe zu euch, dass ihr euch auf Erden eurer göttlichen und somit der feinstofflichsten Entwicklung, die für jede einzelne Seele entsprechend ihrer eigenen Entwicklungsstufe möglich ist, hingebt.

Der göttliche Wille fordert von euch, euer Bestes auf Erden geben oder nehmen zu wollen.
Der göttliche Wille fordert niemals von euch, mehr geben oder nehmen zu wollen, als es euch eurer Entwicklungsstufe nach möglich ist.

Eine Seele, die auf der kosmischen Leiter weit mehr Entwicklungsstufen zu meistern in der Lage war als der von ihr gewählte Partner oder die von ihr gewählte Partnerin, findet in ihrer Partnerschaft keine Gelegenheit, durch ihren Partner oder ihre Partnerin eine göttliche Bestätigung oder eine göttliche Korrektur durch den Weg der bewussten und somit göttlichen Kommunikation zu erhalten.
Eine Seele, die auf der kosmischen Leiter weit mehr Entwicklungsstufen zu meistern in der Lage war als der von ihr gewählte Partner oder die von ihr gewählte Partnerin, verliert langfristig den bewussten Blick für ihren eigenen Weg in ihre vollständige Göttlichkeit auf Erden, weil sie im Vergleich zu dem Partner oder der Partnerin bereits einen Thron zu besitzen scheint.

Eine Seele, die auf der kosmischen Leiter sehr viel weniger Entwicklungsstufen zu meistern in der Lage war als der von ihr gewählte Partner oder die von ihr gewählte Partnerin, wird sich langfristig an der Seite ihres Partners oder ihrer Partnerin minderwertiger empfinden als der Partner, wenn es ihr nicht gelingt, durch den Weg der bewussten Selbst-Verantwortung die eigenen Entwicklungsstufen zu meistern, um sich dem gewählten Partner oder der Partnerin anzugleichen.
Gelingt es einer Seele nicht, die eigenen Entwicklungsstufen durch den Weg der bewussten Selbst-Verantwortung zu meistern, die zwischen ihr und dem von ihr gewählten Partner oder Partnerin liegen, weil sie sich mit der Rolle des irdischen Kindes und somit mit der Rolle des Opfers auf Erden stärker identifiziert hat als mit der Bewusstheit

ihrer eigenen Göttlichkeit auf Erden, dann wird sie ihre eigene Göttlichkeit durch den gewählten Partner oder die gewählte Partnerin intensiver und somit bewusster in Frage stellen, und ihre irdischen Illusionen und unerlösten Wunden der Machtlosigkeit treten in ihr Bewusstsein.

Jede Seele darf sich für die eigene göttliche Entwicklung auf Erden bewusst entscheiden und somit die bewusste Selbst-Verantwortung für ihre eigenen irdischen Illusionen und unerlösten Wunden übernehmen.

Niemand kann für eine andere Seele die bewusste Verantwortung und somit die bewusste Entscheidung für ihre göttliche Entwicklung auf Erden übernehmen.

Der freie Wille einer jeden Seele ist auf Erden unantastbar!

Der freie Wille einer jeden Seele bezieht sich immer auf die bewusste Entscheidung für ihren göttlichen Weg der Selbst-Erleuchtung und der Transformation auf Erden oder auf die unbewusste Entscheidung für ihren irdischen Weg des Opfers und somit für die Rolle des irdischen Kindes.

Sucht ihr bewusst oder unbewusst den freien Willen einer anderen Seele zu übergehen, indem ihr die Verantwortung für ihre göttliche Entwicklung auf Erden übernehmen wollt, dann werdet ihr genau das Gegenteil dessen ernten, was ihr euch zu ernten erhofft.

Eure irdischen Illusionen und eure unerlösten Wunden, die euch glauben lassen, ihr könntet die Verantwortung für die göttliche Entwicklung einer anderen Seele auf Erden wahrhaftig übernehmen, übergehen den freien Willen einer Seele, der auf dieser Erde im Namen des göttlichen Willens unantastbar ist.

Wäre es euch möglich, die Verantwortung für die göttliche Entwicklung einer anderen Seele zu übernehmen, dann wäre es dieser Seele nicht mehr möglich, ihre eigene innere Göttlichkeit durch die Herausforderungen in ihrem Leben bewusst erzeugen und gebären zu lernen.

Der göttliche Wille sucht jede Seele letztendlich in das Amt des göttlichen Meisters und der göttlichen Meisterin auf Erden zu erheben.

Eure irdischen Illusionen und eure unerlösten Wunden, die euch glauben lassen, ihr könntet die Verantwortung für die göttliche Entwicklung einer anderen Seele auf Erden wahrhaftig übernehmen, stellen die Göttlichkeit der Seele, die ihr zu erlösen sucht, bewusst oder unbewusst in Frage, und ihr erzeugt und gebärt eine Energie, die sie in göttlicher Wahrhaftigkeit schwächt.

Unbewusst beginnt ihr das bedürftige Kleinkind und somit das irdische Opfer in eurem Gegenüber zu nähren, wenn ihr zu glauben beginnt, dass es ohne eure Hilfe, seinen göttlichen Weg auf Erden nicht gehen könne.

Es gilt, die bewusste Selbst-Verantwortung für eure eigenen irdischen Illusionen und eure eigenen unerlösten Wunden zu übernehmen, die in euch daran glauben wollen, dass ihr die Verantwortung für die göttliche Entwicklung einer anderen Seele auf Erden übernehmen könntet.

Es gilt, die bewusste Selbst-Verantwortung für eure eigenen irdischen Illusionen und eure eigenen unerlösten Wunden zu übernehmen, die euch an irdischen Verbindungen haften lassen, die eine wahre göttliche Vereinigung ausschließen, weil euer Gegenüber den Weg der bewussten Selbst-Verantwortung für seinen göttlichen Weg auf Erden nicht gehen will.

Gelingt es euch nicht, den Weg der bewussten Selbst-Verantwortung für eure eigenen irdischen Illusionen und eure eigenen unerlösten Wunden zu gehen, dann werdet ihr euch unbewusst mit den irdischen Illusionen und den unerlösten Wunden der Seele identifizieren, die ihr ursprünglich zu erlösen gesucht habt, und euch zu ihrem irdischen Opfer erzeugen und gebären.

Gewiss ist es eure göttliche Aufgabe auf Erden, euren Brüdern und Schwestern ein göttlicher Wegweiser in allen den Entwicklungsstufen sein zu dürfen, die ihr für euch bereits bewusst erleuchten und transformieren durftet, wenn euch ein Bruder oder eine Schwester aus ihrem freien Willen als ihren Lehrer oder ihre Lehrerin auserwählt.

Ein göttlicher Lehrer auf Erden zu sein, bedeutet, die göttliche Demokratie auf Erden und somit den freien Willen in jeder Seele bewusst anzuerkennen.

Ein göttlicher Lehrer wird auf Erden immer durch seine göttlichen Schüler in das Amt des Lehrers gewählt.

Denn so ist es der göttliche Wille auf Erden!

In meiner Inkarnation als Adam schien es mir nicht zu gelingen, das göttliche Gefühl in meiner geliebten Lilith als meine göttliche Lehrerin auf Erden bewusst anzuerkennen.

In der Rolle des irdischen Sohnes gelang es mir nicht, sie als das vollständige weibliche Gegenstück meines unvollständigen männlichen Poles in mir anzuerkennen.

Euer eigener innerer Gott wird durch die Geburt seiner Göttin in euch in seiner eigenen Göttlichkeit, die er durch die Verleumdung seiner Göttin auf dem Planeten Mars verloren hatte, von seiner Göttin in euch und in eurem irdischen Leben neu geboren werden.

Somit wird der göttliche Weg der Geburt der Göttin in euch und in eurem Leben zu einem gemeinsamen göttlichen Ziel beider Pole, den es für beide bewusst zu finden gilt.

Gott kann sich auf Erden in euch und in eurem Leben nur in seine göttliche Größe erheben, wenn auch seine Göttin ihre göttliche Größe auf Erden geboren hat.

Gelingt es euch nicht, eure eigene innere Göttin auf Erden zu erzeugen, dann wird sie euren eigenen inneren Gott nicht in seiner göttlichen Größe und Wahrhaftigkeit in euch und in eurem Leben gebären können und euer männlicher Pol bleibt somit haften an seinen Illusionen des irdischen Sohnes, das heißt, an seinen Illusionen des Opfers auf Erden.

Solange eure eigene innere Göttin in ihren unerlösten Wunden ungesehen leiden muss, solange wird auch ihr Sohn, euer eigener innerer Gott, in den Illusionen des menschlichen Leidens verhaftet bleiben.

Als die Meinungsverschiedenheit über das Ausleben unserer körperlichen Vereinigung zwischen mir und meiner geliebten Lilith entstand, wollte ich daran glauben, dass sie schließlich meine irdischen Illusionen über die Wahrheit als ihre göttliche Wahrheit anerkennen würde.

Ich war mit den Illusionen des Planeten Mars verbunden, denn ich wurde durch das Sternbild meiner Geburt, das den Planeten Mars in meiner bewussten Sonne zeigt, regiert.

Ich hatte mich durch das Tor meiner Geburt für den Planeten Mars als meinen Regenten entschieden, um die Illusionen auf Erden erzeugen zu können, die es von der neuen Menschheit bewusst zu erleuchten und zu transformieren galt.

Ich war und ich bin das Ende und der Anfang aller irdischen und aller göttlichen Wege auf Erden!

Lilith war nicht bereit, meine irdischen Illusionen über die Wahrheit als ihre eigene göttliche Wahrheit anzuerkennen.

Sie verweigerte sich mir körperlich, und die Entstehung der Menschheit auf Erden schien bedroht.

Da gebar sie sich ihre göttlichen Flügel und flog zu ihrem Sohn Samael.

Adam und die drei Engel Gottes

Als mich meine geliebte Lilith verließ, wusste ich nicht, was ich tun sollte, und blieb einfach auf dem Boden sitzen.

In mir stiegen Gefühle auf, die ich bisher nicht kannte, und sie schienen mich wie eine große Flut mitreißen zu wollen.

Mein äußeres Spiegelbild, mein weiblicher Kelch, den Lilith für mich auf Erden symbolisierte, war entschwunden.

Mir war nicht bewusst, dass Lilith stets unbewusst bereit gewesen war, mir als göttlicher Kelch auf Erden zu dienen, der aus meinen irdischen Illusionen, mit denen ich sie unbewusst befruchtet hatte, die unerlösten Wunden der neuen Menschheit gebar.

Lilith war unbewusst stets bereit gewesen, zu fühlen, was ich dachte, denn sie war das göttliche Element Wasser in Tätigkeit auf Erden.

Das göttliche Element Wasser erfüllt auf Erden die göttliche Funktion, der emotionale Spiegel aller irdischen mentalen Schöpfungsenergien zu sein.

Somit zeigen euch eure Gefühle immer auch die Qualität der Gedankenstrukturen, die ihr erzeugt oder von denen ihr durch euer Umfeld befruchtet werdet.

Da Lilith sich mir entzogen hatte, gab es nur noch meinen eigenen inneren Kelch, den ich mit meinen irdischen Illusionen befruchten konnte.

Mein eigener innerer Kelch begann in mir die unerlösten Wunden zu gebären, die zuvor von Lilith durch meine Befruchtung in ihr und somit in unserer neuen Welt geboren wurden.

Mein eigener innerer Kelch begann in mir die unerlösten Wunden zu gebären, die durch die Befruchtung meiner irdischen Illusionen nun in mir geboren wurden, und ich gelangte in direkten Kontakt zu meiner eigenen inneren Göttin, die immer durch unsere Gefühle zu uns zu sprechen sucht.

Meine eigene innere Göttin war erwacht und suchte mich an die unerlösten Wunden zu erinnern, die durch meine irdischen Illusionen in dem Kelch meiner Geliebten Lilith geboren worden waren.

Meine eigene innere Göttin bot mir durch die Geburt meiner unerlösten Wunden die goldene Möglichkeit, meine Geliebte Lilith in ihren Reaktionen auf mich zu verstehen, um sie und somit mich selbst bewusst erleuchten zu können.

Der Weg der göttlichen Selbst-Erleuchtung meiner irdischen Illusionen sollte den Weg der Transformation meiner unerlösten Wunden auf Erden ermöglichen.

Doch um alle diese Dinge wusste ich nicht.

Es war meine göttliche Aufgabe, in meiner Inkarnation als Adam alle Illusionen auf dieser Welt zu erzeugen, die die neue Menschheit für sich und somit in sich auf dieser wundervollen Erde zu erleuchten suchte.

Denn so war es der göttliche Wille auf Erden!

Da ich durch meine Unbewusstheit in der Rolle des Opfers auf Erden stecken blieb, schien ich wie gelähmt in den unerlösten Wunden der Einsamkeit zu ertrinken, ohne dass ich wusste, woher diese Wunden kamen.

Ich hatte die unerlösten Wunden der Einsamkeit in meiner Geliebten Lilith und somit in dieser irdischen Welt unbewusst erzeugt, als ich mich geweigert hatte, gemeinsam mit ihr den Weg ihres weiblichen Körpers erfahren zu wollen.

Ich hatte die unerlösten Wunden der Einsamkeit in meiner Geliebten Lilith und somit in dieser irdischen Welt unbewusst erzeugt, als ich mich weigerte, mit Lilith gemeinsam den Weg der göttlichen Elternschaft auf Erden erfahren zu wollen.

Ich hatte die unerlösten Wunden der Einsamkeit in meiner Geliebten Lilith und somit in dieser irdischen Welt unbewusst erzeugt, als ich mich weigerte, bewusst an ihrem göttlichen Gefühl und somit freiwillig teilzunehmen.

Ich hatte die unerlösten Wunden der Einsamkeit in meiner Geliebten Lilith und somit in dieser irdischen Welt unbewusst erzeugt, als ich mich weigerte, mit Lilith den Weg der göttlichen Kommunikation und somit den Weg der feinstofflichen Verbundenheit auf Erden zu beschreiten.

Ich schien in den unerlösten Wunden der Einsamkeit zu ertrinken, die ich unbewusst in dieser Welt und somit in mir durch meine eigenen Illusionen gezeugt hatte.

Mir war nicht bewusst, dass alles, was wir spirituell, mental, emotional, körperlich oder materiell in diese Welt aussenden, dreifach zu uns zurückkehren wird!

Der göttliche Wille auf Erden sorgt dafür, dass alles, was ihr spirituell, mental, emotional, körperlich oder materiell in diese Welt aussendet, intensiviert zu euch zurückkehren darf, damit euch die goldene Möglichkeit gegeben ist, euch selbst in euren eigenen Energien bewusst erleuchten und transformieren zu können.

Der göttliche Wille ist immer auf eure göttliche Entwicklung auf Erden ausgerichtet!

Kein irdischer Seelenweg kann sich in Wahrheit dem göttlichen Willen auf Erden entziehen, denn er gewährleistet euch eure göttliche Entwicklung auf Erden!

Der göttliche Wille und somit die Gesetze Gottes und der Göttin erfüllen sich immer zu ihrem eigenen göttlichen Zeitpunkt in dem Leben einer Seele und sind immer ein göttliches Geschenk an euch, das es bewusst von euch zu würdigen gilt, damit es sein göttliches Ziel in euch nicht verfehlen kann!

Wenn der göttliche Wille in euer irdisches Leben fließt, dann sind Gott und die Göttin bereit, euch ein bewusster Lehrer und eine bewusste Lehrerin zu sein, und erheben euch damit bewusst in die Rolle des göttlichen Schülers auf Erden.

Es gilt, das göttliche Geschenk der bewussten Ernte eurer eigenen spirituellen, mentalen, emotionalen, körperlichen oder materiellen Energien, die ihr einst in diese Welt ausgesandt habt, nicht zu bewerten.

Ist es an der göttlichen Zeit, die bewusste Ernte eurer erlösten Energien zu empfangen, dann darf euch diese Ernte ein bewusster Segen eurer eigenen Göttlichkeit auf Erden sein.

Ist es an der göttlichen Zeit, die bewusste Ernte eurer unerlösten Energien zu empfangen, dann ist euch die göttliche Gelegenheit gegeben, eure eigenen unerlösten Energien bewusst zu erleuchten und sie somit bei ihrem wahren Namen zu benennen.

Jede göttliche Selbsterleuchtung sucht euch den wahren Namen eurer eigenen göttlichen und somit erlösten Energien zu offenbaren.

Jede göttliche Selbsterleuchtung sucht euch den wahren Namen eurer eigenen irdischen und somit unerlösten Energien zu offenbaren.

Jede göttliche Erleuchtung auf Erden sucht euch immer den wahren Namen eines Dinges zu offenbaren.

Jede göttliche Erleuchtung auf Erden setzt voraus, dass von euch bewusst empfangen wurde, was ihr zu erleuchten und somit zu benennen sucht.

Denn so ist es der göttliche Wille auf Erden!

Auf Erden gebiert und erzeugt sich alles nach dem göttlichen Prinzip des Angebotes und der Nachfrage.

Aus jeder inneren Nachfrage einer Seele erzeugt und gebiert sich in ihrer äußeren Welt ein Angebot.

In meiner Inkarnation als Adam sollte ich bewusst die Nachfrage nach der göttlichen Selbst-Erleuchtung erzeugen lernen, um mich aus meinen scheinbaren Irrwegen erlösen zu können, die mich zu quälen schienen.

In göttlicher Wahrhaftigkeit waren gerade meine scheinbaren Irrwege eine göttliche Notwendigkeit, um die göttliche Erleuchtung der neuen Menschheit langfristig zu ermöglichen.

Alle meine scheinbaren Irrwege in meiner Inkarnation als Adam hatten in mir langfristig die göttliche Funktion zu erfüllen, die Nachfrage nach der göttlichen Selbsterleuchtung in mir zu erzeugen.

Die Nachfrage nach der göttlichen Selbsterleuchtung ist in göttlicher Wahrhaftigkeit immer das Urbedürfnis einer Seele, diese irdische Welt bewusst erleuchten zu wollen, um sie in ihre göttliche Natur zu erheben.

Der 2. Strahl Gottes und der Göttin ist der Strahl der göttlichen Erleuchtung in der Einheit Gottes und der Göttin, der durch den Weg der göttlichen Selbst-Erleuchtung in euch gezeugt wird und aus euch in eure irdische, äußere Welt zu fließen vermag und somit seine Integration auf Erden ermöglicht.

Die göttliche Selbsterleuchtung erzeugt die Erleuchtung eurer Welt, die durch das Licht Gottes und der Göttin in euch in eure irdische Atmosphäre strahlt.

Die göttlichen Energien des 1. Strahles Gottes und der Göttin und somit meine wahre innere Ursubstanz als Adam, die es bewusst für mich bei ihrem wahren Namen zu benennen galt, um mich aus meiner irdischen Unbewusstheit und somit aus meinen irdischen Illusionen erlösen zu können, sind die göttliche Kraft, der göttliche Mut, die göttliche Disziplin und die göttliche Stärke in Tätigkeit auf Erden.

Wenn wir euch in dem Buch *Das Tor zur körperlichen Transformation* oder in diesem Buch bewusste Affirmationen aufgezeigt haben, die es für euch laut auszusprechen gilt, dann waren dies immer die Wege der göttlichen Übung auf Erden, die euch mit den Energien des 1. Strahles Gottes und der Göttin in euch bewusst vereinen durften, um eure eigenen göttlichen Energien bewusst bei ihrem wahren Namen zu benennen, damit ihr lernt, euch aus euren irdischen Illusionen zu erlösen.

Um die göttlichen Energien des 1. Strahles Gottes und der Göttin bewusst in dir auszudehnen, braucht es nur dein laut ausgesprochenes:
Ich bin die göttliche Glaubenskraft, der göttliche Mut, die göttliche Disziplin und die göttliche Handlungsstärke in Tätigkeit auf Erden!

Die Vereinigung meiner vier göttlichen Ursubstanzen erzeugt und gebiert den bewussten göttlichen Schutz und die bewusste göttliche Macht in meinem Leben und somit auf Erden.

Die Vereinigung meiner vier göttlichen Ursubstanzen der göttlichen Glaubenskraft, des göttlichen Mutes, der göttlichen Disziplin und der göttlichen Handlungsstärke manifestiert mir ein bewusstes Erleben und somit ein bewusstes Erfahren des göttlichen Schutzes in meinem Leben und somit auf Erden.

Die Vereinigung meiner vier göttlichen Ursubstanzen der göttlichen Glaubenskraft, des göttlichen Mutes, der göttlichen Disziplin und der göttlichen Handlungsstärke manifestiert mir ein bewusstes Erleben und somit ein bewusstes Erfahren der göttlichen Macht in meinem Leben und somit auf Erden.

Die verdichteten Energien und somit die irdischen Illusionen über den 1. Strahl Gottes und der Göttin in mir und somit meine irdischen Illusionen über mein eigenes göttliches Element Feuer, die es für mich als Adam bewusst in dieser Welt zu erzeugen galt, sind die vier Illusionen der Getrenntheit, des Kampfes, der Konkurrenz und der Trägheit.

Die vier Illusionen der Getrenntheit, des Kampfes, der Konkurrenz und der Trägheit hatten auf dem Planeten Mars die Führung übernommen und ein Feld von unerlösten Wunden in den Seelen geboren, denen sich nun auf dieser neuen Erde, die ich als Adam mit erzeugen durfte, die goldene Möglichkeit bot, ihre eigenen Illusionen bewusst erleuchten zu lernen, um den Weg der bewussten Transformation ihrer unerlösten Wunden zu ermöglichen.

Die unerlösten Wunden des 1. Strahles Gottes und der Göttin werden in eurem inneren Kelch und somit aus eurer eigenen inneren Göttin geboren, wenn eure eigene innere Göttin mit den Illusionen der Getrenntheit, des Kampfes, der Konkurrenz oder der Trägheit durch euren eigenen männlichen Pol oder durch eine äußere männliche Energie einer anderen Seele befruchtet wurde.

Die unerlösten Wunden der Einsamkeit sind auch immer die Wunden des fehlenden Glaubens an die eigene oder an die äußere Göttlichkeit und werden durch die Illusionen der Getrenntheit in euch und somit auf dieser Welt gezeugt und geboren.

Die unerlösten Wunden der Mutlosigkeit werden durch die Illusionen des Kampfes in euch und somit auf dieser Welt gezeugt und geboren.

Die unerlösten Wunden des Desinteressiert-Seins an eurer göttlichen Entwicklung auf Erden und somit die unerlösten Wunden der Nachlässigkeit in euren Gedanken eurer göttlichen Entwicklung gegenüber werden durch die Illusionen der Konkurrenz in euch und somit in dieser Welt gezeugt und geboren.

Die unerlösten Wunden der Handlungsschwäche und somit auch die unerlösten Wunden der Handlungsunfähigkeit werden durch die Illusionen der Trägheit in euch und somit auf dieser Welt gezeugt und geboren.

Die Vereinigung der vier göttlichen Ursubstanzen in ihrer verwundeten und somit in ihrer verdichteten Form erzeugen die Illusionen der Schutzlosigkeit in euch, in eurem eigenen männlichen Pol.

Die Illusionen der Schutzlosigkeit in eurem männlichen Pol manifestieren euch ein bewusstes Erleben und somit ein bewusstes Erfahren der Illusionen der Schutzlosigkeit in eurem irdischen Leben.

Die Vereinigung der vier göttlichen Ursubstanzen in ihrer verwundeten und somit in ihrer verdichteten Form gebären die unerlösten Wunden der Machtlosigkeit und somit die unerlösten Wunden der Ohnmacht in euch, in eurem eigenen weiblichen Pol.

Die unerlösten Wunden der Machtlosigkeit und Ohnmacht manifestieren euch ein bewusstes Erleben und somit ein bewusstes Erfahren ihrer eigenen unerlösten Realität, indem sie euch Situationen der scheinbaren Machtlosigkeit und der scheinbaren Ohnmacht erschaffen.

Der 1. Strahl Gottes und der Göttin ist in seiner göttlichen Ursubstanz androgyn und besteht aus den Energien Gottes und aus den Energien der Göttin.

Der 1. Strahl Gottes und der Göttin ist auf Erden eine äußere Ausdrucksform Gottes und somit ein Gesicht Gottes, das als das heilige Schwert Gottes sein eigenes göttliches Symbol auf Erden findet.

Das heilige Schwert Gottes ist auf Erden auf der Suche nach dem heiligen Gral der Göttin, um sich in ihm und somit in ihr in das wahre Gold dieser Welt zu verwandeln.

Das wahre Gold dieser Welt ist die göttliche Erleuchtung und die göttliche Transformation in ihrer göttlichen Vereinigung.

Das wahre Gold in dieser Welt bewusst erzeugen und gebären zu lernen, ist euer göttlicher Auftrag auf Erden.

Das Mysterium eures Lebens bewusst zu erleuchten, um es in seine göttliche Natur zu transformieren, mag euer wahres göttliches Streben auf Erden sein.

Der 1. Strahl Gottes und der Göttin ist auf Erden eine äußere Ausdrucksform und somit ein Gesicht Gottes, der den ersten Schritt eurer bewussten göttlichen Entwicklung auf Erden gehen darf.

Eure bewusste göttliche Entwicklung auf Erden beginnt in eurem männlichen Pol und erfordert eure bewusste Bereitschaft, den Weg der göttlichen Selbst-Erleuchtung in eurem Geist erzeugen zu wollen, um euer göttliches Feuer auf Erden bewusst ausrichten zu lernen.

Alle spirituellen Pfade, auf denen ihr diesen ersten Schritt zu überspringen sucht, werden euer Leben zu einer Schallplatte mit Sprung werden lassen, die euch immer wieder zu diesem notwendigen ersten Schritt eurer göttlichen Entwicklung auf Erden zu führen sucht.

Der Weg der göttlichen Selbst-Erleuchtung und somit der Weg der Erleuchtung eurer irdischen Illusionen ist der Erlösungsweg Gottes auf Erden, der euch in eure göttliche Natur zu erheben vermag.

Der Weg der göttlichen Selbst-Transformation und somit der Weg der Transformation eurer unerlösten Wunden ist der Erlösungsweg der Göttin auf Erden, der euch in eure göttliche Natur zu erheben vermag.

Der Weg der göttlichen Selbst-Erleuchtung und somit der Weg der Erleuchtung eurer irdischen Illusionen ist der Erlösungsweg Gottes auf Erden, der aus der Entwicklung des 1. Strahles Gottes und der Göttin auf Erden gezeugt wird.

Alle unerlösten Wunden des 1. Strahles Gottes und der Göttin werden durch die Befruchtung eures männlichen Geistes und somit durch eure irdische Gedanken- und Handlungsebene in eurem weiblichen Kelch geboren.

Alle unerlösten Wunden des 1. Strahles Gottes und der Göttin werden durch den Weg der bewussten Selbst-Erleuchtung eurer irdischen Illusionen ihren Weg der Transformation in euch beschreiten.

Steigen die unerlösten Wunden der Einsamkeit und somit die unerlösten Wunden des fehlenden Glaubens an die innere oder die äußere Göttlichkeit in eurem Leben in euer Bewusstsein auf, dann gilt es, eure Illusionen der Getrenntheit in eurem eigenen männlichen Pol bewusst zu erleuchten.

Steigen die unerlösten Wunden der Mutlosigkeit in euer Bewusstsein auf, dann gilt es, eure Illusionen des Kampfes in eurem eigenen männlichen Pol bewusst zu erleuchten.

Steigen die unerlösten Wunden des emotionalen Desinteressiert-Seins an der göttlichen Entwicklung eurer eigenen Gedanken in euer Bewusstsein auf, dann gilt es, eure Illusionen der Konkurrenz in eurem eigenen männlichen Pol bewusst zu erleuchten.

Steigen die unerlösten Wunden der Handlungsschwäche oder der Handlungsunfähigkeit in euer Bewusstsein auf, dann gilt es, eure Illusionen der Trägheit in eurem eigenen männlichen Pol bewusst zu erleuchten.

In meiner Inkarnation als Adam schien ich vorerst gefangen in meinen irdischen Illusionen und somit in der Rolle des Opfers auf Erden, denn ich war mir meiner nicht bewusst.

Verzweifelt schrie ich nach meiner geliebten Lilith, die mich verlassen hatte, und erhoffte mir ihre Rückkehr.

Doch so sehr ich auch nach Lilith rief, sie schien mich nicht zu hören.

Da wandte ich mich an Gott und bat Ihn um seine göttliche Hilfe.

Ich erhoffte mir von Gott, dass er dafür sorgen würde, dass Lilith zu mir zurückkäme.

Ich erhoffte mir von Gott, dass er die Verantwortung für meine göttliche Entwicklung auf Erden alleine übernehmen würde.

Da gab mir Gott in seiner göttlichen Weisheit zur Antwort, dass es meine göttliche Entwicklung auf Erden sei, für die ich die bewusste Verantwortung übernehmen dürfte, um ein bewusster Herr und Meister und somit ein würdiger Vertreter seiner selbst auf Erden zu werden.

Da gab mir Gott in seiner göttlichen Liebe zur Antwort, dass er mir nicht auf die Weise helfen könne, wie ich es mir erhoffte, ohne dass er durch sein Eingreifen meine göttliche Entwicklung auf Erden gefährdete.

Da gab mir Gott in seiner göttlichen Macht zur Antwort, dass er mir für die göttlichen Wege auf Erden seine Unterstützung zukommen lasse könne, die ich aus mir heraus bereits zu erzeugen begonnen hatte.

Es war mein eigener göttlicher Weg und somit der göttliche Wille in mir, den ich bewusst zu erzeugen begonnen hatte, in einen bewussten Kontakt zu meiner Geliebten Lilith treten zu wollen, um die irdischen Konflikte lösen zu können, die zwischen mir und Lilith standen.

Da gab mir Gott mit einem Lächeln zur Antwort, dass er mir einen Engel schicken würde, damit er meiner Geliebten Lilith eine Nachricht überbringen könne, die ich jedoch selbst formulieren dürfte.

Als der Engel Gottes vor mir stand, bat ich ihn, meiner Geliebten Lilith ausrichten zu lassen, dass es mir sehr schlecht ginge und sie doch bitte zu mir zurückkehren solle.

Der Engel Gottes nahm meine Botschaft für Lilith entgegen und flog zu ihr.

Es dauerte drei Tage, bis der Engel Gottes zu mir zurückkehrte, um mir die Antwort von Lilith zu überbringen.

Meine Geliebte Lilith ließ mir ausrichten, dass sie sich weiterhin weigern würde, zu mir zurückzukehren.

Mir war in meiner irdischen Unbewusstheit nicht aufgefallen, dass ich in meiner Botschaft an Lilith kein Wort über sie verloren hatte, außer dass sie zu mir zurückkehren sollte, damit es mir wieder besser ginge.

Durch die Geburt meiner unerlösten Wunden befand ich mich nun in der Rolle der irdischen Tochter auf Erden und erhoffte mir durch ihr göttliches Mitgefühl meine irdische Erlösung.

Erneut hatte ich meiner Geliebten Lilith die Verantwortung für meine eigenen göttlichen Herausforderungen auf Erden zu überreichen gesucht.

Ich erhoffte mir unbewusst ihre Rückkehr, damit ich meine eigenen unerlösten Wunden der Einsamkeit nicht mehr zu spüren brauchte.

Ich erhoffte mir unbewusst ihre Rückkehr, damit ich die bewusste Verantwortung für meine eigenen Illusionen nicht zu übernehmen brauchte, die es für mich in dieser neuen Welt bewusst zu erleuchten galt.

Nachdem mich der Engel Gottes verlassen hatte, blieb ich erneut reglos auf dem Boden sitzen.

Ich begann in mir die unerlösten Wunden der Mutlosigkeit zu gebären, die ich in meinem Sohn Samael und somit in dieser Welt unbewusst erschaffen hatte, als ich einst meinen Sohn Samael in seiner göttlichen Verbundenheit mit mir und somit in seiner eigenen Göttlichkeit auf Erden in Frage gestellt hatte, um die Illusionen des Kampfes in mir zu nähren.

Ich begann in mir die unerlösten Wunden der Mutlosigkeit zu gebären, die ich in meiner Geliebten Lilith und somit in dieser Welt unbewusst erschaffen hatte, als ich einst meine Geliebte Lilith in ihrer göttlichen Verbundenheit mit mir und somit in ihrer eigenen Göttlichkeit auf Erden in Frage gestellt hatte, um die Illusionen des Kampfes in mir zu nähren.

In meinen Illusionen des Kampfes wollte ich daran glauben, dass ich mir den Thron Gottes, den es für mich auf Erden bewusst zu finden galt, um ein würdiger Vertreter Gottes auf Erden zu sein, erkämpfen müsste.

Es war in meiner Inkarnation als Adam meine göttliche Aufgabe, alle unerlösten Illusionen auf dieser Erde zu erzeugen, die es für die neue Menschheit und somit für euch bewusst zu erleuchten gilt, um eure unerlösten Wunden zu transformieren, die aus euren unbewussten Vorzeiten auf ihre Erlösung in euch hoffen.

Jede Illusion von Kampf distanziert euch in göttlicher Wahrhaftigkeit von eurem göttlichen Thron auf Erden, denn er distanziert euch von der göttlichen Wahrhaftigkeit der göttlichen Einheit in euch und in eurem Leben, die es braucht, um euch zu einem bewussten Gott auf Erden erheben zu können.

Jede Illusion von Kampf erzeugt die unerlösten Wunden der Mutlosigkeit in eurer eigenen inneren Göttin, die den Weg der göttlichen Vereinigung auf Erden zu finden sucht, um euren eigenen inneren männlichen Pol in der göttlichen Vereinigung zu ihrem Gott zu krönen und ihn somit bewusst auf seinen göttlichen Thron auf Erden zu erheben.

Jede Illusion von Kampf in einer Partnerschaft erzeugt die unerlösten Wunden der Mutlosigkeit in der Göttin, dem weiblichen Pol in euch und somit in dieser Welt, die in göttlicher Wahrhaftigkeit immer den Weg der Vereinigung zu finden sucht, um eure männliche Existenz in der göttlichen Vereinigung mit ihr zu ihrem Gott zu krönen und ihn somit bewusst auf seinen göttlichen Thron auf Erden zu erheben.

Euer weiblicher Pol hat seinen göttlichen Ursprung in seinem göttlichen Urbedürfnis nach Vereinigung und Einheit, die es auf dieser Erde bewusst zu erzeugen und zu gebären gilt, damit ihr euch in eure göttliche Natur auf Erden erheben könnt.

Die Illusionen der Getrenntheit und des Kampfes scheinen eurem eigenen inneren weiblichen Pol seine göttliche Wahrhaftigkeit und somit euren Thron als Göttin auf Erden zu rauben.

Die Illusionen der Getrenntheit und des Kampfes gebären in eurem weiblichen Pol die unerlösten Wunden der Einsamkeit und der Mutlosigkeit, denn sie scheinen die Erfüllung der göttlichen Natur eures weiblichen Pols auf Erden zu verhindern.

Die Illusionen der Getrenntheit und des Kampfes scheinen eurer eigenen inneren Göttin auf Erden ihre göttliche Existenzgrundlage zu entziehen und entmachten sie in eurem bewussten Erleben eurer irdischen Welt.

Eine entthronte Göttin vermag keine männliche Energie durch die göttliche Vereinigung auf Erden zu krönen, um ihr somit einen göttlichen Thron auf Erden zu ermöglichen.

Aus den unerlösten Wunden der Einsamkeit und der Mutlosigkeit gebären sich die unerlösten Wunden der Hoffnungslosigkeit in eurem weiblichen Pol, die immer aus den Illusionen der fehlenden Möglichkeit göttlicher Vereinigung und somit von göttlicher Einheit in eurem Leben geboren werden.

Die unerlösten Wunden der Hoffnungslosigkeit führen langfristig zu den scheinbaren Alterungsprozessen eures physischen Körpers, der in seiner Ursubstanz weiblich ist, auch wenn er eine männliche Ausdrucksform besitzt, um ihn und somit euch von dieser irdischen Welt zu erlösen, die keine Erfüllung eures göttlichen Sehnens zu ermöglichen scheint.

Die scheinbaren Alterungsprozesse eures physischen Körpers suchen die unbewusste Aufgabe eurer unerlösten Wunden der Hoffnungslosigkeit zu erfüllen, das bewusste Sterben eurer Identität in eurer irdischen Realität zu beschleunigen, um euch den unerlösten Wunden der Hoffnungslosigkeit auf Erden entziehen zu können.

In göttlicher Wahrhaftigkeit werden es gerade eure unerlösten Wunden der Hoffnungslosigkeit sein, die euch ganz gewiss erneut auf diese Erde zurückführen werden, um eure göttliche Herausforderung auf Erden, die Transformation eurer unerlösten Wunden der Hoffnungslosigkeit, bewusst meistern zu lernen.

Die göttliche Wahrhaftigkeit des Zykluses eurer Wiedergeburt auf Erden wird es euch langfristig ermöglichen, euch zu einem bewussten Herrn und Meister, einer bewussten Herrin und Meisterin auf Erden zu erheben!

In meiner Inkarnation als Adam schien ich vorerst gefangen in den Illusionen des Kampfes um den göttlichen Thron auf Erden.

Um mir meinen göttlichen Thron auf Erden in meinen Illusionen erkämpfen zu können, brauchte ich die Illusionen der vermeintlichen Angreifer in meinem Leben, die für meinen fehlenden göttlichen Thron in meinem Leben verantwortlich sein sollten und die es zu besiegen galt, damit mir mein göttlicher Thron auf Erden gegeben sei.

Nachdem mich mein Sohn Samael und meine Geliebte Lilith verlassen hatten, begannen sich die Illusionen des Kampfes, die ich einst gegen meinen Sohn Samael und gegen meine Geliebte Lilith gerichtet hatte, gegen mich selbst zu richten, denn außer mir gab es nun niemanden mehr, den ich für meinen fehlenden Thron auf Erden verantwortlich machen konnte, und so wurde ich mir in meinen Illusionen mein eigener Angreifer.

Ich schien einfach alles falsch zu machen, begann ich mich anzugreifen.

Ich schien mir selbst mein eigenes Leben zu zerstören, warf ich mir vor.

Meine Illusionen des Kampfes schienen mir meine klare Sicht für die göttliche Notwendigkeit meiner eigenen Wege auf Erden zu rauben, denn in ihnen fehlte die Möglichkeit, an meine eigene Göttlichkeit und somit an die Göttlichkeit in meinem Leben bewusst glauben zu können.

Ich begann gegen mich selbst zu kämpfen, indem ich mich in meiner eigenen Göttlichkeit bewusst in Frage stellte und mir somit die Möglichkeit zu nehmen schien, göttlich genug zu sein, um einen göttlichen Ausweg aus meinem irdischen Konflikt zu finden, der meine Geliebte Lilith hätte zu mir zurückführen können.

Die unerlösten Wunden der Mutlosigkeit, die ich aus dem Kampf gegen mich selbst in mir geboren hatte, schienen mir zuzuflüstern, dass es für mich keinen Ausweg gab, denn durch meine eigenen Illusionen hatte ich den wahren Glauben an meine eigene Göttlichkeit und an die Göttlichkeit in meinem Leben verloren, die mir in meiner scheinbaren Not ein Ausweg hätte sein können.

So schien es mir in meiner Inkarnation als Adam vorerst nicht gelingen zu wollen, mich aus der Rolle des Opfers auf Erden zu erlösen, denn ich war in meinen Illusionen entweder gerade das Opfer der anderen oder das Opfer meiner selbst, um meine Illusionen des Kampfes zu nähren.

So schien es mir in meiner Inkarnation als Adam vorerst nicht gelingen zu wollen, mich aus der Rolle des Opfers auf Erden zu erlösen, um meine eigenen göttlichen Lernaufgaben erkennen zu können und somit die Absage meiner Geliebten Lilith als eine göttliche Gelegenheit bewusst anzuerkennen, die mich etwas über mich und meine eigene Göttlichkeit auf Erden zu lehren suchte.

So schien es mir in meiner Inkarnation als Adam vorerst nicht gelingen zu wollen, mich aus der Rolle des Opfers auf Erden zu erlösen, um das Leben als eine göttliche Gelegenheit anzuerkennen, die es für meinen göttlichen Aufstieg auf Erden bewusst anzunehmen galt.

Die Illusionen des Kampfes in eurem irdischen Geist erzeugen immer eine Welt der Opfer und der Täter in euch und somit in eurem irdischen Leben.

Eine Welt der Opfer und der Täter basiert auf der menschlichen Bewertungsebene und ist ohne eure Illusionen der Getrenntheit, des Kampfes und der Konkurrenz nicht möglich, sich in euch oder in eurem irdischen Leben zu erschaffen.

Ihr dürft euch in eurem bewussten Geist stets daran erinnern, dass ihr nicht auf dieser heiligen Erde seid, um eure irdische Welt, euch selbst oder eure Brüder und Schwestern zu bewerten.

Ihr dürft euch in eurem bewussten Geist stets daran erinnern, dass ihr auf dieser heiligen Erde seid, um eure irdische Welt, euch selbst und eure Brüder und Schwestern zu erleuchten.

Um eure irdische Welt und somit eure Brüder und Schwestern bewusst erleuchten zu können, braucht es eure Bereitschaft, euch selbst und somit eure eigenen unerlösten Aspekte bewusst erleuchten zu wollen, damit eine Ebene der Verständigung, mit den unerlösten Aspekten dieser Welt entstehen kann, die es von euch gemeinsam zu erleuchten gilt.

Um eure irdische Welt und somit eure Brüder und Schwestern bewusst erleuchten zu können, braucht es eure Bereitschaft, euch selbst und somit eure eigenen unerlösten Aspekte bewusst erleuchten zu wollen, damit eine Ebene der Verständigung entstehen kann mit all den Seelen auf Erden, die in ihren unerlösten Aspekten noch gefangen zu sein scheinen und die euer Licht der Erkenntnis benötigen, um ihren göttlichen Weg auf Erden lichter und somit sichtvoller werden zu lassen.

Ihr dürft euch in eurem bewussten Geist stets daran erinnern, dass ihr auf dieser heiligen Erde seid, um eure irdische Welt, euch selbst und eure Brüder und Schwestern als göttliche Gelegenheiten anzuerkennen, die euch die goldenen Möglichkeiten zu überreichen suchen, euch selbst bewusst erleuchten zu können, um euch selbst und diese Welt von ihren Illusionen über euch und sich selbst befreien zu können.

In meiner Inkarnation als Adam war ich erneut in meiner Entwicklung an einem Punkt angelangt, an dem mir bewusst wurde, dass ich die Hilfe Gottes benötigte, um einen Ausweg aus meiner irdischen Situation finden zu können.

Da rief ich laut nach Gott und bat ihn erneut um seine göttliche Hilfe.

Da gab mir Gott in seiner göttlichen Weisheit zur Antwort, dass Übung einen Meister mache.

Da gab mir Gott in seiner göttlichen Liebe zur Antwort, dass er mir gerne erneut einen Engel schicke, damit ich ihm eine zweite Nachricht für Lilith übermitteln könne.

Als der Engel Gottes vor mir stand, bat ich ihn, meiner Geliebten Lilith ausrichten zu lassen, dass ich meine Fehlerhaftigkeit erkannt hätte und dass ich nun bereit wäre, einen neuen Anfang mit ihr zu ermöglichen.

Der Engel Gottes nahm meine Botschaft für Lilith entgegen und flog zu ihr.

Es dauerte drei Tage, bis der Engel Gottes zu mir zurückkehrte, um mir die Antwort von Lilith zu überbringen.

Meine Geliebte Lilith ließ mir ausrichten, dass sie sich weiterhin weigern würde, zu mir zurückzukehren.

.

In göttlicher Wahrhaftigkeit entsprangen meine irdischen Illusionen über meine Fehlerhaftigkeit den Illusionen der Konkurrenz, die ich erst gegen meinen Sohn Samael, dann gegen meine geliebte Lilith und nun gegen mich selbst zu richten begann und die immer die bewusste Abwertung der Göttlichkeit einer Seele auf Erden einfordern, um in dieser irdischen Welt zu überleben.

Die Illusionen der Konkurrenz sollten mir in meinen Illusionen die Möglichkeit geben, mich über mein menschliches Umfeld erheben zu können, indem ich es als weniger göttlich bewertete als mich selbst und ich mich somit durch meine von mir zugeteilte größere Göttlichkeit auf meinen göttlichen Thron auf Erden erheben könnte.

Die Illusionen der Konkurrenz, die ich in meinem Geist erschaffen hatte, lagen unbewusst auf der Lauer nach einer Möglichkeit, die Göttlichkeit meines Sohnes Samael abwerten zu können, indem ich in ihn die Illusionen der Ungöttlichkeit und somit der irdischen Fehlerhaftigkeit projizierte und mich selbst somit als göttlich oder vielmehr göttlicher auf den göttlichen Thron auf Erden zu erheben versuchte.

Mir war nicht bewusst, dass ich meinem Sohn Samael durch meine Illusionen der Konkurrenz und somit durch meine Abwertung seiner Göttlichkeit auf Erden die irdische Grundlage seiner bewussten Göttlichkeit in meinem irdischen Quadrat und somit in dieser neuen Welt entzog, die von mir geschaffen werden sollte.

Die Illusionen der Konkurrenz, die ich in meinem Geist erschaffen hatte, lagen unbewusst auf der Lauer nach einer Möglichkeit, die Göttlichkeit meiner Geliebten Lilith abwerten zu können, indem ich in sie die Illusionen der Ungöttlichkeit und somit der irdischen Fehlerhaftigkeit projizierte und mich selbst somit als göttlich oder vielmehr göttlicher auf den göttlichen Thron auf Erden zu erheben versuchte.
Mir war nicht bewusst, dass ich meiner Geliebten Lilith durch meine Illusionen der Konkurrenz und somit durch meine Abwertung ihrer Göttlichkeit auf Erden die irdische Grundlage ihrer bewussten Göttlichkeit in meinem irdischen Quadrat und somit in dieser neuen Welt entzog, die von mir geschaffen werden sollte.

Die Illusionen der Konkurrenz, die ich in meinem Geist erschaffen hatte, wollten nun daran glauben, dass sie den Konflikt mit meiner Geliebten Lilith auf die Weise klären könnten, dass sie nun unbewusst auf der Lauer nach einer Möglichkeit lagen, meine eigene Göttlichkeit abwerten zu können, indem ich die Illusionen der Ungöttlichkeit und somit der irdischen Fehlerhaftigkeit meiner selbst in mir manifestierte und sie somit als göttlich oder vielmehr göttlicher als mich selbst auf den göttlichen Thron auf Erden zu erheben versuchte.

Die Illusionen der Konkurrenz hatten meine zweite Botschaft an Lilith formuliert und waren fest der Überzeugung, meiner Geliebten Lilith auf diese Weise ein Angebot zu unterbreiten, dem sie nicht widerstehen konnte.

Mir war nicht bewusst, dass ich mir durch meine Illusionen der Konkurrenz und somit durch die Abwertung meiner Göttlichkeit auf Erden die irdische Grundlage meiner bewussten Göttlichkeit in meinem irdischen Quadrat und somit in dieser neuen Welt entzog, die von mir geschaffen werden sollte.

Mir war nicht bewusst, dass die Illusionen, die ich in mir und somit in dieser irdischen Welt erschaffen hatte, immer einen scheinbaren Verlierer benötigten, um existieren zu können.

Mir war nicht bewusst, dass die Illusionen, die ich in mir und somit in dieser irdischen Welt erschaffen hatte, die goldene Möglichkeit auszugrenzen schien, dass alle Menschen die göttlichen Gewinner auf Erden sind.

Mir war nicht bewusst, dass die Illusionen, die ich in mir und somit in dieser irdischen Welt erschaffen hatte, die goldene Möglichkeit der Gleichheit von mir und meiner Geliebten Lilith auf Erden auszugrenzen schien, die es für unsere wahre göttliche Vereinigung auf Erden benötigte.

Nachdem mich der zweite Engel Gottes verlassen hatte, blieb ich erneut reglos auf dem Boden sitzen.

Ich begann in mir die unerlösten Wunden des Desinteressiert-Seins an meiner göttlichen Entwicklung und somit auf Erden zu gebären, die aus den Illusionen der Konkurrenz in mir entstanden waren.

Die Illusionen der Konkurrenz schienen meiner eigenen inneren Göttin die irdische Möglichkeit zu rauben, ihre göttliche Natur auf Erden bewusst entfalten zu können.

Die göttliche Natur eurer eigenen inneren Göttin ist ihr Urbedürfnis und somit ihr Urgefühl nach Vereinigung, das sie in euch und somit in eurer irdischen Welt bewusst zu gebären sucht, um euch durch den

Weg der göttlichen Verbundenheit auf Erden bewusst in eure göttliche Natur auf Erden zu erheben.

Die Illusionen der Konkurrenz schließen die göttliche Möglichkeit aus, den Weg der göttlichen Vereinigung auf Erden bewusst erfahren zu können, und deshalb beginnt eure innere Göttin, wenn sie mit den Illusionen der Konkurrenz befruchtet wird, die unerlösten Wunden des Desinteressiert-Seins an ihrer und somit an eurer göttlichen Entwicklung auf Erden zu gebären, weil ihr diese nicht möglich zu sein scheint und ihr somit den irdischen Sinn ihrer göttlichen Entwicklung auf Erden rauben.

Die Illusionen der Konkurrenz, die ich in mir und somit unbewusst in dieser Welt erschaffen hatte, suchten den irdischen Konflikt, den ich durch die Abwertung meiner eigenen Göttlichkeit in meinem irdischen Leben geschaffen hatte, auf die Weise lösen zu wollen, dass sie den Spieß der Abwertung der Göttlichkeit wieder gegen meine Geliebte Lilith umkehrten, um mir meinen göttlichen Thron auf Erden auf diese Weise zurück zu erkämpfen, den sie so bereitwillig durch meine zweite Botschaft an Lilith abgegeben hatten, ohne aus ihrer Perspektive der Konkurrenz dafür einen angemessenen Ausgleich von ihr bekommen zu haben.

Die erneute Absage meiner Geliebten Lilith auf mein für die Illusionen der Konkurrenz so großzügiges und somit göttliches Angebot schien ihnen Anlass genug zu sein, meine Geliebte Lilith in ihrer Göttlichkeit erneut in Frage stellen zu können.

Die Illusionen der Konkurrenz in mir und somit in meinem irdischen Leben versuchten erneut, mich als göttlicher über meine Geliebte Lilith auf Erden erheben zu wollen, indem sie ihre Göttlichkeit in mir und somit in meinem irdischen Leben erneut in Frage stellten, um mir den göttlichen Thron auf Erden wieder zukommen zu lassen, der mich aus meinen Illusionen und meinen unerlösten Wunden des Opfers auf Erden erlösen sollte, die mich nach der zweiten Absage von Lilith besonders zu quälen schienen.

Durch die Geburt meiner unerlösten Wunden des Desinteressiert-Seins an meiner göttlichen Entwicklung auf Erden, die aus den Illusionen der Konkurrenz in meiner inneren Göttin geboren wurden, entstanden die unbewusste Illusion der Nachlässigkeit gegenüber der eigenen göttlichen Entwicklung auf Erden in den irdischen Gedanken, dem irdischen Sohn der inneren Göttin.

Durch die Geburt der unbewussten Illusion der Nachlässigkeit gegenüber meiner göttlichen Entwicklung auf Erden in meinen irdischen Gedanken schienen meinen Illusionen der Getrenntheit, des Kampfes und der Konkurrenz keine Grenzen mehr in meinem irdischen Geist gesetzt zu sein, und sie begannen sich rasant zu verdichten.

Die Illusionen der Getrenntheit, des Kampfes und der Konkurrenz schienen einen immer größeren Druck in mir und in meinem irdischen Leben zu erzeugen, der mich in meiner Göttlichkeit weiter zu bedrohen schien.

Die Illusionen der Konkurrenz suchten weiter an ihre erschaffene Realität in mir und somit in meinem irdischen Leben zu glauben und kämpften inzwischen unbewusst um ihre Existenzberechtigung in mir und meinem Leben.

Die Illusionen der Konkurrenz in meinem irdischen Geist waren der unbewussten Überzeugung, dass Lilith wohl noch nicht mitbekommen habe, dass sie mich wieder auf den göttlichen Thron auf Erden gesetzt hatten, als sie meine Geliebte Lilith in ihrer Göttlichkeit erneut in Frage gestellt hatten und mich erneut über sie erhoben hatten.

Ich sei ihr Gott und sie sollte mir gehorchen, begannen mir die Illusionen der Konkurrenz in mir zuzuflüstern, und verwandelten sich in ein lautes Schreien, das aus meiner eigenen Kehle drang und mich von meiner eigenen Aussage zu überzeugen suchte.

Die Illusionen der Getrenntheit in meinem irdischen Geist empfanden meine Bitte an meine Geliebte Lilith, dass sie zu mir zurückkehren sollte, inzwischen als eine Bestätigung meiner eigenen Ungöttlichkeit auf Erden, die es bewusst zu bekämpfen galt.

Die Illusionen des Kampfes in meinem irdischen Geist empfanden meine Bitte an meine Geliebte Lilith, dass sie zu mir zurückkehren sollte, inzwischen als einen verlorenen Kampf, der mich in meiner göttlichen Natur auf Erden zu entmachten schien.

Die Illusionen des Kampfes in meinem irdischen Geist suchten ihren Ausweg für mich nun in den Illusionen der Konkurrenz zu finden, um die göttliche Throngewinnung auf Erden durch den Weg der Abwertung der Göttlichkeit von Lilith in meinem irdischen Geist und somit in meinem irdischen Leben doch noch zu ermöglichen.

Die Illusionen der Konkurrenz in meinem irdischen Geist empfanden meine Bitte an meine Geliebte Lilith, dass sie zu mir zurückkehren sollte, inzwischen als eine Peinlichkeit, die mich in meiner Göttlichkeit lächerlich machte und somit weiter zu bedrohen schien, und begannen unbewusst, einen Weg der Aufhebung ihrer übermittelten Botschaft an meine Geliebte Lilith herbeizuführen.

In meiner Inkarnation als Adam war ich in meiner Entwicklung erneut an einem Punkt angelangt, an dem mir bewusst wurde, dass ich die Hilfe Gottes benötigte, um einen Ausweg aus meiner irdischen Situation finden zu können.

Da rief ich laut nach Gott und bat ihn erneut um seine göttliche Hilfe.

Da gab mir Gott in seiner göttlichen Weisheit zur Antwort, dass Übung einen Meister mache.

Da gab mir Gott in seiner göttlichen Liebe zur Antwort, dass er mir gerne erneut einen Engel schicke, damit ich ihm eine dritte Nachricht für Lilith übermitteln könne.

Als der Engel Gottes vor mir stand, bat ich ihn, meiner Geliebten Lilith ausrichten zu lassen, dass ich ihr befehle, sofort zu mir zurückzukehren.

Wenn sie meiner Anordnung nicht folgte, dann würde ich ihr die Rückkehr in unser Paradies Eden für immer verweigern.

Der Engel Gottes nahm meine Botschaft für Lilith entgegen und flog zu ihr.

Es dauerte drei Tage, bis der Engel Gottes zu mir zurückkehrte, um mir die Antwort von Lilith zu überbringen.

Meine Geliebte Lilith ließ mir ausrichten, dass sie sich weiterhin weigern würde, zu mir zurückzukehren.

So blieb ich erneut reglos auf dem Boden sitzen, und es wurde mir bewusst, dass mich mein Einschüchterungsversuch und mein Erpressungsversuch in meiner dritten Botschaft an meine Geliebte Lilith weiter entmachtet hatten.

Ich erkannte das Licht Gottes und der Göttin in meiner Unbewusstheit nicht, das mir in meiner ersten wahren Selbsterkenntnis entgegenstrahlte.

Ich war mir bewusst geworden, dass der Weg der Einschüchterung und der Weg der Erpressung keine wahren Möglichkeiten boten, den göttlichen Thron auf Erden zu besteigen.

Ich war mir meiner noch nicht ausreichend bewusst, um diese erste göttliche Selbst-Erkenntnis in mir ausreichend mit meinem göttlichen Applaus zu versorgen, damit sie sich in ihre göttliche Größe in mir und in meinem Leben hätte ausdehnen können, um den Prozess der Selbst-Erleuchtung weiter in mir zu entfalten, bis ich in der Lage gewesen wäre, den göttlichen Thron auf Erden wahrhaftig besteigen zu können.

Die Illusionen der Getrenntheit, des Kampfes und der Konkurrenz schienen ihr irdisches Ziel, meinen göttlichen Thron auf Erden für sich und somit für mich in meinem Leben zu ermöglichen, nicht auf ihre Weise erreichen zu können, und sie begannen in meinem irdischen Geist die Illusionen ihrer Handlungsschwäche und ihrer Handlungsunfähigkeit auf Erden zu erzeugen, mit denen ich mich zu identifizieren begann.

Die Illusionen der Handlungsschwäche und der Handlungsunfähigkeit in meinem irdischen Geist ließen meine eigene innere Göttin die unerlösten Wunden der Trägheit gebären.

So blieb ich reglos auf dem Boden sitzen und traf in meinem irdischen Geist die Entscheidung, aufgeben zu wollen, da es aus der Sicht meiner Illusionen keinen Ausweg für mich zu geben schien, meine Geliebte Lilith zu mir zurück zu führen.

Da es der Wille meiner unerlösten Illusionen war, der die Führung in meinem irdischen Leben übernommen hatte, gelang es dem göttlichen Willen in mir nicht mehr ausreichend, in mein irdisches Leben zu fließen, um dort bewusst wirksam werden zu können, und das göttliche Element Feuer begann sich in mir zu verdichten und erschuf seinen irdischen Gegenpol, die menschliche Trägheit, in dem Kelch meiner eigenen inneren Göttin und somit in eurer irdischen Welt.

Ohne dass es mir bewusst war, hatte ich den ersten Strahl Gottes und der Göttin in seiner verdichteten und somit in seiner unerlösten Form in mir und somit auf Erden erzeugt.

Die grobstoffliche Energie der Trägheit würde nun langfristig ihren göttlichen Gegenpol, den göttlichen Willen auf Erden, zu sich führen, um durch ihn ihre göttliche Erlösung zu ihrem rechten Zeitpunkt zu erfahren.

Bis dahin sollte sehr viel Zeit vergehen, damit die Übung einen göttlichen Meister und eine göttliche Meisterin aus jeder Seele auf Erden zu machen vermag, die sich dem Weg in ihre göttliche Natur aufrichtig hinzugeben sucht und sich somit aus der Energie der irdischen Trägheit zu erheben vermag, um sich bewusst in einen göttlichen Pfeil des göttlichen Willens auf Erden zu verwandeln.

Denn so ist es der göttliche Wille auf Erden!

Meister El Morya

Lilith und Samael

So seid gegrüßt, meine geliebten Kinder!

In meiner Inkarnation als Lilith war es mir möglich, aus meiner göttlichen Schöpferkraft meine goldenen Flügel der Freiheit zu gebären.

Es sollte jedoch sehr viel Zeit vergehen, bis es mir gelingen sollte, diesen Zustand der bewussten Göttlichkeit dauerhaft in mir zu festigen.

Vorerst blieben meine goldenen Flügel eine vorübergehende Erscheinung, mit deren Hilfe es mir gelang, mich zu meinem Sohn Samael zu begeben.

Kurz nach meiner Ankunft bei meinem Sohn Samael war das Wunder meiner göttlichen Flügel nur noch eine schöne Erinnerung, und mir war nicht bewusst, warum ich meine göttlichen Flügel so schnell wieder verloren hatte.

Mir war nicht bewusst, dass es die unerlösten Wunden in meinem Herzen waren, die mich so schwer werden ließen, dass es mich fest in die Grobstofflichkeit der irdischen Materie zog, in der sich die göttlichen Flügel verlieren.

Ich verlor durch meine unerlösten Wunden die göttliche Leichtigkeit, um mich aus meiner scheinbaren Welt von Kummer und Sorge zu erheben und mein Leben bewusst von oben aus der höheren göttlichen Perspektive erleuchten und somit transformieren zu können.

Ich war zu meinem Sohn Samael geflogen, weil mein Herz sich so sehr nach ihm sehnte.

An dem Tag, da der Konflikt zwischen Adam und Samael eskalierte und er uns verließ, wurde ein Schmerz in meinem Herzen geboren, der mir die Luft zum Atmen zu rauben schien und mich jede Nacht schreiend vor Kummer erwachen ließ, wobei ich seinen Namen rief.

Adam schien meinen Kummer nicht nachvollziehen zu können, und er suchte sich vor meinen unerlösten Wunden zu verschließen.

In göttlicher Wahrhaftigkeit suchte er sich vor seinem eigenen Kummer zu verschließen, den er selbst über den Verlust seines Sohnes empfand.

Doch um alle diese Dinge wusste ich nicht.

Ich begann mir meine schönen Haare auszureißen und schlug meinen Kopf auf den Boden, in der Hoffnung, den Schmerz in meinem Herzen zu betäuben.

Ich schrie und ich brüllte, bis die Erde zu beben begann, aber die unerlösten Wunden in mir schienen sich nicht transformieren zu wollen.

Mein Geliebter Adam schien mich nur teilnahmslos zu beobachten und erzeugte die Illusionen, ich sei von einer negativen Energie befallen, die mich in den Wahnsinn treiben würde.

Er begann in seinen Illusionen unbewusst daran glauben zu wollen, dass mein emotionales Verhalten der Beweis dafür sei, dass der weibliche Pol auf Erden erneut unfähig wäre, den wahren göttlichen Weg bewusst zu beschreiten.

Mein Geliebter Adam war unbewusst mit den Illusionen und somit mit den unerlösten Vorstellungen des Planeten Mars verbunden, dass die Weiblichkeit auf dem Planeten Mars und somit auch auf dem Planeten Erde der Führung oder vielmehr der Unterdrückung durch die Männlichkeit bedürfe, um in ihrer scheinbaren Bedrohlichkeit nicht aus der göttlichen Bahn zu geraten.

Mein Geliebter Adam war immer in einem unbewussten Kontakt mit dem Planeten Mars, der in ihm die Illusionen zu erzeugen suchte, die die neue Menschheit auf dieser goldenen Erde zu erleuchten sucht.

Seine Illusionen verkörperten die Urkonflikte, die auf dem Planeten Mars zu dem erneuten Fall der Menschheit geführt hatten und somit in göttlicher Wahrhaftigkeit der Auslöser für die Entstehung der neuen Welt gewesen waren.

Mein Geliebter Adam wollte das Beben der Göttin Erde, das laut ertönte, wenn ich mich durch meine unerlösten Wunden in meinem Herzen selbst zu zerstören begann, als eine Drohung übersetzen, die mich dazu auffordern sollte, mich mehr in meinen Gefühlsausbrüchen zu beherrschen.

Genau in dem Augenblick, da er das zu mir sagte, öffnete sich die Erde direkt unter seinen Füßen und hätte ihn fast verschlungen, wenn ich ihn nicht durch meinen Arm gerettet hätte.

Das Beben der geliebten Mutter Erde sollte in göttlicher Wahrhaftigkeit ihre göttliche Verbundenheit mit meinem verwundeten Mutterherzen offenbaren.

Doch um alle diese Dinge wussten wir nicht.

Mein Geliebter Adam wurde einst aus mir geboren, und somit verkörperte er auch meinen eigenen, mir unbewussten männlichen Pol, den es für mich selbst bewusst zu erleuchten galt, um meine unerlösten Wunden auf dieser goldenen Erde transformieren zu können.

Mein Geliebter Adam und ich waren in göttlicher Wahrhaftigkeit eine unzertrennliche Einheit, denn wir waren die irdische Verkörperung eurer eigenen inneren Einheit, die aus den Erfahrungen des Planeten Mars in euch einst gezeugt und geboren wurden.

Jede Erscheinungsform von Adam auf Erden, sei es in eurem eigenen inneren Geist oder in eurer äußeren Realität, trägt eine eigene innere Lilith in seinem unbewussten weiblichen Pol, die es bewusst zu transformieren gilt.

Die Erscheinungsformen von Adam auf Erden sind die Illusionen der Getrenntheit, die Illusionen des Kampfes, die Illusionen der Konkurrenz und die Illusionen der Handlungsunfähigkeit in eurem eigenen inneren Geist oder in eurer äußeren Realität.

Adam ist das göttliche Element Feuer in seiner irdischen Unbewusstheit.

Jede Erscheinungsform von Lilith auf Erden, sei es in eurem eigenen inneren Gefühl oder in eurer äußeren Realität, trägt einen eigenen inneren Adam in ihrem unbewussten männlichen Pol, den es bewusst zu erleuchten gilt.

Die Erscheinungsformen von Lilith auf Erden sind die unerlösten Wunden der Einsamkeit, die unerlösten Wunden des fehlenden Glaubens an die eigene und/oder an die äußere Göttlichkeit, die unerlösten Wunden der Mutlosigkeit, die unerlösten Wunden des Desinteressiert-Seins an der eigenen göttlichen Entwicklung und somit die unerlösten Wunden der Nachlässigkeit der eigenen göttlichen Entwicklung gegenüber und die unerlösten Wunden der Trägheit in eurem eigenen Gefühl oder in eurer äußeren Realität.

Lilith ist das göttliche Element Wasser in ihrer irdischen Unbewusstheit.

Der irdische Weg von Adam und der irdische Weg von Lilith existiert niemals getrennt voneinander im Leben und somit in dem eigenen Selbst einer Seele auf Erden.

Wenn euch in eurem Leben die unerlösten Wunden von Lilith zu quälen scheinen, dann ist für euch der göttliche Zeitpunkt gekommen, euch eurem eigenen irdischen Geist bewusst zuzuwenden, um ihn bewusst erleuchten zu wollen.

Keine Seele auf Erden, die mit den unerlösten Wunden von Lilith in Kontakt gelangt, ist in ihrem eigenen Geist frei von den Illusionen Adams.

Wenn euch in eurem Leben die Illusionen von Adam zu quälen scheinen, dann ist für euch der göttliche Zeitpunkt gekommen, euch eurem eigenen irdischen Gefühl bewusst zuzuwenden, um es bewusst in eurem irdischen Geist als den emotionalen Schmerz erleuchten zu wollen, der durch eure eigenen Illusionen in euch und somit in eurem Leben von euch geboren wurde und eure goldene Welt zu einer Welt von scheinbaren Opfern und scheinbaren Tätern hat werden lassen.

Keine Seele auf Erden, die mit den Illusionen von Adam in Kontakt gelangt, ist in ihrem Gefühl frei von den unerlösten Wunden Liliths.

Die Illusionen Adams und somit die Illusionen, die eure irdische Welt in ihrem göttlichen Streben zu erleuchten sucht, sind immer eine unbewusste Weigerung, den göttlichen Weg der bewussten Selbsterleuchtung auf Erden beschreiten zu wollen.

Die Illusionen Adams und somit die Illusionen, die eure irdische Welt in ihrem göttlichen Streben zu erleuchten sucht, suchen immer die göttliche Wahrhaftigkeit über das göttliche Licht, das in euch ist, und die göttliche Wahrhaftigkeit über das göttliche Licht, das um euch ist, auszugrenzen.

Das göttliche Licht ist in göttlicher Wahrhaftigkeit in allem, was euch auf Erden umgibt, denn es ist in jedem Menschenherzen, ob bewusst oder unbewusst, verankert.

Weder die Illusionen der Getrenntheit noch die Illusionen des Kampfes, noch die Illusionen der Konkurrenz oder die Illusionen der Handlungsunfähigkeit erzeugen eine irdische und somit bewusste Resonanz zu eurer göttlichen Natur auf Erden und somit zu dem Licht Gottes und der Göttin, das in euch fließt und bewusst einzufließen sucht, um diese Welt durch euch zu erleuchten und somit in ihre göttliche Natur zu erheben.

Die Illusionen Adams und somit die Illusionen, die eure irdische Welt in ihrem göttlichen Streben zu erleuchten sucht, verhindern die Wege der bewussten Erzeugung und der bewussten Empfängnis des göttlichen Lichtes in euch und in eurem irdischen Leben, die immer durch die bewusste Bereitschaft, den Weg der bewussten Selbsterleuchtung auf Erden beschreiten zu wollen, gezeugt und geboren werden.

Die Illusionen Adams und somit die Illusionen, die eure irdische Welt in ihrem göttlichen Streben zu erleuchten sucht, verhindern die

Wege der bewussten Integration des 2. Strahles Gottes und der Göttin in euch und in eurem irdischen Leben und suchen in dieser goldenen Zeit gewiss ihren göttlichen Weg der bewussten Erleuchtung auf Erden.

In meiner Inkarnation als Lilith schien sich meine Beziehung zu Adam weiter dadurch zu verschlechtern, dass unsere geliebte Mutter Erde meinen Geliebten Adam beinahe verschlungen hätte, als er sich über meine Gefühlsausbrüche nachteilig äußerte und ich ihn nur durch meinen Arm hatte davor retten können, nicht in der Erdspalte zu verschwinden, die sich durch das Beben der geliebten Mutter Erde unter ihm geöffnet hatte.

Mein Geliebter Adam schien davon überzeugt zu sein, dass er sein irdisches Leben wegen meinen scheinbaren emotionalen Fehlverhaltens beinahe verloren hätte, denn in seinen Augen sollte das Beben unserer geliebten Mutter Erde eine Bestätigung seiner Worte sein!

Mein Geliebter Adam schien in seinen Illusionen davon überzeugt sein zu wollen, dass mein für scheinbares emotionales Fehlverhalten bedrohlich für seine eigene Existenz auf Erden wäre und dass unsere geliebte Mutter Erde ihm diese Botschaft hätte überbringen wollen, als sie ihn beinahe verschlungen hätte.

Der so genannte Kampf der Geschlechter auf Erden wurde durch die Illusionen von Adam unbewusst in dieser Welt gezeugt.

Mein Geliebter Adam spiegelt euch euren eigenen unerlösten männlichen Pol auf Erden, der immer unbewusst die Unterdrückung seines eigenen weiblichen Pols sucht, der durch mich in meiner Inkarnation als Lilith zum Ausdruck gelangte, weil sich seine Illusionen vor seiner eigenen weiblichen Macht fürchten, die seinen Illusionen ihre Existenzgrundlage auf Erden entzieht.

Der so genannte Kampf der Geschlechter auf Erden ist immer ein Kampf in euch, der Kampf zwischen eurem männlichen und eurem weiblichen Pol, den es in dieser goldenen Zeit bewusst zu erleuchten gilt.

Der so genannte Kampf der Geschlechter auf Erden ist immer ein Kampf in euch, der Kampf zwischen eurem Verstand und eurem Gefühl, den es in dieser goldenen Zeit bewusst zu erleuchten gilt.

Der so genannte Kampf der Geschlechter auf Erden ist immer ein Kampf in euch, der Kampf eures Verstandes gegen euer mächtiges Gefühl, das euch den göttlichen Weg aus euren Illusionen auf Erden zu weisen sucht.

Eure äußere irdische Welt kann euch nur spiegeln, was in euch ist, und um euch bewusst aus diesem scheinbaren Kampf der Geschlechter auf Erden erlösen zu können, ist es notwendig, dass ihr eure irdischen Urkonflikte in euch zu erleuchten und somit zu transformieren sucht.

Da mein Geliebter Adam in meiner Inkarnation als Lilith die Geburt meines mir unbewussten männlichen Pols auf Erden gewesen war, öffnete ich mich augenblicklich für die Befruchtung durch seine Illusionen, denn ich besaß meine eigene unbewusste Resonanz zu seinen Illusionen, die mich in meiner weiblichen Macht auf Erden anzugreifen schienen.

Der so genannte Kampf der Geschlechter auf Erden wurde durch mich in meiner Inkarnation als Lilith unbewusst in dieser Welt empfangen.

Da ich mich in meiner Inkarnation als Lilith durch die Illusionen Adams befruchten ließ, schien ich den Glauben an meine eigene Göttlichkeit verloren zu haben, und ich begann meine unerlösten Wunden in mir bewusst zu unterdrücken.

Ich begann mich vor mir selbst zu fürchten, und es schien mir vollkommen unmöglich zu sein, mich in meinem eigenen emotionalen Verhalten bewusst anzunehmen.

Meine eigene Emotionalität und somit meine eigene Weiblichkeit schien eine Bedrohung für die neue Menschheit zu sein, begann ich durch die Illusionen glauben zu wollen, mit denen mich mein Geliebter Adam in seiner Unbewusstheit befruchtete.

Ich begann bewusst lernen zu wollen, meine eigene Emotionalität optimal zu unterdrücken, denn ich wollte durch meine eigene weibliche Natur keine Bedrohung für mich, für Adam und für die neue Menschheit sein, die ich bewusst in diese neue Welt gebären sollte.

Ich begann bewusst lernen zu wollen, meine eigene weibliche Emotionalität durch meinen eigenen männlichen Pol in mir zu unterdrücken, denn ich erzeugte meinen eigenen männlichen Pol unbewusst nach meinem Vorbild Adam.

Mein Geliebter Adam war der erste irdische Mann in meinem Leben als Lilith und übernahm somit unbewusst die Rolle des irdischen Vaters, der immer die Funktion erfüllt, dem irdischen Kind ein Vorbild auf Erden zu sein.

In meiner Inkarnation als Lilith war auch ich ein unbewusstes Kind auf Erden, das die bewusste Erzeugung und Geburt seines eigenen inneren Gottes und seiner eigenen inneren Göttin zu erfahren suchte.

Mein Geliebter Adam war der erste irdische Mann in meinem Leben als Lilith und übernahm somit unbewusst die Rolle des irdischen Vaters, dessen vorgelebte Männlichkeit immer die Funktion erfüllt, eine Bauanleitung für den männlichen Pol seines Kindes auf Erden zu sein.

Jede Seele sucht, ob bewusst oder unbewusst, den Weg der bewussten Erzeugung ihres eigenen inneren Gottes in seiner göttlichen Vollständigkeit auf Erden zu gehen.

Jede Seele sucht, ob bewusst oder unbewusst, den Weg der bewussten Geburt ihrer eigenen inneren Göttin in ihrer göttlichen Vollständigkeit auf Erden zu gehen.

Jede Seele auf Erden sucht Gott in seinen sieben Gesichtern bewusst zu erzeugen, um seinen göttlichen Thron in ihrem Leben und somit auf dieser Erde bewusst zu erschaffen.

Jede Seele auf Erden sucht die Göttin in ihren sieben Gesichtern bewusst zu gebären, um ihren göttlichen Thron in ihrem Leben und somit auf dieser Erde bewusst zu gebären.

Die Illusionen, die von Adam unbewusst in eurer irdischen Welt gezeugt wurden und im Namen des göttlichen Willens bewusst gezeugt werden sollten, suchen die Erzeugung und die Geburt des 1. Gesichtes Gottes und der Göttin auf Erden in eurer irdischen Bewusstheit scheinbar zu verhindern.

Die Illusionen, die von Adam unbewusst in eurer irdischen Welt gezeugt wurden und im Namen des göttlichen Willens bewusst gezeugt werden sollten, waren die Illusionen, die auf dem Planeten Mars dazu geführt hatten, dass die göttliche Macht auf dem Planeten Mars keinen direkten Zugriff mehr erlangen konnte, um die dort lebenden Seelen zurück zu ihrer göttlichen Bestimmung zu geleiten.

Die Illusionen, die von Adam in eurer irdischen Welt unbewusst gezeugt wurden und im Namen des göttlichen Willens bewusst gezeugt werden sollten, grenzen die Bewusstheit über die göttliche Macht in euch und somit in eurem Leben scheinbar aus.

Die Illusionen, die von Adam in eurer irdischen Welt unbewusst gezeugt wurden und im Namen des göttlichen Willens bewusst gezeugt werden sollten, waren die Illusionen, die auf dem Planeten Mars dazu geführt hatten, dass sich das göttliche Licht der dort lebenden Seelen immer weiter zu verdichten begann, so dass aus ihnen unvorstellbare Realitäten auf dem Planeten Mars gezeugt und geboren wurden, die sie von der göttlichen Einheit in ihrer Bewusstheit und somit in ihrer bewussten Realität immer weiter entfernten.

Eine göttliche Wende schien für sehr viele Seelen auf dem Planeten Mars nicht mehr möglich zu sein, da sie die göttlichen Urprinzipien der göttlichen Einheit in ihren Illusionen auszugrenzen suchten und somit das göttliche Licht in ihrer Bewusstheit und demzufolge in ihrem Leben immer weiter entmachteten, und so fielen sie auf den Planeten Erde, um dort ihre göttliche Erleuchtung bewusst erfahren zu können.

Die Illusionen, die von Adam in eurer irdischen Welt unbewusst gezeugt wurden, wurden im Namen des göttlichen Willens von ihm gezeugt, um den Seelen des Planeten Mars auf dieser goldenen Erde die göttliche Möglichkeit zu bieten, ihre unerlösten Illusionen bewusst erleuchten zu können.

Das 1. Gesicht der sieben Gesichter Gottes und der Göttin, die es durch euch auf Erden bewusst zu erzeugen und zu gebären gilt, ist das Gesicht der göttlichen Macht in euch und in eurem irdischen Leben.
Die Integration des 1. Strahles Gottes und der Göttin in euch und somit in eurem irdischen Leben erfolgt immer durch den Weg der bewussten Selbsterleuchtung im eigenen inneren Umgang mit den vier Illusionen, die durch Adam unbewusst in dieser Welt gezeugt wurden.

Die Integration des 1. Strahles Gottes und der Göttin in euch und somit in eurem irdischen Leben erfolgt immer durch den Weg der bewussten Selbsterleuchtung im eigenen inneren Umgang mit den unerlösten Wunden, die durch Lilith unbewusst in dieser Welt geboren wurden.
Die Integration des 1. Strahles Gottes und der Göttin fordert immer euren bewussten göttlichen Glauben an eure eigene innere Göttlichkeit und an die Göttlichkeit und somit die göttliche Führung in allen Situationen, die euch euer irdisches Leben überreicht, damit sich die göttliche Macht in euch und in eurem irdischen Leben bewusst in ihrer göttlichen Größe entfalten kann.

Der bewusste göttliche Glaube an eure eigene innere Göttlichkeit und somit an die Göttlichkeit in eurem Leben lässt euch immer den göttlichen Mut gebären, eure eigene innere Göttlichkeit bewusst in eurem irdischen Leben zum Ausdruck bringen zu wollen.
Der bewusste göttliche Glaube an eure eigene innere Göttlichkeit und somit an die Göttlichkeit in eurem Leben ist immer der göttliche

Wille auf Erden, der von euch durch euren göttlichen Mut bewusst in eurem irdischen Leben geboren werden will.

Wenn der göttliche Wille durch euren Glauben an eure eigene innere Göttlichkeit und somit an die Göttlichkeit in eurem Leben bewusst in euch geboren wurde, dann existieren keine irdischen Beschränkungen mehr in eurer äußeren, irdischen Welt, denn dann wird sich euch die göttliche Macht in ihrer ganzen Fülle der göttlichen Wunder zu offenbaren wissen.

Der göttliche Glaube versetzt eure irdischen Berge, denn er führt euch immer in den bewussten Kontakt zu eurer göttlichen Natur, deren Umsetzung immer den göttlichen Applaus auf Erden anziehen wird.

Der bewusste göttliche Glaube und der bewusste göttliche Mut gebären gemeinsam in jeder Seele das 1. Gesicht der eigenen inneren Göttin auf Erden.

Der bewusste göttliche Glaube und der bewusste göttliche Mut sind der Schlüssel zur göttlichen Macht in euch und in eurem irdischen Leben.

Um den göttlichen Glauben und den göttlichen Mut, die es in euch und in eurem irdischen Leben bewusst zu leben gilt, langfristig in euch zu erhalten und ihnen somit euren göttlichen Schutz in euch und in eurem irdischen Leben zu ermöglichen, benötigt es die Erzeugung der göttlichen Disziplin in euren Gedanken.

Die göttliche Disziplin sucht euch dazu aufzufordern, in euren Gedanken die bewusste Erinnerung an die göttliche Einheit niemals auszugrenzen.

Alle Gedanken in euch, die aus den unbewussten Illusionen gezeugt wurden, ihr müsstet euch einen Platz in der Gemeinschaft dieser Welt durch besondere Leistungen erkämpfen, grenzen die bewusste Erinnerung an die göttliche Einheit in euren Gedanken aus und wollen von euch bewusst erkannt und somit erleuchtet werden als eine Ursache, die verhindert, dass sich eure göttliche Macht auf Erden langfristig entfalten kann.

Alle Gedanken in euch, die aus den unbewussten Illusionen gezeugt wurden, ihr müsstet in eurem Leben besser sein als andere und somit scheinbar härter an euch und in eurem Leben arbeiten als andere, um euch eure Göttlichkeit auf Erden zu verdienen, grenzen die bewusste Erinnerung an die göttliche Einheit in euren Gedanken aus und wollen von euch bewusst erkannt und somit erleuchtet werden als eine Ursache, die verhindert, dass sich eure göttliche Macht auf Erden langfristig entfalten kann.

Alle Gedanken in euch, die aus den unbewussten Illusionen gezeugt wurden, ihr müsstet andere Seelen auf Erden in ihrer Göttlichkeit bewusst oder unbewusst abwerten, erfüllen für eure Illusionen die Funktion, euch als göttlicher über andere Seelen scheinbar erheben zu können und grenzen die bewusste Erinnerung an die göttliche Einheit in euren Gedanken aus und wollen somit von euch bewusst erkannt und erleuchtet werden als eine Ursache, die verhindert, dass sich eure göttliche Macht auf Erden langfristig entfalten kann.

Alle Gedanken in euch, die aus den unbewussten Illusionen gezeugt wurden, ihr könntet bedrohlichen Angreifern in dieser Welt ausgeliefert sein, gegen die es zu kämpfen gilt, um euch scheinbar schützen zu müssen, nur weil ihr das Spiegelbild nicht zu erkennen bereit seid, das euch eine andere Seele in eurem Leben zu überreichen sucht, um euch in eurem göttlichen Weg der Selbst-Erleuchtung auf Erden bewusst zu unterstützen, grenzen die bewusste Erinnerung an die göttliche Einheit in euren Gedanken aus und wollen somit von euch bewusst erkannt und somit erleuchtet werden als eine Ursache, die verhindert, dass sich eure göttliche Macht sich auf Erden langfristig entfalten kann.

Aus der göttlichen Disziplin in euren Gedanken erzeugt sich immer die göttliche Handlungsbereitschaft in euch, die die göttliche Aufgabe erfüllen darf, euch in eurer Göttlichkeit auf Erden bewusst zu erzeugen und zu gebären, so dass eure gesprochenen Worte und eure gelebten

111

Handlungen immer auf der bewussten Erinnerung an die Göttlichkeit in euch und in eurem Leben aufbauen und es euch somit ermöglichen, die wahre Macht Gottes und der Göttin in euch zu spüren und ihr in eurem irdischen Leben bewusst zu begegnen.

Die bewusste göttliche Disziplin und die bewusste göttliche Handlungsbereitschaft erzeugen gemeinsam in jeder Seele das 1. Gesicht des eigenen inneren Gottes auf Erden.
 Die bewusste göttliche Disziplin und die bewusste göttliche Handlungsbereitschaft sind der Schlüssel des göttlichen Schutzes in euch und in eurem irdischen Leben, den eure göttliche Macht auf Erden benötigt, um sich in euch und somit in eurer irdischen Welt bewusst zu bewahren und zu entfalten.
 Der göttliche Schutz ist der männliche Pol der göttlichen Macht, die auf Erden weiblich ist.
 Gott sucht auf Erden die Macht seiner eigenen inneren Göttin durch seine göttliche Disziplin und seine göttliche Handlungsbereitschaft in euch bewusst zu bewahren und somit zu schützen.

In meiner Inkarnation als Lilith war mir nicht bewusst, dass ich durch das Unterdrücken unerlöster Wunden in mir meine gesamte Weiblichkeit in Frage zu stellen begann und mich unaufhaltsam immer weiter in meiner eigenen Göttlichkeit auf Erden entthronte, so dass es mir nicht mehr möglich war, mir ein eigener göttlicher Wegweiser in meinem irdischen Leben zu sein.
 Ich schien keine eigene innere Orientierung mehr zu besitzen, und es gelang mir auch nicht, meine emotionalen Ausbrüche so zu kontrollieren, wie ich es in meinem männlichen Pol geplant hatte.
 Da begann ich in der Tora der Göttin zu lesen, die ich sichtvoll in mir werden ließ.
 In der Tora der Göttin stand geschrieben, dass die Geburt der eigenen inneren Göttin auf Erden immer durch das bewusste Urvertrauen in das eigene göttliche Gefühl eingeleitet wird, das es bewusst auf dieser

Erde durch das Erwachen der eigenen inneren Göttin zu transformieren gilt, damit es ein göttlicher Wegweiser für unsere göttliche Entwicklung auf Erden sein darf.

Es braucht unseren bewussten göttlichen Glauben an das eigene göttliche Gefühl in uns, damit es den göttlichen Willen in uns bewusst zu empfangen weiß!

Es braucht unseren bewussten göttlichen Glauben an das eigene göttliche Gefühl in uns, damit Sie ihren Gott bewusst in uns auf Erden zu empfangen weiß!

Ich war in einer liebevollen Umarmung mit meinem Geliebten Adam, als ich das göttliche Gefühl verspürte, mich mit ihm vereinen zu wollen.

Während sich mein körperliches Gefühl, mich mit meinem Geliebten Adam körperlich vereinen zu wollen, weiter in mir ausdehnte, wurde in mir der göttliche Wunsch und somit mein göttliches Gefühl geboren, in unserer körperlichen Vereinigung auf ihm sitzen zu wollen anstatt, wie gewohnt, unter ihm auf meinem Rücken zu liegen.

Da in der Tora der Göttin geschrieben stand, dass ich die Geburt meiner eigenen inneren Göttin auf Erden durch das Urvertrauen in mein eigenes göttliches Gefühl gebären sollte, hatte ich mich entschieden, dieser göttlichen Aufgabe in meinem Leben und genau in diesem Augenblick bewusst in ihr Angesicht zu sehen.

Mein göttlicher Glaube hatte den göttlichen Mut in mir geboren, meine eigene innere Göttlichkeit bewusst auf Erden gebären zu wollen.

Mein Geliebter Adam hielt meinen Vorschlag, meinem inneren Gefühl zu folgen und mich also auf ihn zu setzen statt unter ihm zu liegen, für bedenklich.

In göttlicher Wahrhaftigkeit begannen sich die Illusionen von Adam vor der Macht der Göttin zu fürchten, die in mir zu erwachen suchte und seinen Illusionen jegliche Existenzgrundlage genommen hätte.

Unbewusst suchte mich mein göttliches Gefühl in das Mysterium der weiblichen Sexualität einzuführen, die ein Erlösungswerkzeug für die neue Menschheit und somit für euch auf Erden symbolisiert.

Im Inneren des weiblichen Körpers findet ihr den heiligen Punkt der Göttin, der die spirituellen Tore zu öffnen weiß, um die irdische Sexualität zu einem heiligen Mysterium werden zu lassen, das euch auf Erden den Weg der wahren Vereinigung Gottes und der Göttin in eurem Leben ermöglicht.

Dieser heilige Punkt der Göttin wird von euch der G-Punkt genannt, der sich in der vorderen Scheidenwand im Körper einer Frau befindet.

Wenn eine Frau auf dem Rücken und unter dem Mann liegt, kann dieser heilige Punkt der Göttin nicht stimuliert werden, und genau diese Stellung suchte mein Geliebter Adam mit mir in unserer gemeinsamen Sexualität auszuleben.

Wenn eine Frau auf ihrem Partner sitzt, dann kann sie ihr Becken so bewegen lernen, dass der Penis des Mannes diesen heiligen Punkt der Göttin in ihr berührt und somit stimuliert, damit sich das innere Tor der göttlichen Sexualität in ihrem Körper zu öffnen vermag, um ihren Partner einzuladen, mit ihr gemeinsam den göttlichen Thron zu besteigen, der immer aus der göttlichen Vereinigung eines irdischen Mannes und einer irdischen Frau auf Erden gezeugt und geboren wird.

Unbewusst suchte mich mein göttliches Gefühl auf den heiligen Punkt der Göttin in meinem Körper aufmerksam werden zu lassen, als es in mir den Wunsch auslöste, mich in der sexuellen Vereinigung auf meinen Geliebten Adam setzen zu wollen, um uns auf diese Weise gemeinsam in das körperliche Erwachen unserer Göttlichkeit auf Erden führen zu lernen.

Da die Illusionen, die mein Geliebter Adam in eurer irdischen Welt unbewusst erzeugen durfte, die Bewusstheit über die göttliche Einheit auf Erden auszugrenzen suchen, damit sie in der irdischen Realität existieren können, reagierten sie auf meine göttliche Führung durch mein göttliches Gefühl mit Kampf und Konkurrenz und mündeten letztendlich in seiner scheinbaren Handlungsunfähigkeit.

Mein Geliebter Adam schien meinem emotionalen Wunsch gegenüber, in der sexuellen Vereinigung auf ihm sitzen zu wollen, handlungsunfähig zu sein und verweigerte sich somit der göttlichen Führung, die durch mein göttliches Gefühl zu uns zu sprechen suchte.

Mein Geliebter Adam war sich seiner wahren Göttlichkeit auf Erden nicht bewusst, und somit war es ihm auch nicht möglich, sich meiner wahren Göttlichkeit auf Erden bewusst zu sein.

Da sagte ich ihm, was genau ich in der Tora der Göttin gelesen hatte:

Die Geburt der eigenen inneren Göttin wird auf Erden immer durch das bewusste Urvertrauen in das eigene göttliche Gefühl eingeleitet, das es bewusst auf dieser Erde durch das Erwachen der eigenen inneren Göttin zu transformieren gilt, damit es ein göttlicher Wegweiser für eure göttliche Entwicklung auf Erden sein darf.

Es braucht euren bewussten göttlichen Glauben an euer eigenes göttliches Gefühl in euch, damit es den göttlichen Willen in euch bewusst zu empfangen weiß!

Es braucht euren bewussten göttlichen Glauben an euer eigenes göttliches Gefühl in euch, damit Sie ihren Gott bewusst auf Erden zu empfangen weiß!

Die Tora Gottes und die Tora der Göttin sind die heiligen Schriften Gottes und der Göttin, die uns ihren göttlichen Willen durch ihr heiliges Wort auf Erden offenbaren!

Die Tora Gottes wurde in dem männlichen Pol auf Erden und somit in Adam fest verankert, um ihm ein göttlicher Wegweiser in seiner Erdenentwicklung sein zu können.

Die Tora der Göttin wurde in dem weiblichen Pol auf Erden und somit in mir fest verankert, um mir ein göttlicher Wegweiser in meiner Erdenentwicklung sein zu können.

Innerhalb der göttlichen Einheit ergänzen sich die Tora Gottes und die Tora der Göttin und ergeben gemeinsam die Bauanleitung für die bewusste Vereinigung eines bewussten Gottes mit seiner bewussten Göttin, um die göttliche Einheit bewusst zu erzeugen und zu gebären!

Meinem Geliebten Adam und mir war nicht bewusst, dass der Weg der bewussten Vereinigung eines bewussten Gottes mit seiner bewussten Göttin auf Erden bedeutete, dass wir lernen sollten, die Vereinigung unseres eigenen inneren Gottes mit unserer eigenen inneren Göttin dadurch zu ermöglichen, dass wir zuerst unseren eigenen inneren Gott und unsere eigene innere Göttin in ihren sieben Gesichtern in uns und somit in unserem Leben erzeugen und gebären, damit wir uns in unserer irdischen Realität als ein bewusster Gott und somit als ein Stellvertreter Gottes und als eine bewusste Göttin und somit eine Stellvertreterin der Göttin auf göttliche Weise zu vereinen in der Lage sind.

Die Tora Gottes und die Tora der Göttin beinhalten den Schlüssel, den wir benötigen, um ihr göttliches Himmelreich auf Erden zu erschaffen.

Mir und meinem Geliebten Adam war nicht bewusst, dass es zwischen der Tora Gottes und der Tora der Göttin auf Erden einen sehr bedeutsamen Unterschied gab.

Als der menschliche Körper in Gottes Geist gezeugt wurde, wusste er um die Illusionen und die unerlösten Wunden, die die Seelen, die vom Planeten Mars auf den Planeten Erde gefallen waren, auf dieser goldenen Erde bewusst zu erleuchten und zu transformieren suchten, um sich wieder in ihre göttliche Natur erheben zu können.

Als der menschliche Körper in Gottes Geist gezeugt wurde, wusste er um die Verkleinerung der Mondin, die es auf dieser goldenen Erde durch eure bewusste göttliche Selbst-Erleuchtung zu transformieren gilt.

Euer menschliches Gehirn ist ein irdischer Ausdruck Gottes und zeigt die körperliche Illusion der scheinbaren inneren Zersplitterung zwischen Ihm und Seiner Göttlichen Gemahlin in euch, denn euer Gehirn ist in zwei scheinbar getrennte Gehirn-Hälften unterteilt, obwohl sie gemeinsam euer eines Gehirn bilden und somit direkt miteinander verbunden sind.

Euer menschliches Gehirn besteht aus der linken und der rechten Gehirnhälfte und zeigt euch euer eigenes inneres Mysterium, das es bewusst auf Erden zu entschlüsseln gilt.

Euer menschliches Gehirn, ein irdischer Ausdruck Gottes, zeigt die eigene innere Zersplitterung zwischen ihm und seiner göttlichen Gemahlin in euch, die es auf dieser goldenen Erde zu erleuchten gilt, um euch in eure göttliche Natur, die göttliche Einheit, zu transformieren.

Gott zeugte in seinem göttlichen Geist eure beiden scheinbar voneinander getrennten Gehirnhälften in gleicher Größe.

In seinem göttlichen Plan sollte dafür gesorgt sein, dass der weibliche und der männliche Pol in jeder Seele die Möglichkeit besitzt, am Ende seiner göttlichen Entwicklung auf Erden die gleiche Größe zu erreichen, damit eine göttliche Vereinigung, die auf wahrer Gleichheit beruht, in ihr gezeugt und geboren werden kann.

Die rechte Gehirnhälfte und somit Gottes weiblicher Pol in seinem eigenen irdischen Ausdruck, eurem menschlichen Gehirn, sollte vollständig von seinem göttlichen Sein befruchtet werden, damit ihr durch seine göttliche Befruchtung das Abbild seiner inneren Göttin in eurem rechten Gehirn unbewusst gebären könnt.

Der Prozess der Befruchtung durch das Licht Gottes in eurer rechten Gehirnhälfte vollzieht sich direkt nach eurer Geburt und ist abgeschlossen, wenn sich die Fontanellen an eurem Kopf schließen.

Die unbewusste Geburt eurer eigenen inneren Göttin ist der erste Schritt in euer irdisches Leben.

Eure innere Göttin ermöglicht euch eure Empfänglichkeit, die ihr als Kleinkind für eure Versorgung auf Erden benötigt.

Die Göttin ist immer der Kelch der Empfänglichkeit in euch, die euch euer irdisches Überleben sichert und somit eure Existenzgrundlage auf Erden bildet.

Nach dem Prozess der Befruchtung durch das Licht Gottes in eurer rechten Gehirnhälfte ist eure unbewusste Göttin nicht nur bereit, für eure Empfänglichkeit auf Erden zu sorgen, sondern gebiert auch die Tora der Göttin in ihrer göttlichen Vollständigkeit im limbischen System eurer rechten Gehirnhälfte, das die Funktion erfüllen darf, die Informationen zu entschlüsseln, die über eure Sinne von eurem äußeren Umfeld empfangen wurden.

Die unbewusste Geburt eurer eigenen inneren Göttin ist auch immer die unbewusste Geburt der Tora der Göttin in eurem eigenen Gehirn.

Es existiert immer ein göttliches Gefühl in euch, das alle Namen kennt, die es auf dieser goldenen Erde zu entschlüsseln gilt.

Es existiert immer ein göttliches Gefühl in euch, das alle Wege kennt, die es für euch auf dieser goldenen Erde zu beschreiten gilt, um euch bewusst in eure göttliche Natur zu erheben.

Es existiert immer ein göttliches Gefühl in euch, das euch bewusst mit dem göttlichen Willen auf Erden zu vereinen sucht, damit bewusste göttliche Macht auf Erden zu erfahren und bewahren zu lernt.

Euer göttliches Gefühl wird aus der Tora der Göttin in eurer rechten Gehirnhälfte geboren, um euch euren göttlichen Weg auf Erden zu weisen.

Eure rechte Gehirnhälfte ist bereits direkt nach eurer Geburt den Weg der unbewussten Geburt der Göttin in euch gegangen und kennt somit den Weg der Geburt ihrer eigenen inneren Göttin auf Erden.

Jedes Kind auf Erden wird den göttlichen Weg beschreiten wollen, an sein eigenes göttliches Gefühl zu glauben, um seine innere unbewusste

Göttin bewusst in ihrem 1. Gesicht in seinem eigenen irdischen Leben zu gebären.

Das 1. Gesicht der Göttin ist das Gesicht der göttlichen Macht auf Erden, das in jeder Seele geboren wird, wenn sie bereit ist, in ihrem irdischen Leben an die göttliche Führung durch ihr eigenes göttliches Gefühl zu glauben, das immer die Vereinigung mit dem göttlichen Willen auf Erden zu erfahren sucht und ihr somit ein Wegweiser zu ihrer göttlichen Fülle auf Erden sein möchte.

Der göttliche Wille sucht euch immer in die bewusste Empfängnis der göttlichen Fülle auf Erden zu führen.

Aus dem 1. Gesicht der Göttin gebiert sich in jeder Seele ihr eigener Sohn, das 1. Gesicht Gottes, der aus ihr geboren wird, um ihr ein göttlicher Partner zu werden, der durch seine göttliche Disziplin und seine göttliche Handlungsstärke dafür Sorge trägt, dass die göttliche Macht seiner Geliebten, der Göttin auf Erden bewahrt wird.

Das 1. Gesicht Gottes verkörpert den göttlichen Schutz seiner Geliebten und Göttin, der göttlichen Macht auf Erden.

Die linke Gehirnhälfte und somit Gottes männlicher Pol in seinem eigenen irdischen Ausdruck, eurem menschlichen Gehirn, gebiert sich aus der rechten Gehirnhälfte in euch.

Gott gab auf Erden durch euer menschliches Gehirn bewusst seine göttliche Macht seiner Geliebten Göttin in euch.

Ich war mir in meiner Inkarnation als Lilith vorerst nicht bewusst, dass auf dieser goldenen Erde das göttliche Gefühl die bewusste Führung im Leben der neuen Menschheit übernehmen sollte, denn ich war direkt verbunden mit den unerlösten Wunden des Planeten Mars und somit mit dem Schmerz der Ohnmacht, der dort in dem weiblichen Pol durch die bewusste Führung des männlichen Pols geboren worden war, der unbewusst eine vollkommene Unterdrückung der Weiblichkeit zu fordern schien.

Meine unbewusste Verbindung zu der unerlösten Wunde der Ohnmacht ermöglichte die Geburt dieser Wunden in mir und somit in eurem irdischen Leben, indem ich die Rollen der hilflosen Opfer auf Erden gebar, denn ich gebar die Rolle des Opfers in mir, und ich gebar meinen Sohn als meinen scheinbaren Täter in seiner Rolle als mein männlicher Führer, dessen unbewusster Unterdrückung ich scheinbar ausgeliefert zu sein schien.

Meine unbewusste Verbindung zu der unerlösten Wunde der Ohnmacht ließ mich auf Erden eine Welt der scheinbaren Opfer und der scheinbaren Täter gebären.

Ich war mir nicht bewusst, dass ich als Lilith das verwundete 1. Gesicht der Göttin verkörpern sollte, das es in dieser goldenen Welt bewusst zu erleuchten gilt.

Ich war mir nicht bewusst, dass mein Geliebter Adam das verwundete 1. Gesicht Gottes verkörpern sollte, das es in dieser goldenen Welt bewusst zu erleuchten gilt und das immer aus dem verwundeten 1. Gesicht der Göttin in euch und somit auf Erden geboren wird.

Ich war mir nicht bewusst, dass ich in meiner Inkarnation als Lilith auch das 1. Gesicht der Göttin in mir trug, das es durch die Transformation der unerlösten Wunde der Ohnmacht auf dieser goldenen Erde bewusst zu gebären gilt, damit sich aus dem 1. Gesicht der Göttin in mir das 1. Gesicht meines eigenen inneren Gottes zu gebären vermochte, der uns in unserem irdischen Leben die Tore zu öffnen weiß, die uns zu der göttlichen Fülle auf Erden geleiten.

Ich war mir nicht bewusst, dass ich mir erst einen göttlichen Partner auf Erden gebären konnte, wenn es mir gelungen war, mich selbst in meiner eigenen Göttlichkeit bewusst zu gebären, indem ich den Glauben an meine eigene göttliche Macht auf Erden lebendig werden ließ.

Aus den unerlösten Wunden der Ohnmacht in eurer rechten Gehirnhälfte werden die Illusionen Adams in eurer linken Gehirnhälfte geboren, die wiederum eure rechte Gehirnhälfte mit ihren Illusionen befruchten und euch die unerlösten Wunden Liliths gebären lassen.

Euer irdisches Leben wird in euren ersten Lebensjahren ein bewusstes Empfangen dessen sein, was euch umgibt.
    Jede Seele sucht in ihren ersten Lebensjahren die göttliche Macht auf Erden bewusst empfangen zu lernen, die sich durch den Glauben an ihre eigene Göttlichkeit zu gebären sucht.
    Jede Seele sucht in ihren ersten Lebensjahren das 1. Gesicht der eigenen inneren Göttin in ihrem irdischen Leben zu gebären.

Eine irdische Mutter übernimmt die Rolle der Göttin im Leben ihres Kindes, die ihr Kind entweder in seinem Glauben an sein eigenes göttliches Gefühl zu nähren weiß, damit ihr Kind das 1. Gesicht der eigenen inneren Göttin in seinem Leben gebären kann, oder sie scheint die Geburt des 1. Gesichtes der eigenen inneren Göttin ihres Kindes zu verhindern, weil sie ihr Kind in seinem Glauben an sein eigenes göttliches Gefühl und somit an die eigene innere und an die äußere Göttlichkeit auf Erden nicht ausreichend nähren kann.
    Eine irdische Mutter, die nicht an ihre eigene Göttlichkeit glauben kann, kann das eigene Kind nicht in seinem Glauben an seine eigene Göttlichkeit in seiner irdischen Bewusstheit nähren und verhindert vorerst immer, ob bewusst oder unbewusst, die Geburt des 1. Gesichtes der Göttin im Leben ihres Kindes.
    Eine irdische Mutter ist in ihrem bewussten Glauben an ihre eigene Göttlichkeit, die durch ihr göttliches Gefühl zu ihr zu sprechen sucht, immer eine unbewusste Bauanleitung für ihr Kind, aus der heraus seinen eigenen inneren Umgang mit seiner eigenen weiblichen Göttlichkeit auf Erden definieren wird.
    Eine irdische Mutter ist in ihrem fehlenden Glauben an ihre eigene Göttlichkeit immer eine unbewusste Bauanleitung für ihr Kind, aus dem heraus seinen eigenen inneren Umgang mit seiner eigenen weiblichen Göttlichkeit auf Erden definieren wird.

Der fehlende Glaube an die eigene Göttlichkeit verhindert, dass euer göttliches Gefühl in eurer irdischen Realität bewusst zu euch sprechen kann, um euch eure irdischen Wege der göttlichen Empfänglichkeit und somit der göttlichen Fülle auf Erden zu ebnen.

Eine irdische Mutter, die sich ihrem Leben gegenüber ohnmächtig fühlt, wird auch in ihrem Kind diese Ohnmacht unbewusst gebären.

Eine irdische Mutter ist in ihrem bewussten Glauben an die Göttlichkeit in ihrem Leben und somit ihrer Fähigkeit, die göttliche Fülle in ihrem Leben bewusst empfangen zu können, immer eine unbewusste Bauanleitung für ihr Kind, aus dem heraus es seinen eigenen äußeren Umgang mit der Göttlichkeit auf Erden definieren wird, und entscheidet auf diese Weise über die Fähigkeit der bewussten Empfänglichkeit ihres Kindes in seinen folgenden irdischen Lebenserfahrungen.

Eine irdische Mutter, die an die Göttlichkeit in ihrem Leben scheinbar nicht mehr glauben kann, ist immer eine unbewusste Bauanleitung für ihr Kind, aus der heraus es seinen eigenen Umgang mit der scheinbar fehlenden Göttlichkeit auf Erden definieren wird und die dazu führen wird, dass das irdische Leben ihres Kindes kein Fest der göttlichen Empfängnis mehr sein kann, sondern sich in ein Leben verwandelt, in dem die Illusionen von Getrenntheit, Kampf, Konkurrenz und Handlungsunfähigkeit scheinbar notwendig zu sein scheinen, um sich selbst die fehlende Versorgung Gottes und der Göttin scheinbar hart erkämpfen zu müssen.

Ein irdischer Bauplan, der den bewussten Glauben an die eigene und an die äußere Göttlichkeit auf Erden auszugrenzen sucht, gebiert in jeder Seele die unerlöste Wunde der Ohnmacht, denn euer göttlicher Glaube ist der Schlüssel zur wahren Macht auf Erden.

Die unerlöste Wunde der Ohnmacht gebiert in jeder Seele auf Erden die Illusionen von Getrenntheit, Kampf, Konkurrenz und Handlungsunfähigkeit in ihrem männlichen Pol, um die scheinbar fehlende

Göttlichkeit auf Erden durch eigene männliche Leistungen, die sich über das Denken, das Handeln oder das Geben auf Erden definieren, ersetzen zu wollen oder vielmehr unbewusst anzulocken.

Jede Seele auf Erden sucht den Glauben an die eigene Göttlichkeit auf bewusst zu gebären, indem sie die bewusste Empfängnis des göttlichen Feuers durch den eigenen irdischen Vater zu erfahren sucht.
 Jede fehlende Versorgung mit dem göttlichen Feuer durch den irdischen Vater im Leben eines Kindes verhindert die bewusste Geburt und Erzeugung der eigenen Göttlichkeit in seinem Leben.

Das göttliche Feuer ist der bewusste Applaus, den das Kind von seinem Vater zu empfangen hofft, wenn es sich darin zu üben sucht, die eigene Göttlichkeit auf Erden bewusst zu erzeugen und zu gebären.
 Das göttliche Feuer ist der göttliche Schutz, den das Kind von seinem Vater auf Erden zu empfangen hofft, um den Glauben an seine Göttlichkeit auf Erden bewusst zu bewahren.
 Das göttliche Feuer ist der göttliche Schutz, den das Kind von seinem Vater auf Erden zu empfangen hofft, um durch ihn bewusst zu lernen, sein eigenes göttliches Feuer in seinem Leben in göttlicher Weise auszurichten, damit es ein bewusster Herr und Meister und eine bewusste Herrin und Meisterin über sein göttliches Leben auf Erden werden kann.

Die körperliche, emotionale, mentale oder spirituelle Abwesenheit des irdischen Vaters im Leben und somit bei den einzelnen Entwicklungsschritten eines Kindes auf Erden erzeugt die unerlöste Wunde der Ohnmacht in dem weiblichen Kelch des Kindes, der seine eigene Göttlichkeit über seine bewusste göttliche Empfänglichkeit und Empfängnis des göttlichen Feuers definiert.

Eine irdische Mutter, die in ihrer Kindheit die unerlöste Wunde der Ohnmacht in ihrem weiblichen Kelch geboren hat, wird damals auch die Illusionen Adams in ihrem männlichen Pol geboren haben, um sich eine scheinbare Empfänglichkeit für das eigene irdische Überleben verdienen oder vielmehr erkämpfen zu wollen.

Somit wird jede irdische Mutter, die in ihrem weiblichen Kelch die unerlöste Wunde der Ohnmacht geboren hat, eine Resonanz zu einem irdischen Partner und somit zu dem Vater ihres Kindes gebildet haben, der in seiner männlichen Ausdrucksform das Abbild der Illusionen Adams verkörpert und somit sein eigenes Leben unbewusst zu einem Erfahrungsfeld von scheinbarer Getrenntheit, Kampf oder Konkurrenz hat werden lassen.

Die Illusionen Adams in dem männlichen Pol eines irdischen Vaters lassen ihn ein Leben erzeugen, das ihn glauben lässt, er müsse Kämpfe führen, um seine Familie versorgen oder schützen zu können, die ihm aber in göttlicher Wahrhaftigkeit seine göttliche Handlungsfähigkeit rauben, um bewusst an der göttlichen Entwicklung seines Kindes durch seine Anwesenheit teilzunehmen, und dadurch sein Kind mit seinem göttlichen Feuer ausreichend zu versorgen.

Die Illusionen von Adam und die unerlösten Wunden von Lilith existieren niemals getrennt voneinander im Leben einer Seele auf Erden.

Eure Eltern mit euren Bewertungssystemen in gut und böse aufteilen zu wollen, verstellt immer den göttlichen Blick für ihre wahren Gemeinsamkeiten und somit für ihre Resonanz, aus der heraus sie sich in diesem Leben angezogen haben, um euch auf dieser goldenen Erde gemeinsam zeugen und gebären zu können.

Eure irdischen Bewertungssysteme sind immer aus den unerlösten Wunden von Lilith und den unerlösten Illusionen von Adam in euch gezeugt und geboren worden und befördern euch immer in die scheinbare Welt der Opfer auf Erden.

Die scheinbare Welt der Opfer auf Erden verhindert den Weg der bewussten göttlichen Selbst-Erleuchtung in euch und in eurem Leben und will in dieser goldenen Zeit ihre rechtmäßige göttliche Erleuchtung und somit Transformation durch eure göttliche Bewusstwerdung erfahren.

Damit eine Seele in ihrer Kindheit das 1. Gesicht der Göttin auf Erden bewusst gebären kann, benötigt es den bewussten Glauben ihrer irdischen Mutter an ihre Göttlichkeit auf Erden.

Eine Mutter sollte sich bewusst darauf konzentrieren, ihr Kind in seinen herausfordernden Lebensphasen mit ihrem passiven Glauben an seine Göttlichkeit zu unterstützen.

Jede irdische Mutter besitzt die göttliche Gabe, das Licht Gottes und der Göttin bewusst in ihrem Kind leuchten zu sehen, als Unterstützung für ihren göttlichen Auftrag, an die Göttlichkeit in ihrem Kind zu glauben, damit es ihrem Kind möglich ist, seine eigene Göttlichkeit bewusst in seinem irdischen Leben zu gebären.

Eine irdische Mutter sollte sich stets dessen bewusst sein, dass ihr Kind alle irdischen Aufgaben und Herausforderungen meistern wird, die es sich für seine göttliche Entwicklung auf Erden unbewusst ausgewählt hat, denn ihr Kind ist ihr göttliches Licht in Tätigkeit auf Erden!

Eine irdische Mutter sollte es vermeiden lernen, ihr Kind mit der unerlösten Wunde der Ohnmacht zu befruchten, die in ihr die scheinbaren Sorgen um ihr hilfloses oder vielmehr unfähiges Kind aktiviert, das sein Leben scheinbar nicht meistern kann und somit ein Opfer auf Erden zu werden droht.

Jedes Kind reagiert, ob bewusst oder unbewusst, auf den unbewussten Weg der Mutter, ihre unerlöste Wunde der Ohnmacht auf ihr Kind zu übertragen.

Jedes Kind reagiert, ob bewusst oder unbewusst, auf den bewussten Glauben an seine Göttlichkeit in seiner Mutter, auch dann, wenn seine Mutter nicht darüber spricht, und es wird sich durch ihren bewussten Glauben an sein göttliches Selbst mutig an die bewusste Umsetzung seiner Göttlichkeit auf Erden begeben.

Jedes Kind reagiert, ob bewusst oder unbewusst, auf den fehlenden Glauben seiner Mutter an seine Göttlichkeit auf Erden, auch dann, wenn die Mutter nicht darüber spricht und ihren fehlenden Glauben an die Göttlichkeit in ihrem Kind zu überspielen sucht.

Jeder fehlende Glaube der Mutter an die Göttlichkeit in ihrem Kind wird in diesem die unerlöste Wunde der Ohnmacht gebären, aus der sich die Illusionen Adams in seinem männlichen Pol gebären und langfristig zu seiner göttlichen Handlungsunfähigkeit in seinem irdischen Leben führen werden.

Die scheinbare Handlungsunfähigkeit ihres Kindes, die in göttlicher Wahrhaftigkeit aus ihrem fehlenden Glauben an seine Göttlichkeit geboren wurde, wird für die unerlösten Wunden der Mutter vorerst eine scheinbare Bestätigung ihrer Sorgen um ihr Kind und somit für ihren fehlenden Glauben an seine Göttlichkeit sein.

Eine Mutter, die in ihrer irdischen Bewusstheit den Glauben an die Göttlichkeit im Leben ihres Kindes ausgrenzt, grenzt in göttlicher Wahrhaftigkeit die göttliche Möglichkeit aus, dass ihr Kind alle irdischen Aufgaben zu meistern weiß, die es sich unbewusst für seine göttliche Entwicklung auf Erden auserwählt hat.

Die unerlöste Wunde der Ohnmacht, die von den Eltern auf ihr Kind übertragen wird, aktiviert in ihrem Kind die Geburt der Illusionen Adams in seinem männlichen Pol, die sich ganz gewiss, bewusst oder unbewusst, gegen das Elternteil richten werden, das seine unerlöste Wunde der Ohnmacht in ihm aktivieren durfte.

So entstehen die scheinbaren Konflikte auf Erden zwischen den Eltern, die sich um ihr Kind zu sorgen suchen, ohne sich dessen bewusst zu sein, dass sie ihr Kind auf diese Weise in seiner göttlichen Entwicklung angreifen, und ihrem Kind, das die Empfängnis ihrer Sorgen zu verhindern sucht, indem es sich entweder körperlich, emotional, mental oder spirituell von den Eltern zurückzieht und diese nur noch sehr begrenzt an seiner Entwicklung auf Erden teilnehmen lässt oder direkt gegen sie zu kämpfen beginnt, ohne genau zu wissen, was es ist, wogegen es zu kämpfen begonnen hat.

Ein irdischer Vater sollte sich bewusst darauf konzentrieren lernen, sein Kind in seinen einzelnen Entwicklungsphasen mit seiner bewussten göttlichen Disziplin, die sich auf den Glauben an die eigene Göttlichkeit auf Erden bezieht, und seiner aktiven Handlungsfähigkeit, für das Kind und seine göttliche Entwicklung anwesend zu sein, zu versorgen, damit sein Kind nicht die unerlöste Wunde der Ohnmacht in seinem weiblichen Kelch und somit langfristig die Illusionen Adams in seinem männlichen Pol durch seine fehlende Befruchtung zu gebären beginnt.

Jedes Kind auf Erden sucht über seinen Vater die göttliche Disziplin und die göttliche Handlungsstärke zu erlernen, die sich bewusst auf seine eigene göttliche Entwicklung beziehen darf.

Jeder Vater auf Erden darf seine göttliche Disziplin und seine göttliche Handlungsstärke bewusst darauf ausrichten, seinem Kind bei seiner göttlichen Entwicklung auf Erden mit seinem göttlichen Rat und mit seiner göttlichen Tat beizustehen.

So seid euch bewusst, meine lieben Erdenkinder, dass ihr nicht als bewusste Meister und Meisterinnen vom Himmel fallt, sondern dass ihr auf Erden geboren werdet, um durch den Weg der bewussten Übung zu einem wahren göttlichen Meister und einer wahren göttlichen Meisterin auf Erden zu werden, die sich bewusst in den Himmel zu erheben lernen.

Mein Geliebter, Meister El Morya, und ich haben uns dazu entschieden, euch die irdischen Erfahrungen unserer Inkarnationen als Adam und Lilith zu überreichen, um euch aufzuzeigen, dass diese irdische Welt auch immer ein Feld der Übung für euch zu sein sucht.

Auf dieser irdischen Welt geboren zu werden, ist auch immer ein bewusstes Sich-Einlassen auf die Illusionen und die unerlösten Wunden dieser Welt, die euch die Erfahrung zu überreichen suchen, dass ihr diese irdische Welt nicht erlösen werdet, wenn ihr euch von ihren Illusionen und ihren unerlösten Wunden zu distanzieren sucht, denn erst durch die eigene Erfahrung ihrer Illusionen und ihrer unerlösten Wunden ist es euch möglich, den Weg der bewussten Selbst-Erleuchtung und Selbst-Transformation zu beschreiben, aus dem immer die göttliche Erleuchtung und Transformation auf Erden geboren wird.

In göttlicher Wahrhaftigkeit sind alle Menschenkinder miteinander verbunden, und jeder einzelne Weg der göttlichen Selbst-Erleuchtung und der Selbst-Transformation eines Menschenkindes fließt in das Massenbewusstsein der Menschheit ein und beginnt sie zu erheben.

Die wahre göttliche Liebe pflanzt sich immer mitten in das verwundete irdische Leben ein, denn dort wird sie so sehnlich erwartet.

Die göttlichen Wege der bewussten Selbst-Erleuchtung und der göttlichen Selbst-Transformation werden euch lehren, dass es nicht eure göttliche Aufgabe auf Erden ist, diese irdische Welt verändern zu wollen, ohne eure eigenen irdischen Reaktionen auf diese Welt erleuchtet und transformiert zu haben.

Euch selbst und diese irdische Welt so lieben zu lernen, wie sie ist, wird der wahre Segen für die Menschheit sein, denn die wahre göttliche Liebe ist das göttliche Produkt der göttlichen Erleuchtung und der göttlichen Transformation, die aus ihrer göttlichen Vereinigung in eurem göttlichen Herzen geboren wird.

Die wahre göttliche Liebe bewertet diese irdische Welt nicht, sondern weiß sie durch ihr göttliches Verständnis in ihrer Verwundung göttlich zu trösten und somit bewusst in ihre göttliche Natur zu erheben.

Die wahre göttliche Liebe braucht sich eure Welt nicht schöner zu reden, um sie lieben zu können, sondern kennt die wahren Namen aller Dinge, die sie umgeben, und weiß sie in dem zu lieben, was sie sind.

Wenn ihr den göttlichen Weg der bewussten Erleuchtung der Illusionen Adams in euch und in eurem irdischen Leben gehen dürft, dann werdet ihr lernen, euren eigenen unbewussten Leistungszwängen nicht mehr folgen zu müssen, um euch unbewusst einen Platz auf dieser Welt zu verdienen.

Wenn ihr den göttlichen Weg der bewussten Erleuchtung der Illusionen Adams in euch und in eurem irdischen Leben gehen dürft, dann werdet ihr lernen, dieser Welt nicht mehr unbewusst täglich beweisen zu müssen, wie gut und somit wie viel besser ihr seid als eure Brüder und Schwestern, und ihr werdet lernen dürfen, bewusst den göttlichen Mut zu gebären, das göttliche Licht sein zu wollen, das in euch ist und sich in göttlicher Wahrhaftigkeit als dieses göttliche Licht in seiner Erdenmission erfüllt.

Der göttliche Weg der bewussten Selbst-Erleuchtung der Illusionen Adams in eurem irdischen und somit anerzogenen Geist wird euch die göttliche Gelegenheit bieten, euch euren eigenen Illusionen und unerlösten Wunden zuzuwenden, um euch aus allen irdischen Zwängen erlösen zu erlernen, die euch daran zu hindern scheinen, eure göttlichen Flügel bewusst auf Erden zu erzeugen und zu gebären, denn die unbewusste Angst vor der eigenen Fehlerhaftigkeit wird aus den Illusionen Adams in euch gezeugt und geboren und sucht euch unbewusst daran zu hindern, euch dem Weg der bewussten Selbst-Erleuchtung auf Erden zuzuwenden.

Die Illusionen der Angst vor der eigenen Fehlerhaftigkeit suchen euch unbewusst einzuflüstern, dass ihr euch besser nicht genauer betrachten solltet, denn sonst könntet ihr euch vor euren eigenen Schatten nicht erretten und eure Ansprüche auf einen göttlichen Thron auf Erden wären für immer verloren. Solcherart beginnen eure Illusionen unbewusst die irdische Blindheit für eure wahre Natur auf Erden zu erzeugen.

Jede scheinbare Blindheit für eure eigenen Illusionen und unerlösten Wunden lässt euch scheinbar blind sein gegenüber den Illusionen und unerlösten Wunden in dieser irdischen Welt und somit gegenüber eurer wahren Göttlichkeit auf Erden.

Jede scheinbare Blindheit für eure eigene Göttlichkeit auf Erden lässt euch scheinbar blind sein gegenüber der wahren Göttlichkeit in dieser irdischen Welt, die so, wie sie ist, in ganzer göttlicher Gewissheit für eure göttliche Entwicklung sorgen wird, ohne dass es notwendig ist, sie durch das irdische Bewertungssystem eurer Illusionen in zwei scheinbar voneinander getrennte Stücke zu zerreissen.

In göttlicher Wahrhaftigkeit sind es eure Illusionen, die sich davor ängstigen, dass ihr den Weg der bewussten göttlichen Selbst-Erleuchtung auf Erden zu beschreiten beginnt, denn wenn ihr ihn beschreitet, dann werden eure Illusionen ihr göttliches Sterben in euch erfahren, und dieses Streben wird sich auf der Erde weiter ausbreiten.

Das göttliche Sterben eurer Illusionen ist in göttlicher Wahrhaftigkeit nur eine göttliche Transformation ihrer verdichteten Form in ihre feinstoffliche Form und somit eine göttliche Transformation in ihre göttliche Natur auf Erden, aber eure Illusionen sind sich ihrer selbst niemals bewusst, denn sie sind das Symbol eurer eigenen Unbewusstheit auf Erden, die es in dieser goldenen Zeit von euch bewusst zu erlösen gilt.

Jeder erste göttliche Schritt, der euch auf den Weg der bewussten göttlichen Selbst-Erleuchtung eurer größten Illusionen in euch zu führen sucht, wird vorerst einen Protest eurer Illusionen in euch auslösen, die sich scheinbar vor ihrem göttlichen Sterben fürchten und gegen ihre bewusste Erleuchtung mit einem scheinbaren Kampf reagieren.

Alle äußeren Spiegel in eurem irdischen Leben, die euch mit den Illusionen in euch zu konfrontieren suchen, die ihr scheinbar in euch nicht entdecken dürft, weil sie innerhalb des anerzogenen Bewertungssystems eurer eigenen Illusionen als schlecht eingestuft worden sind und somit bedrohlich für euren göttlichen Thronanspruch auf Erden zu sein scheinen, rufen eine scheinbare Empörung in euch hervor.

Diese scheinbare Empörung über alle äußeren Spiegel in eurem irdischen Leben, die euch mit euren scheinbaren Schatten zu konfrontieren suchen, wird von euren Illusionen ausgelöst, um sich in den Kampf gegen den vermeintlichen Angreifer im Außen zu begeben, die ihre irdische Existenz zu bedrohen scheinen.

Der Weg der bewussten göttlichen Selbst-Erleuchtung wird euch immer in eine irdische Situation führen, in der ihr euch in der Illusion, die ihr in euch zu erleuchten sucht, bewusst erfahren werdet.

Aus der bewussten göttlichen Selbsterfahrung auf Erden gebiert sich das göttliche Mitgefühl für eure Brüder und Schwestern, wenn sie wie eine Rakete hochschießen, sobald sie auf die Aspekte angesprochen werden, die sie scheinbar sehr bewusst bei sich nicht sehen wollen, und ihr werdet aus der bewussten göttlichen Selbsterfahrung ein liebendes Lächeln aus eurem göttlichen Herzen gebären, denn ihr kennt ihre scheinbare Not.

Euer göttliches Lächeln wird ihr göttliches Herz berühren und sie werden sich langfristig eurer göttlichen Führung bereitwillig zu öffnen beginnen.

Gegen die Macht der göttlichen Liebe auf Erden wird keine Illusion und keine unerlöste Wunde langfristig kämpfen wollen, denn die göttliche Liebe ist alles, wonach eure Illusionen und eure unerlösten Wunden unbewusst dürsten.

Das liebende Lächeln eures göttlichen Herzens ist die göttliche Wunderwaffe dieser irdischen Welt, die alle scheinbaren Schranken auf Erde niederzureißen weiß, denn euer göttliches Herz ist immer rein von den irdischen Illusionen der Getrenntheit, des Kampfes, der Konkurrenz und der Handlungsunfähigkeit.

Ihr braucht euch niemals vor euch selbst zu ängstigen, meine geliebten Kinder, denn Gott und die Göttin sind immer in euch, und sie sind immer mit euch.

Gott und die Göttin kennen ihre Kinder bei ihren wahren Namen und ihre Liebe zu euch ist grenzenlos, dessen seid euch stets bewusst.

Wenn ich euch die göttlichen Wege der wahren Elternschaft auf Erden aufzeige, dann ist es ganz gewiss nicht meine Absicht, erneute Illusionen über eure scheinbare Fehlerhaftigkeit in euch zu erzeugen, wenn euch die göttlichen Wege der wahren Elternschaft in eurem Leben nicht immer gelingen und nicht immer gelungen sind, denn in dieser irdischen Welt den göttlichen Weg der wahren Elternschaft zu beschreiten, ist euch noch nicht vollständig möglich, denn es herrscht noch eine sehr große Unbewusstheit auf Erden, die erst in dieser goldenen Zeit ihre Erleuchtung erfahren wird, um die göttlichen Bahnen der wahren Elternschaft zu ermöglichen.

Ich zeige euch die göttlichen Wege der wahren Elternschaft auf Erden in der bewussten göttlichen Hoffnung, euer göttliches Licht in euch zu berühren, das diese Wege unbewusst bereits kennt, aber bisher keine göttliche Übersetzung in eurer irdischen Sprache gefunden hat, um sie in eurem irdischen Leben bewusst umsetzen zu lernen.

Mein Geliebter, Meister El Morya, und ich haben unsere Inkarnation als Adam und Lilith erwählen dürfen, weil unsere gemeinsame göttliche Liebe, dem göttlichen Willen gehorsam zu sein, unser größtes Sehnen ist und immer war.
 Als wir von Gott und der Göttin auf diese goldene Erde gesandt wurden, um den gefallenen Seelen vom Planeten Mars zu Hilfe zu eilen, war uns das gesamte Ausmaß dessen, was es bedeutet, sich in ihren Illusionen und in ihren unerlösten Wunden zu verstricken, nicht bewusst.
 Wir waren uns in unserer Inkarnation als Lilith und Adam unserer eigenen Göttlichkeit auf Erden nichtbewusst, und somit war uns auch nicht bewusst, dass es nicht unsere göttliche Aufgabe auf Erden sein sollte, den Willen Gottes und der Göttin, der in uns pulsierte, als wir die Illusionen und die unerlösten Wunden der neuen Menschheit erzeugten und gebaren, zu bewerten, denn die Wege Gottes und der Göttin sind auf Erden unergründlich, solange euch eure eigene Göttlichkeit unbewusst ist.
 Wenn ihr in eurer irdischen Vergangenheit unbewusst die Illusionen der Opfer und der Täter in eurem Leben erzeugen und gebären durftet, dann werdet ihr diese Illusionen in euch nicht dadurch überwinden, dass ihr euch durch das Bewertungssystem eurer unbewussten Illusionen erneut als Täter oder als Opfer eurer irdischen Vergangenheit zu

benennen sucht, weil sich diese Vergangenheit dann solange erneut in eurem irdischen Leben zu wiederholen sucht, bis sie von euch als die göttliche Lernaufgabe ihre rechtmäßige Anerkennung findet, die sie von Anfang an sein wollte.

Die Tora Gottes in eurer linken Gehirnhälfte wird aus der Tora der Göttin in eurer rechten Gehirnhälfte geboren.
  Das göttliche Gefühl und somit die Tora der Göttin in jedem Kind auf Erden veranlasst das Kind dazu, sich mit den äußeren Bestandteilen und somit den göttlichen Gesetzmäßigkeiten dieser irdischen Welt auseinandersetzen zu wollen, indem es seine äußere Welt über seine Sinne in ihren einzelnen Bestandteilen in sich aufzunehmen beginnt.

Eure goldene Welt ist in göttlicher Wahrhaftigkeit eine mystische Erlebniswelt, die aus göttlichen Gesetzmäßigkeiten besteht, die es für euch bewusst zu entschlüsseln gilt, um euch selbst und somit alles, was euch auf Erden umgibt, bewusst bei seinem wahren Namen benennen zu können.

Der göttliche Wille, der von euch durch euer göttliches Gefühl empfangen wird, sucht euch immer in eine göttliche Spirale der göttlichen Erkenntnisse über euch und somit über eure irdische Welt zu führen.
  Jedes göttliche Gefühl in euch ist auch immer ein göttlicher Forschergeist in Tätigkeit auf Erden, der euch dazu auffordern will, euch bewusst auf die göttliche Übersetzung eures göttlichen Gefühls in eure linke und somit mentale Gehirnhälfte einzulassen.
  Die göttliche Spirale der göttlichen Erkenntnisse über euch und eure irdische Welt, die durch das bewusste Erleuchten eurer eigenen Gefühle geboren wird, wird euch Schritt für Schritt in das göttliche Erkennen der wahren Göttlichkeit in euch selbst und der wahren Göttlichkeit auf Erden geleiten.
  Jedes göttliche Gefühl in euch, das in euch und in eurem irdischen Leben eine bewusste Annahme finden darf, wird die göttliche Spirale

der göttlichen Erkenntnisse über euch und eure irdische Welt aktivieren und in eurem göttlichen Mental, dem limbischen System in eurer linken Gehirnhälfte, göttliche Gedankenstrukturen gebären, die aus der Tora der Göttin und somit aus der bewussten Empfängnis eures göttlichen Gefühles geboren wurden und sich immer in einem göttlichen Einklang mit den göttlichen Gesetzmäßigkeiten auf Erden befinden.

Alle göttlichen Gedankenstrukturen, die aus der bewussten Empfängnis eures göttlichen Gefühls in euch geboren wurden, bedeuten die Geburt einer oder mehrerer Seiten der Tora Gottes in euch und somit in eurer linken Gehirnhälfte.

Jede Seite der Tora Gottes, die in eurer linken Gehirnhälfte gezeugt und geboren wird, erhöht in euch den Faktor, den ihr mentale Intelligenz nennt.

Einige Seelen auf Erden, die in den Illusionen Adams befangen sind, haben den Wert eurer mentalen Intelligenz eifrig zu messen begonnen, um einen irdischen Weg zu erschaffen, der euch ermöglichen soll, euch untereinander als klüger oder weniger klug bezeichnen zu können, damit den Illusionen Adams auf Erden die Möglichkeit geboten wird, sich scheinbar bewusst über andere erheben zu können.

Eure mentale Intelligenz zeigt euch in göttlicher Wahrhaftigkeit immer nur die Nutzungs-Kapazität eurer linken Gehirnhälfte.

Wenn eure Forscher alle Bereiche eurer linken Gehirnhälfte identifizieren würden, die von euch bewusst in eurem Alltag genutzt werden, dann würden ihre Messungen die 20%-Grenze nicht überschreiten.

Eine Seele auf Erden, die in ihrem Alltag eine Nutzungs-Kapazität von 20% in ihrer linken Gehirnhälfte zu leben weiß, während euer menschlicher Durchschnitt bei ca.15% liegt, würde bei euren irdischen Intelligenzmessungen als ein sehr kluger Mensch abschneiden, ohne dass von euren Forschern beim Feilschen um die wenigen Prozente ausreichend berücksichtigt wird, dass über 80% eurer linken Gehirnhälfte brach liegen und somit ungenutzt bleiben.

Eure linke Gehirnhälfte weist in allen Seelen auf Erden eine viel größere Gemeinsamkeit auf, die eure wahre Verbundenheit zeigt, denn es scheint der gesamten Menschheit offensichtlich nicht zu gelingen, über 80% ihrer linken Gehirnhälfte so zu entfalten, dass sie euch mit ihrer göttlichen und somit vollständigen Nutzungs-Kapazität auf Erden zu unterstützen vermag.

Die rechte Gehirnhälfte in jeder Seele auf Erden zeigt eine Nutzungs-Kapazität von 100%, und somit beträgt eure emotionale Intelligenz immer 100%.
Eure 100%ige Nutzungs-Kapazität eurer rechten Gehirnhälfte und somit eure emotionale Intelligenz, die ihre göttliche Vollständigkeit unbewusst bereits in euch besitzt, sucht euch in ihrem göttlichen Streben an eure göttliche Gemeinsamkeit auf Erden zu erinnern, die alle Menschenkinder miteinander zu vereinen weiß.

Jedes göttliche Gefühl, das in einer Kinderseele auf Erden bewusst geboren werden will und keine bewusste Annahme finden kann, weil die Illusionen Adams in ihren Eltern und somit in ihrem irdischen Umfeld ein Bewertungssystem von gut und böse erzeugt haben, wird seine bewusste Unterdrückung im Leben des Kindes erfahren, wenn es von diesem als scheinbar böse eingestuft wurde.
Jedes göttliche Gefühl, das in dem irdischen Leben eines Kindes den Weg der bewussten Unterdrückung durch sein äußeres Umfeld erfährt, wird langfristig den Weg der bewussten Unterdrückung durch das Kind selbst in seinem eigenen Inneren erfahren, denn jedes Kind wird auf Dauer die Bewertungssysteme seiner Eltern und somit seines Umfeldes bewusst oder unbewusst übernehmen.

Jedes göttliche Gefühl, das in eurer Kindheit den Weg der bewussten Unterdrückung durch euer äußeres Umfeld erfahren hat, wird in eurer Gegenwart den Weg der bewussten Unterdrückung durch euch, also durch euer eigenes Bewertungssystem erfahren, das ihr in eurer

Kindheit von euerem Umfeld aufgenommen habt, bis ihr den Weg der bewussten Selbst-Erleuchtung beschreiten dürft, um eure unterdrückten göttlichen Gefühle in euch zu erleuchten und euch somit wieder in eure bewusste göttliche Vollständigkeit auf Erden zu transformieren.

Jedes göttliche Gefühl, das den Weg der bewussten Unterdrückung in euch und somit in eurem irdischen Leben erfahren hat, kann die Seiten der Tora Gottes in eurer linken Gehirnhälfte nicht gebären, die aus euren unterdrückten göttlichen Gefühlen hätten geboren werden sollen, um auf diese Weise eure mentale Intelligenz und somit die Nutzungs-Kapazität eurer linken Gehirnhälfte zu erhöhen.

Solange die Nutzungs-Kapazität eurer linken Gehirnhälfte die 20%-Grenze nicht zu überschreiten weiß, solange wird euch bewusst aufgezeigt sein, dass ihr auf Erden bewusst oder unbewusst alle an ein mentales Bewertungssystem gebunden zu sein scheint, das weit über 80% eurer göttlichen Gefühle in euch unterdrückt und somit eine sehr starke Identifikation mit den Illusionen Adams in euch und eurer Welt ermöglicht, die es bewusst in dieser goldenen Zeit zu erleuchten gilt, um euch in eure göttliche Natur eurer linken Gehirnhälfte führen zu können.

Eure linke Gehirnhälfte kann erst dann ihre göttliche Natur und somit ihre 100%ige Nutzungs-Kapazität erlangen, wenn ihr euch bewusst durch den Weg der Selbst-Erleuchtung von allen Illusionen Adams in eurer linken Gehirnhälfte erlöst, um euch aus euren Bewertungssystemen befreien zu können, die immer aus den Illusionen Adams in euch gezeugt wurden und die unbewusst immer eine Unterdrückung eurer emotionalen Göttlichkeit zu fordern scheinen, weil sie die göttliche Wahrhaftigkeit der göttlichen Verbundenheit auf Erden auszugrenzen suchen.

Erst das bewusste Anerkennen eurer eigenen göttlichen Gefühle ermöglicht es ihnen, ihre Göttlichkeit in eure linke Gehirnhälfte zu spiegeln und dort göttliche Gedankenstrukturen zu gebären, bis eure linke Gehirnhälfte ihre 100%ige Nutzungs-Kapazität besitzt, um aus dieser göttlichen Gleichwertigkeit eurer beiden Gehirnhälften ihre göttliche

Vereinigung in euch zu ermöglichen, die es braucht, um die Illusionen der Dualität in euch und somit auf Erden überwinden zu können.

Eure linke Gehirnhälfte gleicht direkt nach eurer Geburt vorerst einem leeren Feld, das sich in den ersten 21 Jahren eures Lebens durch mentale Gedankenstrukturen zu füllen sucht, um für euer irdisches Überleben sorgen zu können.

Eure linke Gehirnhälfte gleicht direkt nach eurer Geburt vorerst einem leeren Feld, das aus kleinen Spiegel-Feldern besteht, die sich Spiegel-Neuronen nennen und die die Göttlichkeit der rechten Gehirnhälfte des Kindes zu spiegeln wissen, die sich aus der bewussten Annahme seiner göttlichen Gefühle seiner als göttliche Gedankenstrukturen in der linken Gehirnhälfte zu spiegeln suchen und somit geboren werden wollen.

Für das Überleben eines Kindes auf Erden ist es notwendig, dass es bis zu seinem 5. Lebensjahr 50% seiner Spiegel-Neuronen mit mentalen Informationen versorgt. Bis zu seinem 11. Lebensjahr wollen 80% seiner Spiegel-Neuronen mit mentalen Gedankenstrukturen belegt sein, und bis zu seinem 21. Lebensjahr werden 95% seiner Spiegel-Neuronen in seiner linken Gehirnhälfte mit mentalen Gedankenstrukturen angefüllt sein.

Die Wege der bewussten oder unbewussten Unterdrückung der göttlichen Gefühle eines Kindes in ihm und somit in seinem Leben führen dazu, dass nicht ausreichend göttliche Gedankenstrukturen in der linken Gehirnhälfte durch sein göttliches Gefühl geboren werden können, um seine Spiegel-Neuronen ausreichend mit mentalen Gedankenstrukturen zu versorgen, die der wahren Göttlichkeit des Kindes entsprungen sind.

Unbewusst wenden sich die ungefüllten und somit unerfüllten Spiegel-Neuronen, die auf ihre mentale Versorgung ausgerichtet sind, an ihr äußeres Umfeld und spiegeln oder vielmehr kopieren die Gedankenstrukturen der Menschen, die das äußere Umfeld des Kindes bilden.

Alle Gedankenstrukturen, die aus dem göttlichen Gefühl des Kindes in seiner linken Gehirnhälfte geboren werden, und alle göttlichen Gedankenstrukturen, die das Kind aus seinem äußeren Umfeld in seiner linken Gehirnhälfte kopiert, führen zu einer Vergrößerung seiner mentalen Intelligenz und vergrößern somit die Nutzungs-Kapazität seiner linken Gehirnhälfte.

Alle göttlichen Gedankenstrukturen, die in der linken Gehirnhälfte des Kindes gezeugt werden, befinden sich immer im göttlichen Einklang mit den göttlichen Gesetzmäßigkeiten auf Erden und werden ihm alle Wege der göttlichen Unterstützung in seinem Leben eröffnen.

Alle göttlichen Gedankenstrukturen, die in der linken Gehirnhälfte des Kindes geboren werden, führen zu einer Erleuchtung in seiner linken Gehirnhälfte und werden die göttliche Bestätigung in seinem Leben erfahren, wenn sich das Kind an die bewusste Umsetzung seiner göttlichen Gedankenstrukturen begibt, sobald es das 21. Lebensjahr abgeschlossen hat, um sein Leben aus der bewussten Selbstverantwortung erfahren zu wollen.

Alle göttlichen Gedankenstrukturen, die in eurer linken Gehirnhälfte gezeugt werden, führen langfristig zu einer bewussten Umsetzung und somit zu einer bewussten Nutzung eurer göttlichen Möglichkeiten auf Erden, die eine größere Nutzungs-Kapazität eurer linken Gehirnhälfte bedeuten wird, da eure linke Gehirnhälfte in ihrer Beschaffenheit darauf ausgerichtet ist, die Göttlichkeit eurer rechten Gehirnhälfte bewusst auf Erden umzusetzen, indem sie alle göttlichen Gedankenstrukturen bilden darf, die von der rechten Gehirnhälfte aktiviert wurden, um die äußere Umsetzung der eigenen inneren Göttlichkeit auf Erden zu ermöglichen.

Wenn es euch gelungen ist, die Nutzungs-Kapazität eurer linken Gehirnhälfte in ihre göttliche Größe und somit in ihre irdische Vollkommenheit auszuweiten, dann werdet ihr Jesus Christus in seinen göttlichen Wundern, die er auf Erden vollbringen durfte, wahrhaftig erkennen, und euch werden die Pyramiden der alten Ägypter kein Rätsel mehr sein, denn ihr werdet selbst auf Erden die göttlichen Wege durch eure eigene bewusste Göttlichkeit, die in eurem menschlichen Gehirn verborgen liegt, umzusetzen wissen.

Alle Gedankenstrukturen, die ihr aus eurem äußeren Umfeld in eurer linken Gehirnhälfte durch eure Spiegel-Neuronen kopiert und die nicht den göttlichen Gesetzmäßigkeiten auf Erden entsprechen, sondern den irdischen Illusionen der Menschheit entsprungen sind, werden für euch zwar eine irdische Gebrauchsanweisung abgeben, nach der ihr euer Leben bewusst oder unbewusst auszurichten sucht, aber diese Gedankenstrukturen können nicht wirklich eure mentale Intelligenz erhöhen, weil sie die wahre Nutzungs-Kapazität eurer linken Gehirnhälfte in ihrem göttlichen Auftrag auf Erden nicht anzusprechen wissen und somit außerhalb des göttlichen Willens existieren und euch in der Umsetzung eurer göttlichen Natur auf Erden nicht unterstützen werden, sondern sie unbewusst zu verhindern.
Der göttliche Weg der bewussten Erleuchtung eurer eigenen Gedankenstrukturen mag ganz gewiss sehr hilfreich für euch auf Erden sein, um alle anerzogenen Illusionen in euch durch eure göttliche Bewusstheit zu erlösen.

In meiner Inkarnation als Lilith nahm die verwundete Göttin des Planeten Mars die Rolle meiner irdischen Mutter auf Erden ein und gebar, ohne dass mir dieses bewusst gewesen wäre, die unerlöste Wunde der Ohnmacht in mir.
Die unerlöste Wunde der Ohnmacht besteht immer aus den unerlösten Wunden des Misstrauens, der Angst und der Rache.

In meiner Inkarnation als Lilith schien mir die unerlöste Wunde des Misstrauens die Möglichkeit zu rauben, bewusst an die Göttlichkeit meiner weiblichen Natur glauben zu können, und somit gebar ich die unerlöste Wunde der Angst vor den göttlichen Gefühlen in mir, und ich begann mich vor mir selbst und somit vor meiner eigenen weiblichen Emotionalität zu fürchten, die sich durch meine göttlichen Gefühle zu gebären suchte.

Da ich als Gemahlin des göttlichen Willens auf Erden geboren wurde, sollte es hier meine göttliche Aufgabe sein, die göttlichen Gefühle des göttlichen Zorns in mir bewusst zu empfangen, damit der göttliche Wille durch mich die göttliche Gelegenheit erfahren sollte, sich bewusst auf Erden mitteilen zu können.

Der göttliche Zorn erfüllt die göttliche Aufgabe auf Erden, euch aus allen Situationen herauszuschneiden, die die Geburt eurer göttlichen Natur auf Erden verhindern.

Der göttliche Zorn erfüllt die göttliche Aufgabe auf Erden, euch aus allen Situationen herauszuschneiden, die eure göttliche Entwicklung auf Erden verhindern.

Der göttliche Zorn erfüllt die göttliche Aufgabe auf Erden, euch aus allen Situationen herauszuschneiden, die eure göttliche und somit langfristig auch eure irdische Existenz auf Erden bedrohen.

Der göttliche Zorn erfüllt die göttliche Aufgabe auf Erden, euch aus allen Situationen herauszuschneiden, die nicht eurem göttlichen Willen auf Erden entsprechen.

Denn so ist es der göttliche Wille auf Erden.

Die Illusionen meines Geliebten Adam hatten dazu geführt, dass ich in meiner Inkarnation als Lilith meine irdische Existenz als göttliche Partnerin an seiner Seite nicht gebären konnte, da er selbst mit seiner Existenz des göttlichen Partners auf Erden noch nicht bewusst verbunden war.

Die Illusionen meines Geliebten Adam hatten dazu geführt, dass ich in meiner Inkarnation als Lilith meine irdische Existenz als göttliche Mutter meines Sohnes Samael nicht gebären konnte, da er selbst mit seiner Existenz des göttlichen Vaters auf Erden noch nicht bewusst verbunden war.

So gebar ich in meiner Inkarnation als Lilith in meiner scheinbaren Partnerschaft mit meinem Geliebten Adam immer wieder den göttlichen Zorn in mir, der mich aufzufordern suchte, mich aus der irdischen Verbundenheit mit meinem Geliebten Adam zu lösen, da diese Verbundenheit die Geburt meiner göttlichen Natur auf Erden zu verhindern schien.

So gebar ich in meiner Inkarnation als Lilith in der scheinbaren Partnerschaft mit meinem Geliebten Adam immer wieder den göttlichen Zorn in mir, der meinen Geliebten Adam aufzufordern suchte, sich aus der irdischen Verbundenheit mit mir zu lösen, da diese Verbundenheit die Erzeugung seiner göttlichen Natur auf Erden zu verhindern schien.

So war es der göttliche Wille auf Erden, der uns durch den göttlichen Zorn in mir aufzufordern suchte, den Weg der bewussten inneren Einkehr zu beschreiten, indem wir uns vorerst aus unserer irdischen Verbundenheit lösen sollten, um in der bewussten inneren Einkehr den göttlichen Weg der bewussten Selbst-Erkenntnis und somit der bewussten Selbst-Erleuchtung in uns und somit auf dieser Erde bewusst zu erzeugen und zu gebären.

Durch meine unbewusste Verbindung mit dem Planeten Mars empfand ich die Geburt des göttlichen Zorns in mir als eine Bedrohung, da ich meinen göttlichen Zorn mit der zerstörerischen Kampfenergie des Planeten Mars in Verbindung brachte, die zu einem erneuten Fall der Menschheit geführt hatte.

In mir pulsierte auch die verwundete Göttin des Planeten Mars, deren göttliches Element Wasser auf dem Planeten Mars zu Eis gefroren war, weil die Kämpfe an diesem Ort keine Grenzen zu kennen schienen und alle göttlichen Gefühle, die in den dort lebenden Seelen aufzusteigen suchten, sehr schnell erfrieren ließen.

Als göttliche Urmutter wollte ich diese neue Welt vor meiner eigenen Göttlichkeit schützen, die in meinem göttlichen Zorn pulsierte, weil ich mich davor fürchtete, dass erneut ein Ort des Schreckens auf dieser goldenen Erde geboren werden könnte, und das suchte ich durch meine Aufopferung unter allen Umständen zu vermeiden.

Durch meine unerlöste Wunde der Angst begann ich mich vor mir zu fürchten, und ich suchte zum scheinbaren Wohl der neuen Menschheit alle aufsteigenden göttlichen Gefühle in mir zu unterdrücken, die meine unerlöste Wunde der Angst als bedrohlich empfand.

Mein göttlicher Zorn begann sich durch seine Unterdrückung in mir zu verdichten und transformierte sich in die unerlöste Wunde der Rache.

Die unerlöste Wunde der Rache war die Kampfenergie, die auf dem Planeten Mars die geheime weibliche Begleiterin aller dort geführten Kämpfe war.

Durch die Unterdrückung meines göttlichen Zorns hatte ich genau die Energie in mir geboren, die ich durch die Unterdrückung meines göttlichen Zorns vermeiden wollte.

Doch um alle diese Dinge wusste ich nicht, denn ich war mir in meiner Inkarnation als Lilith meiner selbst nicht bewusst.

Durch die Unterdrückung meiner göttlichen Gefühle in mir konnte es mir nicht gelingen, alle Seiten der Tora Gottes in meiner linken Gehirnhälfte zu gebären, und deshalb war die Tora Gottes, die meinem Geliebten Adam auf Erden zu seiner göttlichen Verfügung stand, unvollständig, denn er wurde aus mir geboren.

Als ich meinem Geliebten Adam auf diese Welt verhalf, da wusste ich bereits bei seiner Entstehung in meinem Leib, dass er zu mir gekommen war, um mir ein göttlicher Partner auf Erden zu werden.

Mein Geliebter Adam sollte die Geburt meines mir unbewussten männlichen Pols auf Erden sein, der symbolisch auch durch meine linke Gehirnhälfte in mir zum Ausdruck zu gelangen suchte.

Die Schwangerschaft mit Adam dauerte 21 Tage.

Nach 13 Monden war er bereits ein vollständig ausgewachsener Mann, so dass die enge Mutter-Kind-Verbindung zwischen ihm und mir nicht erzeugt und geboren werde konnte.

Denn so war es der göttliche Wille auf Erden!

In seiner Inkarnation als Adam nahm der unerlöste Gott des Planeten Mars die Rolle seines irdischen Vaters auf Erden ein und erzeugte, ohne dass ihm dieses bewusst gewesen wäre, seine unerlösten Illusionen in ihm, die sich in einer direkten Resonanz zu den unerlösten Wunden der Göttin des Planeten Mars befanden und einander somit ergänzten.

Mein Geliebter Adam konnte durch die Wege der Unterdrückung der göttlichen Gefühle in mir und durch die Wege der Unterdrückung seiner eigenen göttlichen Gefühle in ihm nicht ausreichend mentale Nahrung für die Versorgung seiner linken Gehirnhälfte ausfindig machen, und so kopierte er unbewusst die unerlösten Gedankenstrukturen seines irdischen Vaters, die Illusionen des Planeten Mars.

Als ich mit meinem Geliebten Adam über die Worte der Göttin zu sprechen begann, die ich aus der Tora der Göttin in meiner rechten Gehirnhälfte abgerufen hatte, begannen seine Illusionen sehr schnell, gegen Ihre Worte kämpfen zu wollen, denn sie schienen seinen Illusionen eine Bedrohung ihrer Existenz auf Erden zu sein.

Dennoch schien mein Geliebter Adam bereit, sich in die Stille zu begeben, um die Tora Gottes in seiner linken Gehirnhälfte abzurufen, damit er die Worte der Göttin, die ich ihm vorgelesen hatte, in den Worten Gottes nachvollziehen könne.

In göttlicher Wahrhaftigkeit suchte er in seiner Unbewusstheit nur seine fehlende Bereitschaft, an mich und meine Göttlichkeit auf Erden glauben zu wollen, zu übergehen.

So zog sich mein Geliebter Adam in eine Höhle zurück, um die Seiten der Tora Gottes zu studieren.

Damit er die Seiten der Tora Gottes in seiner linken Gehirnhälfte hätte finden können, die ich gemeinsam mit ihm auf Erden gebären wollte, wäre es notwendig gewesen, dass ich Ihre Worte in mir bereits durch die bewusste Annahme meiner göttlichen Gefühle geboren hätte.

Es brauchte also nicht sehr lange, da stand ein aufgebrachter Adam vor mir, der mir vorwarf, ich hätte die Göttin betrogen und Sie missbraucht, um Ihr meine Worte in den Mund zu legen, damit ich ihn gefügig machen könne, denn er hatte in der Tora Gottes den Spiegel Ihrer angeblichen Worte, die ich ihm vorgelesen hatte, nicht finden können.

Mein Geliebter Adam schien außer sich, denn unbewusst hatten seine Illusionen endlich einen brauchbaren Anlass gefunden, ihre Illusionen von Kampf auf Erden bewusst zu entfalten.

Als mein Geliebter Adam so vor mir stand und mir erneut alle nur erdenklichen Unzulänglichkeiten vorwarf, da wurde mein Herz schwer.

Ich hörte ihm bewusster zu denn je zuvor, und ich begann erstmalig, seinen Illusionen, die er mir vorwarf, nicht mehr glauben zu wollen, denn ich konnte nichts von der Liebe in seinen Worten spüren, die ich in meinem Herzen empfangen hatte, als ich die Worte der Göttin studieren durfte.

Ihre göttlichen Worte hatten soviel göttlichen Mut in mir geboren, dass mein Herz vor Liebe für Sie entflammt war.

Ihre göttlichen Worte waren wie ein göttlicher Rettungsanker in meinem Herzen, und ich dachte nicht daran, mich von Ihren Worten zu distanzieren.

In den Worten der Göttin war nichts von den Worten und auch nichts von dem Tonfall meines Geliebten Adam zu finden gewesen, wie bedrohlich ich durch meine weibliche Natur auf Erden sei.

Ich konnte nichts in Ihren Worten darüber finden, dass ich mich ihm unterwerfen sollte, so wie ich und so wie er es von mir zu fordern schien, um die Menschheit vor mir auf diese Weise zu schützen.

Ihre Worte waren für mich ein reiner Kelch der göttlichen Liebe, die mich hatten mutig werden lassen und mich dazu aufgefordert hatten, an meine Göttlichkeit auf Erden bewusst glauben zu wollen.

Vielleicht, dachte ich mir, bin ich nicht vollkommen, aber ich bin auch nicht das, was mein Geliebter Adam mir zu unterstellen suchte, und mir wurde bewusst, dass ich eine Entscheidung treffen musste.

Ich musste mich bewusst entscheiden, ob ich den Worten der Göttin oder den Worten meines Geliebten Adam glauben wollte.

Nach einem kurzen Kampf in mir, der von meinen eigenen Illusionen in meiner linken Gehirnhälfte aktiviert wurde, die sich gegen meine göttliche Entscheidung aufzubäumen suchten, entschied ich mich für die Worte der Göttin, denen ich meinen bewussten Glauben schenken wollte, denn Ihre Worte waren es, die mein Herz so tief berührt hatten, dass die ersten Tränen aus mir flossen, die wie das große Meer schmeckten, das eine Ihrer göttlichen Ausdrucksformen auf Erden ist.

Mir wurde bewusst, dass ich den Illusionen meines Geliebten Adam nicht mehr glauben wollte, und damit stieß ich ihn unbewusst von seinem göttlichen Thron in mir und schenkte mir durch diese Entscheidung meine göttliche Freiheit auf Erden.

Niemals zuvor hatte ich es bewusst gewagt, ihn offen und direkt in seinen Illusionen anzuzweifeln, trotz aller Vorhaltungen, die er mir täglich überreichte.

Doch alles in mir schien sich durch die Auseinandersetzung mit den Worten der Göttin verändert zu haben.

Ich hörte das Rauschen des Meeres in meinen Ohren und Ihre Worte drangen in mein Bewusstsein und forderten mich in Ihrer göttlichen Liebe dazu auf, mutig zu sein und meinem Herzen zu vertrauen.

Ich schloss gehorsam meine Augen und spürte in meinem Herzen die göttliche Liebe, die sich durch meine Entscheidung für Sie immer weiter auszudehnen begann und mich zu einem grenzenlosen Ozean der göttlichen Liebe in mir werden ließ.

Die göttliche Leichtigkeit hatte mich erfasst, und ich wusste, dass es der göttliche Wille in mir war, der mich zu meinem Sohn Samael zu führen suchte.

Als meine beiden Schulterblätter warm wurden und golden zu leuchten begannen, wusste ich, dass mir die goldenen Flügel der Göttin wuchsen und bereit waren, mich zu meinem geliebten Sohn zu tragen.

Die Schulterblätter im menschlichen Körper symbolisieren die Flügel der göttlichen Leichtigkeit, die sich aus der göttlichen Liebe in eurem Herzen in euch zu entfalten suchen, um euch aus der irdischen Schwere ihrer Illusionen und unerlösten Wunden durch die Kraft der göttlichen Liebe zu erheben.

Als ich bei meinem Sohn angekommen war, sah ich ihn einsam in einer Höhle sitzen.

Er saß da und aß ein totes Tier, das er wohl selbst erlegt haben musste.

Eine Welle von grenzenlosem Schmerz schien mich zu erfassen und zog mich in die Tiefe.

Mir wurde bewusst, dass sein Vater ihm nicht gezeigt hatte, wie man in der Erde sättigende Nahrung finden konnte.

Die Kämpfe, die sein Vater unbewusst gegen ihn führen wollte, hatten so viel Raum eingenommen, dass er vergessen hatte, ihm zu zeigen, wie man die Erde für sättigende Nahrung fruchtbar werden lässt.

Statt dessen hatte er ihn gelehrt, wie man gegen Unterlegene kämpft, um sich selbst zu erhöhen, und das genau tat mein Sohn, indem er sich durch seine Siege über das hilflose Tier zu nähren suchte.

Die Haare meines geliebten Sohnes waren filzig und ich sah kleine Tiere, die sich in seinen Haaren bewegten.

Er trug über seinem Körper, der voller Narben war, das Fell eines toten Tieres als Kleidung, die ihn vor der Sonne schützen sollte, die wie ein brennender Feuerball sein Land zu bedrohen schien.

Der Ort, den er in seiner Inkarnation als Samael bewohnte, wird von euch heute Afrika genannt.

Mir wurde bewusst, dass ich ihm nicht gezeigt hatte, wie er seinen Körper pflegen sollte, um ihn rein zu halten für die Empfängnis Gottes und der Göttin in ihm.

Die Kämpfe, die zwischen seinem Vater und mir getobt hatten, hatten so viel Raum eingenommen, dass ich vergessen hatte, ihn in die göttliche Heilkunde einzuführen, damit sein Körper keine Narben zu bilden brauchte.

Ich sank weinend vor meinem Sohn auf die Erde und nahm ihn fest in meine Arme.

Alle Erinnerungen an meine Göttlichkeit schienen sich in bedrohliche Gesichter zu verwandeln, die mich laut zu verhöhnen schienen.

Ich wagte es nicht, mir die Schreie meines göttlichen Herzens zu erlauben, die mir ganz gewiss eine göttliche Erleichterung gewesen wären, sondern blieb stumm und reglos auf der Erde sitzen, als ich meinen Sohn in meinen Armen hielt.

Die unerlöste Wunde der Schuld legte sich auf meine Schultern, und ich verlor meine göttlichen Flügel, die ich so dringend für meinen Sohn benötigt hätte, um ihn aus seiner irdischen Schwere zu erlösen.

Ich sah das unendliche Leiden in meinem Sohn, der scheinbar jegliche Menschlichkeit verloren hatte, und meine Schultern wurden von Minute zu Minute scheinbar schwerer und schwerer.

Da ich den Glauben an meine eigene Göttlichkeit erneut zu opfern bereit war, schien es für mich keine Möglichkeit zu geben, meine scheinbaren Fehler der Vergangenheit zu erlösen, und so verband ich mich erneut mit der unerlösten Wunde der Ohnmacht, die mir meinen göttlichen Halt zu nehmen schien und mich somit auch kein göttlicher Halt für meinen geliebten Sohn werden ließ, den er so dringend benötigt hätte.

Ich liebte meinen Sohn so sehr, dass ich bereit gewesen wäre, alles für ihn zu tun, aber ich war mir meiner nicht bewusst.

Ich liebte meinen Sohn so sehr, dass ich bereit gewesen wäre, alles für ihn zu tun, aber ich war mir seiner nicht bewusst.

Mir war nicht bewusst, dass ich weiter an meine eigene Göttlichkeit hätte glauben dürfen, um ihn mutig an der Hand zu nehmen, damit wir gemeinsam einen neuen Weg für seine göttliche Entwicklung auf Erden hätten erzeugen und gebären können.

Mir war nicht bewusst, dass es meine unerlöste Wunde der Ohnmacht war, die mir zuzuflüstern suchte, dass es zu spät sei, um die scheinbaren Defizite meiner irdischen Vergangenheit aufarbeiten zu können, und so sank ich mutlos in mir zusammen.

Die göttliche Liebe zu unseren Kindern ist wahrhaftig in ihrer göttlichen Macht auf Erden grenzenlos, wenn wir bereit sind, uns bewusst mit dieser Liebe in unserem göttlichen Herzen zu verbinden.

Jede Mutter, die auf Erden ein Kind empfängt, vereint sich mit der großen Muttergöttin in ihrem göttlichen Herzen, da die Empfängnis und die Geburt eines Kindes immer ein göttlicher Ausdruck der großen Muttergöttin auf Erden ist.

Die Empfängnis eines Kindes führt auch immer zu der Empfängnis der eigenen Muttergöttin in dem göttlichen Herzen einer jeden Mutter.

Jede Mutter liebt ihr von ihr empfangenes und geborenes Kind, auch dann, wenn ihr das durch ihre irdischen Lebensumstände und somit durch ihre Illusionen und ihre unerlösten Wunden nicht vollständig oder gar nicht bewusst ist.

Eure Welt braucht den Weg der bewussten göttlichen Erleuchtung und den Weg der bewussten göttlichen Transformation über das Mysterium der Mutterschaft auf Erden, um eure irdische Welt von ihren Illusionen und ihren unerlösten Wunden langfristig zu erleuchten und zu transformieren.

Jeder Vater, der auf Erden ein Kind zeugt, vereint sich mit dem großen Vatergott in seinem göttlichen Herzen, da die Zeugung eines

Kindes immer ein göttlicher Ausdruck des großen Vatergottes auf Erden ist.

Die Zeugung eines Kindes auf Erden führt auch immer zu der Zeugung des eigenen Vatergottes in dem göttlichen Herzen eines jeden Vaters.

Jeder Vater liebt sein von ihm gezeugtes Kind, auch dann, wenn ihm das durch seine Lebensumstände und somit durch seine Illusionen und seine unerlösten Wunden nicht vollständig oder gar nicht bewusst ist.

Eure Welt braucht den Weg der bewussten göttlichen Erleuchtung und den Weg der bewussten göttlichen Transformation über das Mysterium der Vaterschaft auf Erden, um eure irdische Welt von ihren Illusionen und ihren unerlösten Wunden langfristig zu erleuchten und zu transformieren.

Die Illusionen und die unerlösten Wunden der Menschheit, die euch glauben lassen, es könnte eine Mutter oder einen Vater auf Erden geben, die ihre Kinder nicht lieben, ist immer der falsche Ausgangspunkt, um euch von den Illusionen und den unerlösten Wunden zu heilen, die durch euren Vater oder durch eure Mutter in euch und in eurem Leben gezeugt und geboren wurden.

Eine Mutter kann sich in ihrem irdischen Leben jedoch so sehr in ihrer Welt des Opfers und somit in der Welt ihrer unerlösten Wunden verlieren, dass sie den bewussten Kontakt zu ihrer göttlichen Natur in ihrer Bewusstheit zu verlieren scheint und somit auch den bewussten Kontakt zu ihrem göttlichen Herzen.

Ein Vater kann sich in seinem irdischen Leben jedoch so sehr in seiner Welt des Opfers und somit in der Welt seiner Illusionen verlieren, dass er den bewussten Kontakt zu seiner göttlichen Natur in seiner Bewusstheit zu verlieren scheint und somit auch den bewussten Kontakt zu seinem göttlichen Herzen.

Eine Mutter, der es scheinbar nicht gelingt, ihr eigenes Kind bewusst lieben zu können, wird sich damit selbst verwunden, denn in ihrem

Unterbewusstsein wird der Weg der Selbstablehnung durch die verdrängte, liebende Muttergöttin in ihr geboren werden.

Ein Vater, dem es scheinbar nicht gelingt, sein eigenes Kind bewusst lieben zu können, wird sich damit selbst verwunden, denn in seinem Unterbewusstsein wird der Weg der Selbstablehnung durch den verdrängten, liebenden Vatergott in ihm gezeugt werden.

Jede Mutter und jeder Vater, die in ihrem Leben nicht ausreichend Zeit finden, um ihr Kind mit ihrer Liebe zu versorgen, wird sich dafür unbewusst durch ihr Leben selbst bestrafen wollen und in einen Kreislauf der äußeren Belastung und somit der äußeren Ablenkung begeben, um ihren unbewussten Schmerz über diese fehlende Zeit in ihrem göttlichen Herzen nicht spüren zu müssen.

Jede Mutter auf Erden braucht für ihre mütterliche und somit für ihre göttliche Entwicklung ihren eigenen Raum, ihre eigene Zeit, um sich bewusst mit ihrem Kind auseinandersetzen zu können.

Jede Mutter auf Erden braucht die Zeit in ihrem Leben, ihrem Kind eine Mutter sein zu dürfen.

Jede Mutter auf Erden braucht die bewusste Rücksichtnahme dieser Welt, damit sie ihr göttliches Amt auf Erden in aller Ruhe entfalten kann.

Jede Mutter auf Erden sollte den göttlichen Schutz der menschlichen Gemeinschaft erfahren dürfen, damit sie nicht durch die Illusionen dieser Welt die unerlösten Wunden von Stress und Druck gebiert, die dazu führen, dass sie den bewussten Kontakt zu ihrem göttlichen Herzen verliert und ihrem Kind nicht mehr ihre göttliche Liebe geben kann, die es so dringend für seine göttliche Entwicklung auf Erden benötigt.

Jeder Vater auf Erden braucht für seine väterliche und somit für seine göttliche Entwicklung seinen eigenen Raum, seine eigene Zeit, um sich bewusst mit seinem Kind auseinandersetzen zu können.

Jeder Vater auf Erden braucht bewusst Zeit in seinem Leben, seinem Kind ein Vater sein zu dürfen.

Jeder Vater auf Erden braucht die bewusste Rücksichtnahme dieser Welt, damit er sein göttliches Amt auf Erden in aller Ruhe entfalten kann.

Jeder Vater auf Erden sollte die göttliche Macht der menschlichen Gemeinschaft erfahren dürfen, damit er nicht durch die Illusionen dieser Welt die unerlösten Wunden von Stress und Druck erzeugt, die dazu führen, dass er den bewussten Kontakt zu seinem göttlichen Herzen verliert und seinem Kind nicht mehr seine göttliche Liebe geben kann, die es so dringend für seine göttliche Entwicklung auf Erden benötigt.

Eine Seele, die ihre Erdenreise durch einen Herzinfarkt beendet, beendet ihr irdisches Leben auch immer mit einem gebrochenen Herzen.

Ein gebrochenes Herz ist immer das verdrängte göttliche Herz in einer Seele, das keinen Raum finden konnte, um sich bewusst auf Erden zu entfalten.

Eine Seele, die auf Erden scheinbar keinen Raum finden kann, ihr göttliches Herz bewusst zu entfalten, ist unbewusst immer auf der Flucht vor ihrem göttlichen Herzen.

Eine Seele, die auf Erden unbewusst auf der Flucht vor ihrem göttlichen Herzen zu sein scheint, ängstigt sich vor der bewussten Konfrontation mit den unerlösten Wunden, die in ihrem göttlichen Herzen auf Erlösung hoffen.

Ein Vater und eine Mutter, die den Weg nicht gefunden haben, ihre göttliche Liebe zu ihren Kindern bewusst zu leben, erzeugen und gebären unerlöste Wunden in ihrem göttlichen Herzen, die ein Höchstmaß an unermesslichem Leid erreichen.

In vielen Fällen, die besonders die Väter dieser Welt betreffen, endet ihr irdisches Leben durch einen Herzinfarkt, denn ihr Herz haben sie durch ihre Unbewusstheit im Umgang mit ihren Kindern gebrochen.

Eine Seele, die einen Herzinfarkt erleidet, zeigt immer die fehlende Bereitschaft, dem eigenen Herzen bewusst zuhören zu wollen, und das weist auf ein Leben hin, das ein Feld der Illusionen geworden ist, die der göttlichen Liebe des Herzens die Luft zum Atmen geraubt haben.

Eine Seele, die einen Herzinfarkt erleidet, führt immer ein Leben auf der Flucht vor der göttlichen Wahrhaftigkeit des eigenen Herzens.

Die göttliche Liebe in euren Herzen ist die stärkste Macht im gesamten Universum und keine Seele kann sich langfristig dieser Macht entziehen.

Über das göttliche Herz in jeder Mutter und in jedem Vater sind die Eltern eines Kindes immer in der Lage, bewusst oder unbewusst wahrzunehmen, was das Herz ihres Kindes in jedem Augenblick auf Erden empfindet.

Über das göttliche Herz in jeder Mutter und in jedem Vater sind die Eltern eines Kindes immer sofort in der Lage, bewusst oder unbewusst wahrzunehmen, wenn ihr Kind eine Verwundung in seinem Herzen zu erfahren scheint.

Jede Seele auf Erden, die in scheinbare Nöte gerät und die göttliche Liebe ihrer irdischen Eltern benötigt, wird bewusst oder unbewusst über ihr Herz, ihren Eltern einen Hilferuf übermitteln, und dabei ist es nicht von Bedeutung, wie alt eine Seele ist, denn sie bleibt für ihr gesamtes Leben auf Erden immer auch das irdische Kind ihrer irdischen Eltern.

Sind die Eltern einer Seele bereits verstorben, dann werden ihre Eltern aus den jenseitigen Reichen ihren Kindern entgegen eilen und auf ihre eigene Weise ihrem Kind ihre göttliche Unterstützung ermöglichen wollen, auch dann, wenn es ihm nicht bewusst ist.

Sind die Eltern einer Seele am Leben, dann haben die Eltern die Möglichkeit, diesen Hilferuf ihres Kindes dadurch zu überhören, dass sie den Schmerz in ihrem Herzen als ihren eigenen identifizieren, aber diesen Schmerz dazu verwenden, sich weiter in ihrer Rolle als Opfer auf Erden bestätigt zu fühlen und somit die wahre Botschaft ihres göttlichen Herzens übergehen und sich ganz gewiss selbst mit dieser unbewussten Selbstlüge bestrafen werden.

Die Identifikation der Eltern mit dem Schmerz ihres Kindes entspringt der göttlichen Wahrhaftigkeit, denn ihr göttliches Mutterherz oder ihr göttliches Vaterherz wird den Schmerz ihres Kindes bewusst wahrnehmen und ihn als seinen eigenen empfinden wollen, denn das göttliche Mutterherz und das göttliche Vaterherz befinden sich immer in göttlicher Verbundenheit mit ihrem Kind.

Jede Seele auf Erden, die aus ihren Illusionen und ihren unerlösten Wunden heraus ihr Kind verwundet, wird sich bewusst oder unbewusst über ihr göttliches Mutterherz oder ihr göttliches Vaterherz um ein Dreifaches selbst verwunden wollen.

Die größte Verwundung, die sich eine Seele auf Erden zu manifestieren weiß, ist ein Leben ohne die Erfahrungen der bewussten Empfängnis der göttlichen Liebe in ihrem Herzen, sei es durch ihre Mitmenschen oder durch die feinstoffliche Welt Gottes und der Göttin.

Um die scheinbaren Krankheiten eurer irdischen Welt zu heilen, die eurem Herzen entspringen, ist es notwendig, euch bewusst darüber zu werden, dass das menschliche Herz immer ein Tor der göttlichen Liebe auf Erden zu sein sucht.

Jedes Menschenherz, das eine scheinbare Krankheit aufzeigt, kann seinen irdischen Weg nicht finden, das Tor der göttlichen Liebe auf Erden zu sein, das seiner feinstofflichen Entwicklung entspricht.

Jede Seele auf Erden besitzt ihren eigenen feinstofflichen Entwicklungsstand, der von euch nicht bewertet, sondern akzeptiert werden will.

Das Maß der göttlichen Liebe, die durch ein Menschenherz in eure irdische Realität zu fließen vermag, besitzt in jeder Seele seine eigene Größe, und jede scheinbare Krankheit in einem Menschherzen zeigt, dass das mögliche Maß der göttlichen Liebe, die aus einer Seele in seine Welt zu fließen sucht, nicht eingehalten wird und somit die göttliche Liebe in dem Leben der Seele in dem Maße fehlt, das sie für ihre irdische Existenz benötigt.

Die göttliche Liebe ist das Produkt der göttlichen Vereinigung, die sich aus dem göttlichen Element Metall mit dem göttlichen Element Äther erzeugt und gebiert.

Wenn sich die göttliche Liebe in einem Menschenherzen nicht ausreichend zu erzeugen und zu gebären weiß, dann existiert immer ein Mangel des göttlichen Elementes Metall oder des göttlichen Elementes Äther in dieser Seele, die durch ihren eigenen inneren Mangel keine Resonanz zu der göttlichen Fülle des göttlichen Elementes Metall oder des göttlichen Elementes Äther ermöglicht, um es bewusst durch das Außen empfangen zu können.

Das göttliche Element Metall wird in eurem menschlichen Gehirn, der Zentrale des 2. Strahles Gottes und der Göttin in euch, durch den Weg der bewussten göttlichen Selbst-Erleuchtung gezeugt, die euch immer die göttliche Erleuchtung eurer irdischen Welt ermöglicht, und fließt von dort in euer Herz.

Die göttliche Selbst-Erleuchtung erzeugt somit immer die göttliche Liebe in eurem Herzen, die euch dazu aufzufordern sucht, eure irdische Welt bewusst göttlich erleuchten zu wollen, um euch und eure Welt mit eurer göttlichen Liebe zu versorgen.

Die Illusionen Adams suchen unbewusst immer den Weg der bewussten göttlichen Selbst-Erleuchtung auszugrenzen, da die Wege der bewussten göttlichen Selbst-Erleuchtung ihre weitere Existenz in euch und somit langfristig auf Erden verhindern, denn das Licht Gottes verwandelt sie immer in ihre ursprüngliche, göttliche Form, die eure Illusionen als bedrohlich empfinden, da sie an das Göttliche auf Erden scheinbar nicht mehr glauben wollen.

Die Illusionen Adams suchen unbewusst immer den Weg der bewussten göttlichen Selbst-Erleuchtung auszugrenzen und verhindern somit, dass das Element Metall ausreichend in euch gezeugt werden kann, um euer Herz mit dieser göttlichen Nahrung ausreichend versorgen zu können.

Jeden Augenblick in eurem Leben, da ihr in den Illusionen von Getrenntheit, Kampf, von Konkurrenz und Handlungsunfähigkeit scheinbar gefangen seid, opfert ihr unbewusst den bewussten Kontakt zu eurem göttlichen Herzen und distanziert euch von der göttlichen Liebe in euch und in eurem Leben.

Die Illusionen Adams suchen euch als Rechtfertigung für ihre Existenz ein irdisches Leben zu erzeugen, das aus harter Mühsal zu bestehen scheint, da durch die Illusion der Getrenntheit das eigene Überleben durch harte Arbeit erkämpft werden muss, die noch dazu so außergewöhnlich viel oder so außergewöhnlich gut sein muss, dass sich eine Seele durch ihre hart verdiente Überarbeitung oder ihre permanent außergewöhnlichen Leistungen ihr irdisches Überleben scheinbar sichern muss.

Da die Illusionen Adams gegen die göttlichen Gesetzmäßigkeiten auf Erden ausgerichtet sind, werden sie ihr trotz aller scheinbaren Erfolge im Leben einer Seele keine göttliche Erfüllung bringen, und so ergibt sich langfristig die Illusion der Handlungsunfähigkeit, die den Glauben an die eigene Göttlichkeit weiter schwächt und den Kreislauf der Illusionen von Getrenntheit, Kampf, Konkurrenz und Handlungsunfähigkeit erneut aktiviert.

Die Illusionen Adams rauben jeder Seele die Zeit, um sich mit ihrer göttlichen Wahrhaftigkeit auf Erden ausreichend verbinden zu können, und erlauben somit dem göttlichen Herzen in ihrer Seele keinen irdischen Raum für seine göttliche Entfaltung auf Erden.

Das göttliche Element Metall ist die Liebe Gottes in euch und der feinstofflichste Ausdruck Gottes auf Erden.

Das göttliche Element Äther ist die Liebe der Göttin in euch und der feinstofflichste Ausdruck der Göttin auf Erden.

Das göttliche Element Metall erzeugt in euch und in eurem irdischen Leben immer seine göttliche Gemahlin, das göttliche Element Äther, denn durch seine feinstoffliche Natur befindet sich das göttliche Element Metall immer in der göttlichen Wahrhaftigkeit in göttlicher Einheit und manifestiert sich somit immer als göttliche Einheit in euch und in eurem Leben.

Das göttliche Element Äther gebiert in euch und in eurem irdischen Leben immer seinen göttlichen Gemahl, das göttliche Element Metall, denn durch seine feinstoffliche Natur befindet sich das göttliche Element Äther immer in der göttlichen Wahrhaftigkeit in göttlicher Einheit und manifestiert sich somit immer als göttliche Einheit in euch und in eurem irdischen Leben.

Das göttliche Element Äther wird in euch aus dem Weg der bewussten göttlichen Selbst-Transformation geboren.

Der Weg der göttlichen Selbst-Transformation ist der Weg des göttlichen Mitgefühles für sich selbst, das immer das göttliche Mitgefühl für eure irdische Welt gebiert, ohne euch in eurem göttlichen Mitgefühl für euch selbst auszugrenzen.

Jedes scheinbare Mitgefühl, das euch die Gelegenheit zu rauben scheint, euer göttliches Mitgefühl für euch selbst bewusst zu empfinden, ist in göttlicher Wahrhaftigkeit das irdische Mitleid, das aus euren unerlösten Wunden des fehlenden Selbstwertes und den sich daraus gebärenden unerlösten Wunden der Schuldgefühle in euch geboren wird.

Die unerlösten Wunden des fehlenden Selbstwertes werden in göttlicher Wahrhaftigkeit in der Kindheit einer Seele geboren, wenn das Kind durch sein äußeres Umfeld nicht ausreichend göttliche Energien durch die liebevolle Versorgung der Eltern und seines irdischen Umfeldes erhält.

Die unerlösten Wunden des fehlenden Selbstwertes gebären die unbewussten Illusionen, eine innere Schuld zu tragen, die dadurch, dass sie abgetragen werden kann, denn fehlenden Selbstwert wieder herstellen soll.

Das Kind sucht sich durch seine Illusionen eine irdische Hoffnung auf eine scheinbare Erlösung zu manifestieren, damit es seine göttliche Hoffnung in seinem göttlichen Herzen unberührt bewahren kann, bis der göttliche Zeitpunkt in seinem Leben gekommen ist, die eigene Kindheit bewusst zu verlassen, um sich als ein bewusster Herr und Meister, eine bewusste Herrin und Meisterin über ihr irdisches Leben erfahren zu können und somit die göttliche Gelegenheit zu erhalten, die eigenen Illusionen und die eigenen unerlösten Wunden, die in der Kindheit gezeugt und geboren wurden, bewusst durch den Weg göttlichen Selbst-Erleuchtung zu transformieren.

Die Kindheit einer Seele auf Erden erfüllt die göttliche Funktion, alle Illusionen und alle unerlösten Wunden zu aktivieren, die es in einer Seele durch ihre meist unbewussten Vorleben noch zu erlösen gilt, damit sie durch den Weg der bewussten göttlichen Selbst-Erleuchtung ihre unerlösten Wunden transformieren kann, die sie daran hindern, ihre eigene innere göttliche Einheit bewusst zu erzeugen und zu gebären, die sie wieder in die bewusste äußere göttliche Einheit führen wird.

Die unerlösten Wunden des fehlenden Selbstwertes gebären in einer Seele die unbewusste Illusion, sich den eigenen Wert durch das bewusste Mitleiden, was letztlich die Illusion birgt, das scheinbare Leid einer anderen Seele übernehmen zu können, verdienen zu wollen.

Die unerlösten Wunden der Schuldgefühle gebären in einer Seele die unbewusste Illusion, die vermeintliche Schuld durch das bewusste Mitleiden, was letztlich die Illusion birgt, die verdiente Strafe für die scheinbare Schuld durch eine andere Seele empfangen zu können, und ihre Aufopferung abarbeiten zu können.

Da die unerlösten Wunden der Menschheit gegen die göttlichen Gesetzmäßigkeiten auf Erden ausgerichtet sind, werden sie keine göttliche Erfüllung im Leben einer Seele ermöglichen, sondern ihre Illusionen über sich und ihr Leben weiter verstärken und somit weiter in euch anwachsen, so dass ihr euch scheinbar ganz und gar in der Welt des Opfers auf Erden verliert.

Die unerlösten Wunden der Menschheit gebären langfristig immer die unerlöste Wunde der scheinbaren Unempfänglichkeit für die göttliche Versorgung durch andere Menschen oder durch die feinstoffliche Welt Gottes und der Göttin, und somit wird sich die unerlöste Wunde des fehlenden Selbstwertes durch die unerlöste Wunde der scheinbaren Unempfänglichkeit in euch verstärken und den Kreislauf der unerlösten Wunden der Schuldgefühle erneut aktivieren, denn jede Seele auf Erden definiert bewusst oder unbewusst ihren göttlichen Wert über ihre göttliche Gabe der bewussten Empfängnis Gottes durch die eigene innere Göttin auf Erden, denn in der göttlichen Gabe der bewussten Empfängnis findet jede Seele ihre göttliche Macht auf Erden.

Eure unerlösten Wunden werden somit ein irdisches Leben manifestieren, das ihnen durch noch größeres Leid die Gelegenheit geben soll, eure noch größere Schuld abarbeiten zu können.

Die unerlösten Wunden der Menschheit rauben jeder Seele die Zeit, um sich ausreichend mit ihrer göttlichen Wahrhaftigkeit auf Erden verbinden zu können, und geben somit ihrem göttlichen Herzen keinen irdischen Raum für seine göttliche Entfaltung, denn alle unerlösten Wunden auf Erden gebären langfristig die Illusionen Adams in euch, um ihnen weitere Wege zu eröffnen, sich ihren scheinbar fehlenden Selbstwert verdienen oder vielmehr erkämpfen zu können, da ihnen ihre Illusionen der Aufopferung und der Empfängnis von Strafe keine göttliche Erlösung bringt, denn die Illusionen der Aufopferung und der Empfängnis von Strafe existieren gegen die göttlichen Gesetzmäßigkeiten auf Erden.

Damit eine Partnerschaft auf Erden den Weg der bewussten göttlichen Liebe langfristig ermöglichen kann, die es für die göttliche Vereinigung auf Erden benötigt, braucht es in beiden Herzen ein gleiches Maß an göttlicher Liebe, die von dem Partner und von der Partnerin empfangen und gegeben werden kann.

Jede Seele auf Erden besitzt ihren eigenen feinstofflichen Entwicklungsstand, der auch immer das Maß der göttlichen Liebe definiert, die von einer Seele bewusst empfangen und gegeben werden kann.

Eine Seele, die in ihren Vorleben sehr viele spirituelle Wege der göttlichen Erleuchtung und somit der göttlichen Transformation beschritten hat, wird in ihrem göttlichen Herzen ein größeres Maß an göttlicher Liebe empfangen und geben können als eine Seele, die in ihren Vorleben eine sehr große Distanz zu ihrer eigenen Göttlichkeit in ihrer Bewusstheit erfahren hat und somit die Wege der göttlichen Erleuchtung und der Transformation nicht ausreichend erfahren konnte, um ihr göttliches Herz bewusst in seine göttliche Größe ausdehnen zu lernen, so dass erst ihre bewusste Bereitschaft in diesem Leben gezeugt und geboren werden will, die göttlichen Wege auf Erden bewusst zu beschreiten, um die unbewusste Distanz zu ihrem göttlichen Herzen bewusst zu überwinden, so dass ihr göttliches Herz bewusst in ihrer irdischen Welt Schritt für Schritt in seine göttliche Größe erwachen darf. Jede Seele auf Erden sucht langfristig in ihrer Partnerschaft das Maß an göttlicher Liebe zu geben, das sie auch zu empfangen in der Lage ist, damit eine göttliche Gleichheit in ihrem göttlichen Austausch möglich ist, den es für den Weg der göttlichen Vereinigung auf Erden benötigt.

Somit werden zwei Seelen, die sich in ihrer feinstofflichen Entwicklung sehr voneinander unterscheiden, ein sehr unterschiedliches Maß an göttlicher Liebe empfinden, die sie zu geben und zu empfangen in der Lage sind, und werden langfristig gewiss keine göttliche Gelegenheit im partnerschaftlichen Miteinander finden können, die göttliche Vereinigung auf Erden zu erfahren, denn einer von beiden müsste für diese Vereinigung die göttliche Entwicklung seines göttlichen Herzens und somit das Maß an Liebe, das er zu empfangen weiß, verleugnen und sich den Weg der bewussten Entfaltung seines göttlichen Herzens auf Erden verweigern, und ein solcher Schritt richtet sich immer gegen die göttlichen Gesetzmäßigkeiten auf Erden und kann somit keine wahre göttliche Erfüllung finden.

Die göttliche Liebe sucht für euch immer die Wege der göttlichen Erleuchtung und die Wege der göttlichen Transformation auf Erden zu ermöglichen, denn sie sind für euer göttliches Herz langfristig der größte Segen.

Wenn eure Illusionen und unerlösten Wunden die unbewusste Führung über euer irdisches Leben besitzen, werden es eure Illusionen und eure

unerlösten Wunden sein, die sich bei der Wahl eures Partners oder eurer Partnerin darauf konzentrieren, eine Möglichkeit zu finden, sich euch durch eure gewählte Partnerschaft bewusst offenbaren zu können, damit sie im Licht eurer Bewusstheit ihre göttliche Erleuchtung und ihre göttliche Transformation erfahren können, denn unbewusst suchen eure Illusionen und unerlösten Wunden ihre göttliche Erlösung auf Erden.

Wenn eure Illusionen und unerlösten Wunden die unbewusste Führung über euer irdisches Leben besitzen, werden sie bei eurer Partnerwahl die Resonanz zu eurem erwählten Partner oder eurer erwählten Partnerin bilden.

Eine irdische Partnerschaft, die einen optimalen Kontakt mit den eigenen Illusionen und unerlösten Wunden bietet, weiß nicht unbedingt auch einen optimalen Kontakt für den Austausch der göttlichen Liebe zwischen den göttlichen Herzen der Partner herzustellen, denn eure Illusionen und unerlösten Wunden grenzen die Bewusstheit über eure göttliche Natur auf Erden aus und existieren scheinbar getrennt von eurem göttlichen Herzen.

Eure Illusionen und eure unerlösten Wunden können euch in Partnerschaften führen, die euch als göttliches Werkzeug dienlich zu sein suchen, um euch ihrer bewusster zu werden, aber ihre irdische Resonanz nicht aus eurem göttlichen Herzen erzeugt und geboren haben, auch dann, wenn euch dieses vorerst nicht bewusst ist oder vielmehr nicht bewusst sein darf, denn sonst würdet ihr solche Partnerschaften nicht unbedingt erfahren wollen, die euch in ihrem göttlichen Segen die Bewusstwerdung eurer Illusionen und eurer unerlösten Wunden ermöglichen wollen.

Und somit erzeugen und gebären eure Illusionen und eure unerlösten Wunden ihre eigenen Ideen von Liebe, die nicht wahrhaftig der göttlichen Liebe einer göttlichen Partnerschaft auf Erden entsprechen, aber euch dazu veranlassen, euch eifrig in diese Partnerschaften zu stürzen, die für eure göttliche Entwicklung auf Erden ein goldener Segen zu sein suchen, wenn es euch gelingt, den göttlichen Zeitpunkt in euch und in eurem Leben bewusst zu identifizieren, der euch dazu auffordert, eure gemeinsame Lehrzeit miteinander zu beenden, damit ihr euch wieder bewusst auf euer eigenes göttliches Herz konzentriert und somit die unbewussten Schlachtfelder eurer Illusionen und unerlösten Wunden bewusst verabschiedet, die in eurer Partnerschaft die unbewusste Führung übernommen hatten.

Der rechte Zeitpunkt, eine Partnerschaft zu verlassen, die sich aus Resonanz zu den eigenen Illusionen und unerlösten Wunden gebildet hat, ist immer der göttliche Zeitpunkt, da die Partner alle Illusionen und alle unerlösten Wunden bewusst miteinander erfahren haben, die sie einander offenbaren wollten.

Eine solche Partnerschaft braucht keine Schallplatte mit Sprung zu werden und somit kein Kreislauf der permanenten Wiederholung der gleichen Illusionen und der gleichen unerlösten Wunden zu sein, denn sonst führt sie für beide zu einer Verdichtung ihrer Ur-Illusionen und ihrer Ur-Wunden und läßt scheinbar ihre göttlichen Herzen ganz aus ihrer irdischen Bewusstheit verschwinden.

Der göttliche Zeitpunkt, eine Partnerschaft zu verlassen, die sich aus Resonanz zu den eigenen Illusionen und unerlösten Wunden gebildet hat, ist jedoch erst dann wahrhaftig gekommen, wenn alle Illusionen und alle unerlösten Wunden miteinander erfahren wurden, die zu erfahren möglich waren; denn sollte sich eine Seele vor dem göttlichen Zeitpunkt der wahren Loslösung befreien wollen, sie werden ihre Illusionen und ihre unerlösten Wunden ganz gewiss gegen ihren Willen in diese Partnerschaft zurückführen.

Um unterscheiden zu können, ob es die göttliche Liebe ist, die zwei Seelen miteinander zu vereinen sucht, oder ob es ihre Illusionen und ihre unerlösten Wunden sind, ist es notwendig, dass ihr euch über die beiden Grundelemente der göttlichen Liebe bewusster werdet.

Die göttliche Liebe besteht aus dem göttlichen Element Metall und dem göttlichen Element Äther.

Das göttliche Element Metall ist der Ausdruck der Liebe Gottes auf Erden, die sich durch ihre bewusste Bereitschaft zur göttlichen Selbst-Erleuchtung und der Erleuchtung ihres irdischen Umfeldes auszudrücken sucht.

Somit aktiviert das göttliche Element Metall, das einen wesentlichen Bestandteil der göttlichen Liebe bildet, in jeder Seele das göttliche Bedürfnis, sich der Seele, für die sie die göttliche Liebe empfindet, in ihrer göttlichen Liebe erklären zu wollen, damit durch ihre bereitwillige Erleuchtung ihrer selbst und der bereitwilligen Erleuchtung der geliebten Seele keine irdischen Missverständnisse den bewussten Austausch ihrer Liebe verhindern können.

Die Liebe Gottes weiß um die Illusionen und die unerlösten Wunden dieser Welt und zeigt durch ihr göttliches Element Metall in euch immer die bewusste Bereitschaft, durch das bewusste Sich-erklären-wollen allen Missverständnissen vorzubeugen, die sich aus Illusionen und den unerlösten Wunden dieser Welt in euch ergeben können.

Die Liebe Gottes in euch weiß um die Möglichkeiten der eigenen unbewussten Illusionen und der eigenen unbewussten Wunden und zeigt sich durch das göttliche Element Metall in euch stets bereit, den Weg der bewussten göttlichen Selbst-Erleuchtung zu beschreiten, damit die göttliche Liebe, die sie für eine andere Seele empfindet, nicht das Opfer eurer unbewussten Illusionen und Wunden werden kann.

Die Liebe Gottes in euch weiß um die Möglichkeiten der unbewussten Illusionen und Wunden in der von euch geliebten Seele und zeigt sich durch das göttliche Element Metall in euch stets bereit, den Weg der bewussten göttlichen Erleuchtung der geliebten Seele zu beschreiten, damit ihre göttliche Liebe in der geliebten Seele nicht das Opfer ihrer unbewussten Illusionen und Wunden werden kann.

Jeder Weg der bewussten Selbst-Erleuchtung und jeder Weg der bewussten Erleuchtung der von euch geliebten Seele aktiviert in euch das Bedürfnis, die Wege der Kommunikation mit der geliebten Seele über die gegenseitigen Erkenntnisse zu erfahren, die den göttlichen Grundbaustein bilden, um eine wahre göttliche Vereinigung mit der geliebten Seele auf Erden erfahren zu können.

Die Wege der göttlichen Kommunikation zwischen zwei Seelen, die den göttlichen Grundbaustein bilden, um eine wahre göttliche Vereinigung auf Erden erfahren zu können, zeigen immer das Bedürfnis, sich gegenseitig lieben zu wollen, und entziehen sich der Welt eurer Illusionen und Wunden und somit den irdischen Bewertungssystemen von Gut und Böse und ermöglichen euch immer den göttlichen Weg der gegenseitigen Annahme, auch und besonders eurer Illusionen und unerlösten Wunden, die sich sehr schnell erleuchten und transformieren werden, wenn sie durch die bewusste göttliche Annahme einer anderen Seele die göttliche Liebe empfangen dürfen.

Eine Partnerschaft, in der eine Seele nicht das göttliche Bedürfnis empfinden kann, sich zum Wohle der Partnerschaft bewusst selbst erleuchten zu wollen, um sich in die göttliche Liebe zu erheben, zeigt ganz gewiss ein Defizit an göttlicher Liebe.

Eine Partnerschaft, in der eine Seele nicht das Bedürfnis zeigt, sich seinem Partner oder seiner Partnerin bewusst erklären zu wollen, damit eine Basis von gegenseitigem Verständnis entstehen kann, zeigt ganz gewiss ein bewusstes oder unbewusstes Defizit an göttlicher Liebe für ihren Partner oder ihre Partnerin, die sie nicht ausreichend empfinden kann, um langfristig eine göttliche Partnerschaft zu ermöglichen.

Eine Partnerschaft, in der eine Seele nicht oder nicht mehr das Bedürfnis zeigt, zum Wohle der Partnerschaft seinen Partner oder seine Partnerin bewusst erleuchten zu wollen, damit er ihn oder sie bewusst in seinen oder ihren Illusionen und unerlösten Wunden annehmen kann, zeigt ganz gewiss ein Defizit an göttlicher Liebe, die von ihrem Partner ganz gewiss bewusst oder unbewusst aufgenommen und langfristig zurück gespiegelt wird.

Die göttliche Kommunikation beschreitet den Weg der menschlichen Kommunikation, in der alle Beteiligten bewusst darauf ausgerichtet sind, einander durch ihren sprachlichen Austausch in Liebe verstehen und annehmen zu wollen.

Eine Partnerschaft, in der die Wege der göttlichen Kommunikation bewusst oder unbewusst übergangen werden, um eine feinstoffliche Verbundenheit miteinander zu erzeugen und zu gebären, zeigt ganz gewiss ein Defizit an göttlicher Liebe.

Eine Partnerschaft, in der eine Seele ihren Partner oder ihre Partnerin durch das Bewertungssystem der menschlichen Illusionen zu definieren sucht, führt langfristig ganz gewiss auf die irdischen Schlachtfelder eurer Illusionen und unerlösten Wunden und zeigt ganz gewiss ein Defizit an göttlicher Liebe, die auf den irdischen Schlachtfeldern eurer Illusionen und unerlösten Wunden nicht zu überleben weiß. Durch die Wege der gegenseitigen Abwertung der Göttlichkeit im anderen kann keine wahre Verbindung zu eurer göttlichen Natur hergestellt werden, so dass sie sich vollständig aus dieser Partnerschaft zurückzieht.

Das göttliche Element Metall ist die gebende Liebe Gottes in euch, das sich von seiner göttlichen Geliebten, dem göttlichen Element Äther in euch, seine bewusste Empfängnis erhofft, um sich in euch zu vervollständigen.

Das göttliche Element Äther ist die empfangende Liebe der Göttin in euch, die sich von ihrem göttlichen Geliebten in euch, dem Element Metall, bewusste Geben seiner göttlichen Natur erhofft, um sich in euch zu vervollständigen.

Das göttliche Element Äther ist der Ausdruck der Liebe der Göttin auf Erden, die sich durch ihre bewusste Bereitschaft der göttlichen Selbst-Transformation und der Transformation ihres irdischen Umfeldes auszudrücken sucht.

Die göttliche Selbst-Transformation und die Transformation eures irdischen Umfeldes ergibt sich immer aus dem göttlichen Mitgefühl, das in euch geboren wird, wenn ihr euch und eine andere Seele in ihrer göttlichen Natur erkennt und somit annehmt, auch dann, wenn sie durch Illusionen und unerlöste Wunden überdeckt zu sein scheint.

Das göttliche Mitgefühl sucht immer eure Illusionen und eure unerlösten Wunden in ihrer unbewussten Göttlichkeit anzunehmen, damit sie auf diese Weise ihre göttliche Transformation erfahren können.

Somit aktiviert das Element Äther, das einen wesentlichen Bestandteil der göttlichen Liebe bildet, in jeder Seele das göttliche Bedürfnis, sich in ihrer göttlichen Liebe, die sie für eine andere Seele empfindet, bewusst annehmen zu wollen, und empfängt sich somit bewusst in ihrer göttlichen Natur auf Erden, denn die göttliche Liebe ist eure bewusste oder unbewusste göttliche Natur.

Somit aktiviert das göttliche Element Äther, in jeder Seele das göttliche Bedürfnis, die Seele, für die sie ihre göttliche Liebe empfindet, in ihrer göttlichen Liebe und somit in ihrer göttlichen Natur bewusst erkennen und annehmen zu wollen.

Die bewusste Annahme eurer göttlichen Natur durch das Element Äther ermöglicht euch in euren Partnerschaften eure göttliche Freiheit, denn durch die bewusste Annahme eurer göttlichen Natur braucht ihr eure Illusionen und unerlösten Wunden nicht zu erzeugen und zu gebären, um euch eure fehlende Göttlichkeit in der Partnerschaft scheinbar verdienen oder erkämpfen zu müssen.

Die Liebe der Göttin weiß um die Illusionen und die unerlösten Wunden dieser Welt und signalisiert durch ihr göttliches Element Äther in euch immer die bewusste Bereitschaft, eure göttliche Natur und die der von euch geliebten Seele anzunehmen, so dass ihr euch der göttlichen Liebe bewusst sein dürft, die in euch ist, und es keiner scheinbaren Kämpfe um die göttliche Liebe benötigt und ihr somit den bewussten Kontakt zu eurem göttlichen Herzen miteinander erfahren dürft.

Eine Partnerschaft auf Erden, in der eine Seele ihre eigene göttliche Liebe für ihren Partner nicht bewusst anzunehmen vermag, wird auch nicht die göttliche Liebe ihres Partners für sich annehmen können und erzeugt und gebiert somit langfristig ganz gewiss ein Defizit an göttlicher Liebe in ihrer Partnerschaft.

Eine Partnerschaft auf Erden, in der eine Seele ihr göttliches Mitgefühl für ihren Partner nicht bewusst empfinden kann, sondern ihn in die irdischen Bewertungssysteme eurer Illusionen und unerlösten Wunden zwängt, zeigt ganz gewiss ein Defizit an göttlicher Liebe.

Eine Partnerschaft auf Erden, in der eine Seele ihr göttliches Mitgefühl für ihren Partner nicht bewusst über ihren gemeinsamen Augenkontakt aufzuzeigen weiß, zeigt ganz gewiss ein Defizit an göttlicher Liebe.

Eine Partnerschaft auf Erden, in der eine Seele ihr göttliches Mitgefühl für ihren Partner nicht bewusst über den liebevollen Körperkontakt aufzuzeigen weiß, der immer den göttlichen Vater-Mutterschoß in jeder Seele deutlich werden lässt, zeigt ganz gewiss ein Defizit an göttlicher Liebe.

Eine Partnerschaft auf Erden, in der eine Seele ihren Partner scheinbar nicht so sehen kann, wie er ist, einschließlich aller Illusionen und aller unerlösten Wunden, zeigt langfristig ganz gewiss ein Defizit an göttlicher Liebe, denn die ungesehenen Illusionen und die ungesehenen unerlösten Wunden in ihrem Partner werden sich durch ihr Nicht-Gesehen-Werden abgelehnt fühlen und ganz gewiss auf sich aufmerksam machen wollen, damit sie ihre bewusste Annahme durch die göttliche Liebe in der Partnerschaft erfahren können. Und so erzeugen und gebären sie vorerst die irdischen Schlachtfelder ihrer Illusionen und ihrer unerlösten Wunden in ihrer Partnerschaft.

Eine Partnerschaft auf Erden, in der eine Seele ihren Partner in seinen Illusionen und unerlösten Wunden nicht annehmen kann, wird diese Erfahrung der fehlenden Annahme von ihrem Partner gespiegelt bekommen und somit ebenfalls die Erfahrung der Ablehnung ihrer Illusionen und unerlösten Wunden durch den Partner erfahren, so dass die göttliche Liebe gewiss keinen Raum mehr in ihrer Partnerschaft finden kann, um sich in ihre göttliche Größe bewusst zu erheben.

Um eine Partnerschaft zu einem göttlichen Fest der wahren göttlichen Vereinigung auf Erden werden zu lassen, braucht es immer die bewusste göttliche Bereitschaft in beiden Seelen, die goldenen Regeln der göttlichen Liebe bewusst miteinander einhalten zu wollen.

Um den Weg der göttlichen Partnerschaft auf Erden beschreiten zu können, braucht es immer eure Bereitschaft, den bewussten Kontakt zu eurem göttlichen Herzen in euch erzeugen und gebären zu wollen.

Durch die Zeugung und die Empfängnis eines Kindes sucht sich das göttliche Herz in jeder Seele bewusst zu offenbaren, denn alle Kinder auf Erden sind bewusst oder unbewusst die Kinder der göttlichen Liebe.

Gelingt es einem Vater oder einer Mutter nicht, den bewussten Kontakt zu seinem Vater-Gott oder zu ihrer Mutter-Göttin in ihrem göttlichen Herzen ausreichend zu leben, dann werden sie sich ganz gewiss von ihrem göttlichen Herzen distanzieren und auch in der partnerschaftlichen Liebe ihr göttliches Herz nicht mehr wahrhaftig erfahren, bis sie sich mit dem Vater-Gott oder der Mutter-Göttin in ihrem göttlichen Herzen bewusst ausgesöhnt haben und somit auf alle Defizite und alle bewussten oder unbewussten Selbstvorwürfe eingegangen sind, die sie in ihrem Umgang mit ihren Kindern erzeugt und geboren haben, damit sie den unbewussten Kreislauf der Selbstbestrafung verlassen dürfen, der ihnen die Erfahrung der göttlichen Liebe in ihrem Leben scheinbar verweigert.

Ein Vater oder eine Mutter, die einen Konflikt in ihrem göttlichen Herzen erzeugen und gebären, weil sie in ihrem Alltag nicht ausreichend mit ihrem Vater-Gott oder ihrer Mutter-Göttin in ihrem Herzen verbunden sind, werden ganz gewiss die Wege der göttlichen Liebe in ihren Partnerschaften unbewusst meiden und brauchen die Bewusstwerdung ihrer eigene göttlichen Natur auf Erden, damit sie den Weg zu ihrem göttlichen Herzen wieder bewusst finden können.

In der Stille darf sich jeder Vater und jede Mutter bewusst an ihr göttliches Herz wenden und es danach befragen, was es glaubt, seinem oder ihrem Kind geben zu wollen, das sie ihm durch die eigene Unbewusstheit zu geben verweigern, damit sich jeder Vater und jede Mutter auf Erden bewusst mit den Bedürfnissen ihres eigenen Vater-Gottes und ihrer eigenen Mutter-Göttin in ihren göttlichen Herzen auseinanderzusetzen lernt.

Ein Vater oder eine Mutter, die sich in einem bewussten Kontakt zu ihrem Gott-Vater oder ihrer Gott-Mutter befinden, werden viel leichter die Schritte der partnerschaftlichen Liebe beschreiten können, weil sie bereits durch ihre Kinder in einem direkten Kontakt mit ihrem göttlichen Herzen sind.

So darf euch auf dieser Welt stets bewusst sein, dass ein Kind ganz gewiss niemals die Ursache dafür sein kann, dass die Wege der Partnerschaft im Leben einer Mutter oder eines Vater keine wahre Erfüllung finden können, denn es liegt nicht an den Kindern, dass eure irdische Welt ihren göttlichen Wert nicht ausreichend zu schätzen weiß.

So darf euch auch stets bewusst sein, dass nur der Umgang eines Vaters oder einer Mutter mit ihrem Kind die Ursache dafür sein kann, dass sie sich die göttliche Erfüllung in einer Partnerschaft unbewusst selbst verweigern, weil sie den göttlichen Wert ihrer Kinder in ihren Illusionen und unerlösten Wunden nicht ausreichend zu schätzen wissen.

Sobald ihr als Vater oder Mutter euer Kind bewusst als das göttliche Juwel erkennt, das es in göttlicher Wahrhaftigkeit immer ist, wird es auch für euer irdisches Umfeld als göttliches Juwel erkennbar werden, denn euer Glaube an eure Kinder wird darüber entscheiden, was euer irdisches Umfeld bewusst oder unbewusst über eure Kinder glauben wird, und somit entscheiden immer die Eltern eines Kindes, ob ein Kind die göttlichen Herzenstüren seines irdischen Umfeldes zu öffnen weiß oder ob es diese scheinbar verschließt, weil seine irdischen Eltern durch ihre Illusionen und unerlösten Wunden ihre Herzenstüren vor ihrem Kind verschlossen haben.

Die bewusste göttliche Annahme eines Kindes durch seine Eltern wird entscheiden, wie groß die bewusste göttliche Annahme des Kindes durch sein äußeres Umfeld sein wird.

Eine Seele auf Erden, der es nicht zu gelingen scheint, für ein Kind die göttliche Liebe im bewussten Kontakt mit ihm zu empfinden, wird sich auch nicht für die göttliche Liebe in einer Partnerschaft zu öffnen wissen, denn jedes göttliche Herz empfindet für jedes Kind auf Erden die reine Liebe Gottes und der Göttin, und somit kann eine Seele, die ein Kind nicht als göttliches Geschenk zu lieben lernt, den Kontakt zu ihrem eigenen göttlichen Herzen nicht empfinden, denn wenn es schon einem Kind nicht gelingen mag, das göttliche Herz in einer Seele zu berühren, dann wird dies einer erwachsenen Frau oder einem erwachsenen Mann erst recht nicht möglich sein, denn die Kinder dieser Welt sind die wahren Künstler der göttlichen Liebe auf Erden, denen sich kein göttliches Herz zu entziehen weiß, sobald es sich für seine Bewusstwerdung in einer Seele entschieden hat.

Erst durch die bewusste Annahme der Illusionen und der unerlösten Wunden dieser Welt werden es die Kinder bis zu ihrem 21. Lebensjahr lernen, sich von ihrem göttlichen Herzen zu distanzieren, und dafür einen Großteil ihres göttlichen Zaubers in ihrer irdischen Realität unbewusst opfern.

Das göttliche Herz in jeder Seele wird jedes Kind als sein eigenes Kind lieben lernen wollen, wenn sie durch ihr Leben zufällig in einen engen Kontakt zu einem Kind gelangt, das nicht von ihr gezeugt oder geboren wurde.

In göttlicher Wahrhaftigkeit ist der göttliche Zufall immer die göttliche Bestimmung im Leben einer Seele, die euch zu Kindern zu führen vermag, die durch eure Vorleben eng mit euch verbunden sind und denen ihr eure göttliche Unterstützung auf Erden unbewusst zukommen lassen möchtet, um euch selbst auf diese Weise bewusst in euer göttliches Herz erheben zu lernen.

Euer göttliches Herz sucht alle Kinder dieser Welt bewusst zu lieben, denn sie alle sind die Kinder des einen Gottes und der einen Göttin, die durch euer göttliches Herz zu euch zu sprechen suchen.

Euer göttliches Herz wird im bewussten Kontakt zu einem Kind immer das Abbild des Vater-Gottes und der Mutter-Göttin für ein Kind erzeugen und gebären wollen, auch dann, wenn es nicht von euch gezeugt oder geboren wurde.

Die göttliche Liebe des Vater-Gottes und die göttliche Liebe der Mutter-Göttin in eurem göttlichen Herzen erwachen zu lassen, wird die Entwicklung eurer göttlichen Natur auf Erden wahrhaft beschleunigen, wenn ihr euch und den Kindern dieser Welt diese goldene Möglichkeit bewusst erlaubt.

Alle Kinder dieser Welt sind die göttlichen Kinder der neuen Zeit auf Erden, und so dürft ihr bewusst darauf achten, dass die Kinder dieser Welt durch die menschlichen Illusionen nicht wieder in Kategorien von besonderen und gewöhnlichen Kindern aufgeteilt werden, denn sonst werdet ihr sie von ihrer wahren Göttlichkeit in ihrer Bewustheit distanzieren und euch damit ganz gewiss außerhalb des göttlichen Willens auf Erden bewegen.

Als Urmutter dieser Welt kann es für mich keinen göttlichen Fortschritt bedeuten, wenn ihr ein Kind von mir als göttlicher definiert als ein anderes, denn sie alle sind so einzigartig in ihrer eigenen Göttlichkeit, dass es mich verwundet, wenn ihr in eurer irdischen Unbewusstheit die Illusionen von Konkurrenz zwischen meine Kinder pflanzt, um sie unbewusst damit auf den scheinbaren Kampf dieser Welt vorzubereiten, der in göttlicher Wahrhaftigkeit in eurer goldenen Zukunft durch eure Kinder seine göttliche Erlösung auf Erden finden will.

Jedes Kind zeigt in seiner feinstofflichen Aura den direkten Kontakt zu einem oder zu mehreren der sieben Strahles Gottes und der Göttin und zeigt somit seine eigene göttliche Farbpalette, die sich in einer direkten Verbindung zu den göttlichen Strahlen befindet, die es in dieser Welt mit zu integrieren sucht.

Nun mag eure göttliche Hellsichtigkeit auf Erden noch nicht ausreichend entfaltet sein, um die göttliche Farbpalette in der Aura aller Kinder sehen zu können, aber dieses göttliche Defizit sollte nicht unbewusst dazu verwendet werden, meine Kinder durch den unbewussten Geltungsdrang der menschlichen Illusionen zu verwunden.

So mag es auf Erden Kinder geben, deren Eltern durch ihre eigene spirituelle Entwicklung das göttliche Licht in ihren Kindern bewusst zu sehen und zu unterstützen suchen.

Diese Kinder werden um vieles leichter den göttlichen Mut gebären, die große göttliche Rebellion einzuleiten, die es auf Erden für sie und ihre göttliche Entwicklung braucht, denn sie erfahren die göttliche Rückendeckung durch ihre irdischen Eltern, die sie benötigen, um als göttliche Pioniere für eure goldene Zukunft tätig zu werden.

Eure gesamten Erziehungssysteme, einschließlich eurer Schul- und Bildungswege, werden eine große Wende in eurer Zukunft auf Erden erfahren dürfen, die es braucht, um euch in eure göttliche Natur erheben zu können, und es wird der Protest eurer Kinder sein, der sich gegen eure bisherigen Erziehungssysteme richten wird, um auf den göttlichen Willen aufmerksam zu machen, der die große Wende in euren Erziehungssystemen fordert.

Eine ganze Weile noch werden eure Erziehungssysteme glauben wollen, dass es eure Kinder wären, die es zu therapieren gilt, wenn ihr göttlicher Protest in eurer Welt immer lauter wird, so wie es momentan bereits der Fall ist.

Die irdischen Illusionen werden euren göttlichen Kindern alle nur erdenklichen Unzulänglichkeiten andichten, bis von euch bewusst erkannt sein wird, dass alle eure Versuche, eure Kinder mit euren Illusionen der Unzulänglichkeiten zu behaften, um sie scheinbar therapieren zu können, nur haltlose Illusionen sind, die den göttlichen Protest eurer Kinder nur verstärken können.

Doch der göttliche Zeitpunkt, da euch bewusst werden darf, dass es nicht die göttlichen Protestschreie eurer Kinder sind, die es zu therapieren gilt, sondern eure irdischen Erziehungssysteme, ist eure göttliche Bestimmung auf Erden. Die göttlichen Herzen in sehr vielen Menschen werden die Führung bewusst übernehmen, wenn eure irdischen

Erziehungssysteme den Bogen überspannt haben, indem sie einen immer größeren Druck auf eure Kinder ausüben, um die Verantwortung für ihr Versagen euren Kinder unterschieben zu wollen, und sie werden sich schützend vor eure Kinder zu stellen wissen, damit neue Wege der göttlichen Erziehung auf Erden für eure Kinder gezeugt und geboren werden.

Vielleicht darf euch genau in diesem Augenblick bewusst werden, dass ihr eine eigene Resonanz zu meinen Worten in eurem göttlichen Herzen spürt, weil auch euer göttliches Herz eines dieser göttlichen Herzen auf Erden zu sein sucht, das sich bewusst für das göttliche Wohl der Kinder auf Erden einsetzen will.

So mag es auf Erden Kinder geben, deren Eltern durch ihre fehlende spirituelle Entwicklung das göttliche Licht in ihren Kindern nicht bewusst unterstützen können, und diese Kinder werden vorerst noch lernen müssen, sich dem Druck dieser Gesellschaft zu beugen, und dabei scheinbar große innere Verwundungen erfahren.

Genau diese verwundeten Kinder werden es sein, die von den scheinbar spirituellen Bewertungssystemen von lichter und weniger lichter besonders getroffen sein werden, denn das wird die Möglichkeiten für diese Kinder, bewusst an ihr göttliches Licht glauben zu können, unbewusst weiter verringern.

Euer scheinbar spirituellen Bewertungssysteme, die ihr aus den Farben der feinstofflichen Aura eurer Kinder abzuleiten sucht, ohne ausreichend über die göttliche Gabe des Aura-Sehens zu verfügen, werden immer die schwächsten meiner Kinder treffen, und deshalb möchte ich euch bitten, euer göttliches Licht in diese Bewertungssysteme zu führen und euch bewusst für die göttliche Gleichheit der Kinder auf Erden einzusetzen.

Ihr sollt wissen, dass euch meine göttliche Unterstützung und die Unterstützung meines göttlichen Gemahles, Meister El Morya, begleiten wird, wenn ihr euch für die göttliche Gleichheit der Kinder auf Erden einsetzt.

Die goldene Zeit wird von euch fordern, dass ihr neue Wege im Umgang mit euren Kindern erzeugen und gebären lernt, um euch in eure göttliche Natur erheben zu können.

Ganz gewiss wird das auch bedeuten, dass besonders die Väter dieser Welt neue Arbeitswege erschaffen dürfen, die ihnen ermöglichen sollen, die göttliche Unterstützung zu empfangen, damit sie den bewussten Kontakt zu ihren Kinder ausreichend leben können und so auch ihr göttliches Herz bewusst entfalten können.

Euch darf bewusst werden, dass eure Illusionen und somit eure scheinbare Vergesslichkeit, den göttlichen Willen in eurem Leben ausreichend zu berücksichtigen, einen endlosen Kreislauf von harter Arbeit auf Erden erschaffen haben, ohne euch wirklich eine göttliche Erfüllung zu ermöglichen, denn eure Illusionen existieren immer gegen die göttlichen Gesetzmäßigkeiten auf Erden und werden euch deshalb nicht an das Ziel eurer göttlichen Erfüllung führen können.

Es kann nicht der göttliche Wille auf Erden sein, dass ihr euren Kindern fern bleibt, nur weil ihr für ihr und euer irdisches Überleben täglich hart kämpfen müßt.

Es kann nicht der göttliche Wille auf Erden sein, die Existenz eurer Kinder dadurch absichern zu wollen, dass ihr getrennt von ihnen euer Leben für sie zu führen sucht, wodurch sich eure Versorgung eurer Kinder in göttlicher Wahrhaftigkeit immer weiter reduziert und am Ende nur noch auf den Erhalt ihrer körperlichen Hülle ausgerichtet sein wird, die sich langfristig nicht optimal in ihre göttliche Größe entfalten kann, wenn ihre feinstoffliche Versorgung durch eure Illusionen immer mehr vernachlässigt wird.

Es ist ganz gewiss der göttliche Wille auf Erden, dass der göttliche Glaube in euch erwachen darf, der euch die göttliche Macht überreichen wird, euch den Wundern Gottes und der Göttin anzuvertrauen, wenn ihr euch dazu entscheidet, neue Arbeitswege für euch zu erschaffen, die es euch ermöglichen dürfen, eure materielle Existenz durch euer bewusstes Arbeiten zu sichern, ohne den Kontakt zu euren Kindern zu opfern und somit ohne ausreichend Zeit für eure Kinder zu haben.

Die göttliche Kreativität in euch und auf Erden ist grenzenlos, wenn ihr ihre Existenz in euch und in dieser Welt bewusst anerkennen und erfahren wollt.

Jede Seele auf Erden erzeugt und gebiert in ihrem Herzen eine unbewusste Kopie der eigenen Mutter und des eigenen Vaters.

Wenn der Vater oder die Mutter einer Seele in ihren Rollen als Eltern außerhalb ihres göttlichen Herzens existiert haben, dann wird immer eine unbewusste Identifikation des Kindes mit den Rollen seiner Eltern erzeugt und geboren werden, sobald es sich in die Rolle des Vaters oder der Mutter auf Erden begibt.

Die Kopie der eigenen Mutter und des eigenen Vaters in eurem Herzen sucht ihre bewusste Annahme durch euch zu erfahren, damit sich ihre Illusionen und ihre unerlösten Wunden bewusst durch euch erlösen können, denn ihr seid immer Bestandteil einer großen Entwicklungskette, die sich von Generation zu Generation in ihre göttliche Natur auf Erden zu erheben sucht.

Euch in euren Rollen als irdische Eltern ganz und gar von den Rollen eurer eigenen irdischen Eltern distanzieren zu wollen, ist nicht wahrhaftig möglich, denn durch eure Spiegel-Neuronen sind ihre Gedankenstrukturen in euch und entscheiden somit auch immer darüber, ob ihr euch in eurem Alltag eurem göttlichen Herzen bewusst zuzuwenden in der Lage seid oder ob ihr durch ihre Illusionen die unerlösten Wunden in eurem Herzen gebärt, die euch von eurem göttlichen Herzen distanzieren.

Jede Seele auf Erden erzeugt und gebiert in ihrem Herzen eine unbewusste Kopie der eigenen Mutter und des eigenen Vaters.

Wenn der Vater oder die Mutter einer Seele in ihren Rollen als Partner oder Partnerin in ihren partnerschaftlichen Beziehungen außerhalb ihres göttlichen Herzens existiert haben, dann wird immer eine unbewusste Identifikation des Kindes mit den Rollen seiner Eltern erzeugt und geboren werden, sobald es sich in die Rolle des Partners oder der Partnerin in einer partnerschaftlichen Beziehung auf Erden begibt.

Die Kopie der eigenen Mutter und des eigenen Vaters in eurem Herzen sucht ihre bewusste Annahme durch euch zu erfahren, damit sich ihre Illusionen und ihre unerlösten Wunden bewusst durch euch erlösen können, denn ihr seid immer Bestandteil einer großen Entwicklungskette, die sich von Generation zu Generation in ihre göttliche Natur auf Erden zu erheben sucht.

Euch in euren Rollen als Partner oder Partnerin in einer partnerschaftlichen Beziehung ganz und gar von den Rollen eurer eigenen irdischen Eltern distanzieren zu wollen, ist nicht wahrhaftig möglich, denn durch eure Spiegel-Neuronen sind ihre Gedankenstrukturen in euch und entscheiden somit auch immer darüber, ob ihr euch in eurem Alltag eurem göttlichen Herzen bewusst zuzuwenden in der Lage seid oder ob ihr durch ihre Illusionen die unerlösten Wunden in eurem Herzen gebärt, die euch von eurem göttlichen Herzen in eurem Alltag distanzieren und euch somit auch nicht empfänglich sein lassen für die göttliche Liebe, die in jeder irdischen Partnerschaft die göttliche Führung zu übernehmen sucht, damit sie euch die göttlichen Wege der wahren Erfüllung auf Erden weist.

In eurem Herzen findet ihr alle Verwundungen eurer irdischen Eltern, die sie daran gehindert haben, euch ihre göttliche Versorgung ausreichend zukommen zu lassen.

Die Kopie ihrer Verwundungen mag so lange euer irdisches Leben scheinbar belasten, bis ihr diese Verwundungen mit eurem göttlichen Mitgefühl zu versorgen in der Lage seid, das durch eure bewusste Erleuchtung ihrer Verwundungen in euch geboren wird.

Die bewusste Erleuchtung ihrer Verwundungen in euch beinhaltet auch euer bewusstes Erkennen, dass es ihre und somit die unerlösten Wunden dieser irdischen Welt sind, die in euch auf göttliche Erlösung hoffen.

Es braucht somit ein bewusstes Loslösen von den unbewussten Identifikationen mit den Verwundungen eurer irdischen Eltern, um sie göttlich erlösen zu können.

Die bewusste Loslösung von den Verwundungen eurer Eltern und somit von den Verwundungen dieser irdischen Welt wird erfolgen, wenn ihr sie nicht mehr als eure eigenen und somit alleinigen Verwundungen definiert, sondern sie als die Verwundungen identifiziert, die durch eure Eltern und somit aus dieser irdischen Welt zu euch gekommen sind, damit sie durch euch ihre göttliche Erlösung auf Erden erfahren dürfen.

Die bewusste Loslösung von den Verwundungen dieser Welt, ohne sie in euch leugnen zu wollen, ermöglicht eurem göttlichen und somit unverwundeten Selbst seine bewusste Existenz in euch, damit es sich den göttlichen Aufgaben der Erleuchtung und der Transformation der Illusionen und der unerlösten Wunden dieser Welt zuwenden kann und diese Welt bewusst durch euch in ihre göttliche Natur zu erheben weiß.

Die bewusste Loslösung von den Verwundungen dieser Welt, ohne sie in euch leugnen zu wollen, ermöglicht euch den notwendigen Abstand zu den Illusionen dieser Welt, und ihr werdet euch bewusst mit eurem göttlichen Herzen zu vereinen wissen, damit es sich in seiner göttlichen Liebe den Verwundungen dieser irdischen Welt in euch annehmen kann.

Alle Illusionen und alle unerlösten Wunden eurer irdischen Welt werden sich in euch erleuchten und transformieren, wenn ihr euch nicht mehr über euer Ich mit ihnen persönlich identifiziert, sondern sie als Illusionen und als unerlöste Wunden dieser Welt erkennt, die in euch und somit in allen Menschenkindern auf ihre göttliche Erleuchtung hoffen, damit sie durch euch ihre göttliche Transformation auf Erden erfahren können.

Die Bewusstheit über die göttliche Einheit, die euch umgibt, mag ein goldener Schlüssel der göttlichen Freiheit auf Erden sein, der in seinem göttlichen Segen unermesslich für euch sein wird.

Die bewusste Erleuchtung der Verwundungen in eurem Herzen, die über euer irdisches Leben zu euch gelangt sind, wird dazu führen, dass ihr über euer göttliches Herze das göttliche Mitgefühl für die scheinbaren Dramen eurer irdischen Eltern und somit für die scheinbaren Dramen dieser Welt empfinden dürft, sobald es euch gelungen ist, euch bewusst aus diesem Kreislauf loszulösen, denn über eure vorangegangene Identifikation mit ihren Illusionen und ihren unerlösten Wunden ist es euch möglich, Mitgefühl zu empfinden für alle Menschen, die scheinbar in den schmerzhaften Erfahrungen der Illusionen und der unerlösten Wunden dieser Welt gefangen sind.

Die bewusste Erleuchtung aller Verwundungen dieser irdischen Welt, die euch in eurem Herzen als Kopie gegeben wurden, wird euer göttliches Mitgefühl für euch, eure Eltern und diese irdische Welt langfristig gebären wollen.

Das göttliche Mitgefühl wird euch auch das göttliche Tor der Vergebung gebären lassen, das es für euch, eure Eltern und für eure irdische Welt bewusst zu durchschreiten gilt, um euch euren göttlichen Frieden auf Erden zu ermöglichen, den es für die bewusste Ausdehnung eurer göttlichen Natur benötigt.

Die göttliche Vergebung erlaubt eurem göttlichen Herzen, seine Flügel zu entfalten, damit ihr euch aus den Illusionen und den unerlösten Wunden der Schuld und der Sühne in dieser Welt bewusst zu erheben lernt und eurem göttlichen Herzen somit seine göttliche Freiheit überreicht.

Alle Menschenkinder sitzen bewusst oder unbewusst in einem Boot, und nur die Menschenkinder, die sich dieser göttlichen Wahrhaftigkeit bewusst sind, können sich mit ihrer eigenen göttlichen Wahrhaftigkeit ausreichend vereinen, um sich selbst und diese Welt aus ihren Illusionen und unerlösten Wunden zu befreien.

In meiner Inkarnation als Lilith verbrachte ich die Tage mit meinem Sohn Samael, und ich glaubte zu wissen, dass es meine göttliche

Bestimmung auf Erden sei, nun mit meinem Sohn Samaël, der so gefangen schien in seiner Einsamkeit, dass ich ihn nicht erneut verlassen wollte, für die Entstehung der Menschheit sorgen zu müssen.

Als ich mich mit meinem Sohn Samael vereinigte, glaubte ich die Schreie meines Geliebten Adam zu hören, aber ich war in meinem göttlichen Glauben an mich nicht ausreichend gefestigt, um dieser Wahrnehmung in mir bewusst zu vertrauen, und so überging ich sie.

Als ich mich mit meinem Sohn Samael vereinigte, liefen mir die Tränen aus den Augen, aber ich war in meinem göttlichen Glauben an mich nicht ausreichend gefestigt, um dieser Wahrnehmung zu vertrauen, und so überging ich diese Reaktion in mir.

Als ich mich mit meinem Sohn Samael vereinigte, begann ich zu lernen, während unserer Vereinigung die Augen zu schließen, so dass auch mein Sohn die Augen schloss, denn es schien uns unmöglich, uns während unserer körperlichen Vereinigung in die Augen zu schauen, ohne diesen Vorgang abbrechen zu müssen.

Mir war nicht bewusst, dass eine körperliche Vereinigung, in der sich ein Mann und eine Frau nicht in die Augen sehen können, immer gegen den göttlichen Willen auf Erden gerichtet ist, denn die Augen sind das Fenster der göttlichen Seele in jedem Menschen, die sich über die körperliche Vereinigung mit der anderen Seele göttlich zu vereinen sucht.

Eine körperliche Vereinigung, die sich in eine göttliche Vereinigung auf Erden zu erheben sucht, benötigt den bewussten Augenkontakt zwischen den Partnern.

Solange sich zwei Seelen in einer körperlichen Vereinigung nicht in die Augen sehen können, um sich gegenseitig ihre Gefühle zu offenbaren, wird ihre Vereinigung immer nur eine körperliche Vereinigung sein können.

In einer körperlichen Vereinigung, in der nur eine Seele die Augen schließt, erzeugen und gebären sich die Illusionen und die unerlösten Wunden der Getrenntheit und sind immer das irdische Gegenteil der göttlichen Vereinigung.

Somit verlangt die göttliche Vereinigung von jeder Seele, dass der direkte Augenkontakt in der körperlichen Liebe die Basis bildet, um jede Seele bewusst entscheiden zu lassen, inwieweit sie die göttliche Vereinigung mit einer anderen Seele wahrhaftig zu leben sucht.

Somit verlangt die göttliche Vereinigung von jeder Seele, dass der direkte Augenkontakt in der körperlichen Liebe die Basis bildet, um jede Seele bewusst erkennen zu lassen, inwieweit sie die göttliche Vereinigung mit einer anderen Seele aus ihrer eigenen Göttlichkeit zu erfahren sucht.

Jede göttliche Vereinigung beginnt mit der Vereinigung eurer Seelen über euren bewussten Augenkontakt, bevor und während ihr euch körperlich miteinander vereinigt.

Der bewusste Augenkontakt in der körperlichen Liebe ermöglicht euch, sicher zu stellen, dass ihr euch auch mit der Seele körperlich vereinigt, die für diesen Augenblick eure göttliche Bestimmung auf Erden ist, denn es ist euch nicht möglich, während einer körperlichen Vereinigung einen bewussten Augenkontakt zu einer Seele zu halten, die sich gegen eure göttliche Bestimmung auf Erden richtet.

Der bewusste Augenkontakt in der körperlichen Liebe ermöglicht euch, sicher zu stellen, dass es die göttliche Liebe ist, die eure körperliche Vereinigung fordert, denn es ist euch immer möglich, bewusst in den Augen eures Partners zu lesen, welche Energien euch zu vereinen suchen.

Die Augen eures Partners oder eurer Partnerin werden entweder euer göttliches Herze berühren oder es zu verschließen wissen, wenn ihr euch in einer körperlichen Vereinigung befindet, denn über die Augen wird euch bewusst oder unbewusst signalisiert, ob es die göttliche Liebe ist, die zu euch sprechen wird, wenn ihr eure körperliche Vereinigung miteinander vollzieht.

Eure irdischen Bewertungssysteme, die aus den unerlösten Wunden der Schuldgefühle geboren wurden, verhindern oftmals, dass ihr euch mit den Seelen göttlich vereint, die der göttliche Wille in seiner göttlichen Liebe für euch auserwählt hat.

Eure irdischen Bewertungssysteme, die aus den unerlösten Wunden der Schuldgefühle geboren wurden, fordern oftmals, dass ihr euch mit den Seelen körperlich vereint, die der göttliche Wille in seiner göttlichen Liebe für euch zu verhindern sucht und euch somit in solchen körperlichen Vereinigungen nicht ausreichend mit seiner göttlichen Energie versorgen wird, damit ihr euch in die wahre göttliche Erfüllung der körperlichen Vereinigung zu führen in der Lage seid.

Das Gesetz Gottes und der Göttin besagt, dass es nicht eure göttliche Aufgabe auf Erden sein kann, den göttlichen Willen zu bewerten, sondern dass es vielmehr eure Aufgabe sein sollte, euch darin zu üben, dem göttlichen Willen, der in euch und in eurem Leben pulsiert, euren göttlichen Gehorsam zu leisten.

Das Gesetz Gottes und der Göttin besagt, dass es nicht eure göttliche Aufgabe auf Erden sein kann, eure eigene Göttlichkeit und die Göttlichkeit anderer Seelen in Frage zu stellen, sondern dass es vielmehr eure göttliche Aufgabe sein sollte, eure eigene Göttlichkeit und die Göttlichkeit anderer Seelen auf Erden bewusst erfahren zu wollen.

Das göttliche Gesetz besagt, dass es eure göttliche Aufgabe auf Erden sein sollte, euch durch die bewusste Übung zu einem göttlichen Meister und einer göttlichen Meisterin zu entwickeln.

Alle irdischen Wege, die sich bewusst oder unbewusst gegen die Gesetze Gottes und der Göttin und somit gegen die göttlichen Gesetzmäßigkeiten richten, werden euch von der göttlichen Fülle auf Erden distanzieren und euch somit auch nicht die göttliche Erfüllung in der körperlichen Liebe bringen.

Die Gesetze Gottes und der Göttin sind immer optimal darauf ausgerichtet, euch bewusst mit der göttlichen Liebe auf Erden zu vereinen.

Der göttliche Wille in euch und in eurem Leben existiert immer im göttlichen Einklang mit den Gesetzen Gottes und der Göttin und sucht euch in der Wahl eurer zwischenmenschlichen Kontakte so auszurichten, dass ihr durch die bewusste Übung die Erfüllung der göttlichen Gesetze in euch und in eurem Leben erfahren lernt, denn der göttliche Wille weiß um eure Illusionen und eure unerlösten Wunden, die es in euch zu erlösen gilt.

Der göttliche Wille weiß, ob es euch durch eure eigenen und die Illusionen und unerlösten Wunden eures Partners möglich oder ob es euch nicht möglich sein kann, eine wahre göttliche Vereinigung miteinander zu erfahren, die für die göttliche Erleuchtung und Transformation eurer Illusionen und unerlösten Wunden sorgen wird.

Es gibt auf Erden wahrhaftig keine größere Magie als die göttliche Vereinigung zweier Seelen, die der göttliche Wille zu vereinen sucht, um sie aus ihren Illusionen und unerlösten Wunden zu erlösen.

Somit ist die Wahl eures Sexual-Partners oder eurer Sexual-Partnerin ausschlaggebend dafür, ob sich der göttliche Wille in seiner göttlichen Fülle durch eure rechte Wahl in eurer körperlichen Vereinigung offenbaren kann, oder ob sich durch das Aufeinanderprallen eurer Illusionen und eurer unerlösten Wunden euer göttliches Herze verschließen wird und ihr somit nicht dem göttlichen Willen auf Erden entspricht.

Die irdischen Bewertungssysteme, die aus den unerlösten Wunden der Schuldgefühle geboren werden, gehen davon aus, dass ihr durch eure fehlende Göttlichkeit so mit einer scheinbaren Fehlerhaftigkeit belastet seid, dass sie euch scheinbar nicht erlauben können, euch auf die göttliche Führung eurer eigenen göttlichen Gefühle bewusst zu verlassen, und führen euch somit immer von der bewussten Erfahrung eurer eigenen Göttlichkeit weg in die Erfahrung eurer scheinbar fehlenden Göttlichkeit und Fehlerhaftigkeit, so dass ihr ohne das Licht der göttlichen Bewusstwerdung diesen Kreislauf nicht verlassen werdet.

Die irdischen Bewertungssysteme, die aus den unerlösten Wunden der Schuldgefühle geboren werden, verhindern immer eure Bereitschaft, eure Welt aus eurer Identität als göttliches Kind heraus zu betrachten, das die Wege der bewussten Übung zu beschreiten sucht, damit es ein Meister und eine Meisterin auf Erden werden kann.

Die unerlösten Wunden der Schuldgefühle sind so in den Illusionen ihrer scheinbaren Fehlerhaftigkeit gefangen, dass der göttliche Mut in euch nicht geboren werden kann, um die Wege der göttlichen Übung zu beschreiten, denn jeder Schritt auf Erden, der außerhalb des Gewohnten liegt, könnte aus der Sicht eurer unerlösten Schuldgefühle auch immer eine bedrohliche Fehlentscheidung bedeuten, die euch noch ungöttlicher werden lassen könnte und die es somit zu vermeiden gilt.

Der direkte Augenkontakt in der körperlichen Liebe ermöglicht euch den göttlichen Klarblick, denn die Fenster zu eurer göttlichen Seele werden sich in einer körperlichen Vereinigung nur dann in göttlicher Liebe öffnen lassen, wenn die Wahl eures Partners auch dem göttlichen Willen in euch und somit dem göttlichen Willen in eurem Leben entspricht.

Eine Frau, deren Seele bewusst oder unbewusst im Unfrieden mit der Männlichkeit auf Erden zu sein scheint, wird ihre Augen in der körperlichen Vereinigung vorerst immer schließen wollen, denn ihr Unfrieden mit der Männlichkeit wird verhindern wollen, dass sie sich wahrhaftig mit einem Mann vereint, und somit beschreitet sie in göttlicher Wahrhaftigkeit die Wege der körperlichen Vereinigung, um ihre Sexualenergien zu entladen und nicht, um sie göttlich zu erheben.

Ein Mann, dessen Seele bewusst oder unbewusst im Unfrieden mit der Weiblichkeit auf Erden zu sein scheint, wird seine Augen in der körperlichen Vereinigung vorerst immer schließen wollen, denn sein Unfrieden mit der Weiblichkeit wird verhindern wollen, dass er sich wahrhaftig mit einer Frau vereint, und somit beschreitet er in göttlicher Wahrhaftigkeit die Wege der körperlichen Vereinigung, um seine Sexualenergien zu entladen und nicht, um sie göttlich zu erheben.

Eine Seele, die die unerlösten Wunden des Unfriedens mit der Männlichkeit oder Weiblichkeit zu transformieren sucht, wird durch ihre bewusste Bereitschaft, sich darin üben zu wollen, ihre Augen während der körperlichen Vereinigung zu öffnen, um in die Augen ihres Partners zu schauen, sehr schnell erfahren können, ob sie sich mit einem Partner zu vereinigen sucht, der ihrem göttlichen Willen auf Erden entspricht.

Der bewusste Augenkontakt einer Seele mit ihrem Partner während der körperlichen Vereinigung wird in ihrem Herz-Chakra und in ihrem Unterleib, dem Sakral-Chakra, ein wärmendes Feuer der göttlichen Liebe entzünden und ihr auf diese Weise den göttlichen Willen offenbaren, der ihre körperliche Vereinigung zu unterstützen sucht, auch dann, wenn es ihr aus ihren Illusionen und unerlösten Wunden noch nicht möglich ist, diesen Augenkontakt lange zu bewahren, denn die göttliche Übung ist euer göttlicher Dienst.

Der bewusste Augenkontakt einer Seele mit ihrem Partner während der körperlichen Vereinigung wird in ihrem Herz-Chakra und in ihrem Unterleib, dem Sakral-Chakra, kein wärmendes Feuer der göttlichen Liebe entzünden können, wenn ihre Vereinigung nicht dem göttlichen Willen entspricht.

Eine Seele, die die unerlösten Wunden des Unfriedens mit der Männlichkeit oder Weiblichkeit zu transformieren sucht, wird durch ihre bewusste Bereitschaft, sich darin üben zu wollen, ihre Augen während der körperlichen Vereinigung zu öffnen, um in die Augen ihres Partners zu schauen, die göttliche Möglichkeit erhalten, durch das fehlende göttliche Feuer in ihrem Herz-Chakra und ihrem Unterleib, dem Sakral-Chakra, zu erkennen, dass es nicht der göttliche Wille ist, der sie in diese körperliche Vereinigung zu führen sucht, sondern der Wille ihrer unerlösten Wunden, die sich einen Partner erwählt haben, der ihnen langfristig eine Bestätigung ihres Unfriedens sein wird, um ihre Existenz in euch und somit auf Erden aufrecht erhalten zu können. Und so kann einer Seele der bewusste Augenkontakt den Sprung aus der Schallplatte der Wiederholungen ihrer Ur-Dramen ermöglichen, wenn sie den göttlichen Mut aufbringt, an ihre göttliche Wahrnehmung glauben zu wollen, die sich Schritt für Schritt durch ihre bewusste Annahme zu entfalten sucht.

Die körperliche Vereinigung mit einer Seele, die dem göttlichen Willen auf Erden entspricht, wird langfristig die unerlöste Wunde des Unfriedens mit der Männlichkeit oder Weiblichkeit in euch erlösen, während eine Vereinigung mit einer Seele, die nicht eurem göttlichen Willen in eurem Leben entspricht, immer alle unerlösten Wunden in euch langfristig vergrößern wird und somit gleichzeitig die göttlichen Wege der Erlösung über die körperliche Vereinigung für euch weiter ausschließt.

Die Wege der körperlichen Vereinigung auf Erden sind ein zweischneidiges Schwert, meine lieben Kinder, das eure göttliche Bewusstheit benötigt, damit es euch aus den Ketten eurer Illusionen und eurer unerlösten Wunden frei zu schneiden weiß und sich nicht versehentlich in euer Herz zu bohren beginnt.

Eine Seele, die aus ihrer bewussten Göttlichkeit bereit dazu ist, die Wege der göttlichen Vereinigung mit einem Partner auf Erden zu erfahren, wird durch die göttliche Führung immer in Kontakt zu einer für sie bestimmten Seele kommen, damit sie die göttliche Vereinigung erfahren kann, denn die Wege der göttlichen Vereinigung in eurem irdischen Leben entsprechen immer dem göttlichen Willen auf Erden, wenn dieser Wunsch aus eurem göttlichen Herzen zu fließen in der Lage ist.

Wenn euer Wunsch nach einer göttlichen Vereinigung aus euren Illusionen und unerlösten Wunden geboren wird, die diesen Wunsch nur kreieren, um ihren emotionalen Schmerz nicht spüren zu müssen, dann werden eure Illusionen und unerlösten Wunden keine göttliche Resonanz zu dem göttlichen Willen eures Herzens erzeugen und gebären können, euer göttliches Herz existiert in euren Illusionen und euren unerlösten Wunden nicht wahrhaftig, denn sonst hätte es eure Illusionen und eure unerlösten Wunden bereits erlösen dürfen.

Wenn ihr scheinbar einen Partner oder eine Partnerin für euch zu finden sucht, um mit ihm oder ihr die Wege der göttlichen Liebe zu erfahren, ohne dass es sich in eurem Leben realisiert, dann gilt es die unerlöste Wunde des Unfriedens mit der Männlichkeit oder die unerlösten Wunde des Unfriedens mit der Weiblichkeit in euch zu erleuchten, damit sie in eure irdische Bewusstheit gelangen kann, um dort ihre rechtmäßige Transformation zu erfahren.

Ist es euch möglich, die unerlöste Wunde des Unfriedens mit der Männlichkeit oder Weiblichkeit in euch bewusst bei ihrem wahren Namen zu benennen, dann wird euch die göttliche Selbst-Erleuchtung in den Zeitpunkt der Entstehung dieser unerlösten Wunde in eurer Kindheit führen wollen, damit ihr dem verwundeten Kind in euch euer göttliches Mitgefühl überreichen könnt, damit es sich zu transformieren lernt.

Die unerlöste Wunde des Unfriedens mit der Männlichkeit oder der Weiblichkeit, die in eurer Kindheit geboren wurde, beinhaltet immer irdische Situationen, in denen es euch nicht möglich war, euch vor den Übergriffen eines Mannes oder einer Frau zu schützen, so dass euer bewusstes Nein zu einer von euch ungewollten Verbindung oder Vereinigung mit einem Mann oder einer Frau nicht erlaubt wurde und euch somit zu einem scheinbaren Opfer der Männlichkeit oder der Weiblichkeit auf Erden hat werden lassen.

Der erste Transformationsschritt eures verwundeten Kindes wird eure unbewusste Bereitschaft sein, sein Nein gegen die Verbindung oder die Vereinigung mit einem Mann oder einer Frau durch euer irdisches Leben zu äußern, indem ihr die Gelegenheit dazu meist unbewusst vermeidet.

Das unausgesprochene Nein eures verwundeten Kindes wird für euch vorerst nur durch die fehlende Verbindung oder Vereinigung zu einem Mann oder einer Frau in eurem Leben sichtvoll sein.

Das unausgesprochene Nein eures verwundeten Kindes will von euch bewusst als sein erster Schritt in seine göttliche Freiheit gesehen werden, das sich auf diese Weise aus der Rolle des Opfers der Männlichkeit oder Weiblichkeit befreien will.

Da euer verwundetes Kind durch die Rolle des Opfers auch immer die unerlöste Wunde der Ohmacht geboren hat, wird es seinen göttlichen Wert nicht empfinden können und deshalb seinen eigenen Transformationsschritt, der sich als fehlende Vereinigung oder die Verbindung zu einem Mann oder einer Frau manifestiert, als eine Bedrohung für den eigenen göttlichen Wert empfinden, da es ja scheinbar nicht wertvoll genug zu sein scheint, um die göttliche Liebe von einem Mann oder einer Frau bewusst empfangen zu können.

Somit wird euer verwundetes Kind durch seinen ersten Transformationsschritt in seine göttliche Freiheit die unerlöste Wunde der Wertlosigkeit aktivieren, wenn es euer göttliches Gehör nicht bewusst finden kann, und sich erneut zu einem Opfer seiner eigenen Realität werden lassen, die ursprünglich seine göttliche Transformationsreise einzuleiten gesucht hat.

Und deshalb ist es notwendig, dass ihr euch der Göttlichkeit bewusst werdet, die auch in euren verwundeten Aspekten ihre bewusste Anerkennung finden will, damit ihr verhindern könnt, dass der großartige Schritt eures verwundeten Kindes in seine göttliche Freiheit nicht zu einer Verdichtung eurer Verwundung durch eure Unbewusstheit führt.

Wenn ihr euch in eurem Leben in einer solchen Zerrissenheit befindet, dass ihr scheinbar einen Partner für euer Leben zu finden sucht, ohne ihn finden zu können, dann wendet euch bewusst an das verwundete Kind in euch und meidet die Erzeugung der Illusion, nun erneut ein Opfer eures Lebens zu sein, weil die scheinbar gewünschte Partnerschaft fehlt, sondern übt euch bewusst darin, der Göttlichkeit in euch bewusst eure göttliche Anerkennung zu überreichen; denn wenn sich in eurem Leben die Wege der Partnerschaft nicht manifestieren, dann ist es nicht wahrhaftig euer göttlicher Wille, dies zum gegenwärtigen Zeitpunkt erfahren zu wollen, weil das nicht optimal eure göttliche Entwicklung unterstützen würde.

Ihr dürft eurem verwundeten Kind sein bewusstes Nein in euch und in eurem Leben erlauben, denn dann wird es sich durch diesen Schritt bewusst aus der Rolle des Opfers der Männlichkeit oder der

Weiblichkeit erlösen lernen und sich von ganz alleine in seine Bewusstheit seiner göttlichen Freiheit auf Erden erheben wollen.

Ihr dürft eurem verwundeten Kind sein bewusstes Nein in euch und in eurem Leben erlauben, wenn euer Leben nicht die Situationen manifestiert, die scheinbar von euch gewünscht werden, denn dann wird es sich durch seine bewussten Transformationsschritte aus der Rolle des Opfers auf Erden erlösen lernen und sich von ganz alleine Schritt für Schritt in seine eigene Göttlichkeit transformieren, die langfristig immer sein bewusstes Ja zu den Wegen der göttlichen Vereinigung auf Erden erzeugen und gebären wird.

Euer bewusstes Ja zu den Wegen der göttlichen Vereinigung wird durch die Resonanz zu einem Partner oder einer Partnerin sichtvoll werden, der mit euch gemeinsam die Wege der göttlichen Vereinigung zu erfahren sucht.

Euer irdisches Leben sollte von euch stets bewusst als eure eigene Manifestation betrachtet werden, die euch immer darin zu unterstützen sucht, eure eigene Göttlichkeit Schritt für Schritt entfalten zu lernen.

Euer irdisches Leben sollte niemals von euch als eine Gelegenheit für eure Illusionen und unerlösten Wunden missbraucht werden, um euch in der Rolle des scheinbaren Opfers zu verlieren, denn sonst wird es sich in eine Schallplatte mit Sprung verwandeln, die alle Situationen eures Lebens so lange wiederholt, bis ihr sie aus eurer bewussten Göttlichkeit anzunehmen bereit seid, damit sie euch den göttlichen Schritt ermöglichen können, den es für eure weitere Entwicklung Leben benötigt.

Es kann auf Erden nur ein Schritt nach dem anderen in die Bewusstheit über eure göttliche Natur gegangen werden, ohne dass wahrhaftig ein Schritt übersprungen werden kann.

Es ist somit nicht notwendig, dass ihr scheinbare Ausreden wie eure Arbeit, euer Alter, eure Lebensumstände oder ähnliches zu erfinden sucht, um von euren unerlösten Wunden abzulenken, die eure bewusste göttliche Unterstützung benötigen, damit sie sich durch euer Leben transformieren können.

Die körperliche Vereinigung mit meinem Sohn Samael schien nur in meiner Inkarnation als Lilith eine notwendige Pflicht zu sein, die ich so schnell wie möglich zu erfüllen suchte, um dem göttlichen Willen gehorsam zu sein, der mir die Aufgabe übertragen hatte, für die Entstehung der neuen Menschheit zu sorgen.

Es schien mir nicht möglich, die Gefühle gebären zu wollen, die ich in der körperlichen Vereinigung mit meinem Geliebten Adam so tapfer zu verteidigen gesucht hatte, denn in der körperlichen Vereinigung mit meinem Sohn konnte ich nichts außer einer großen Leere empfinden.

Ich wollte in meiner Unbewusstheit daran glauben, dass ich aus reiner Sorge um die Entstehung der neuen Menschheit die Wege der körperlichen Vereinigung mit meinem Sohn Samael gewählt hatte.

In göttlicher Wahrhaftigkeit brodelte jedoch tief in mir die unerlöste Wunde der Rache, die sich aus der Verdichtung meines göttlichen Zornes, den ich in meiner scheinbaren Partnerschaft mit meinem Geliebten Adam nicht zu gebären in der Lage schien, in mir gebildet hatte.

Unbewusst suchte ich mich an meinem Geliebten Adam zu rächen, und so erzeugte meine Vereinigung mit meinem Sohn Samael einen direkten Kontakt zu meinem Geliebten Adam, denn er war die unbewusste Zielscheibe meiner umgesetzten Rache, die aus der Vereinigung mit meinem Sohn Samael zu ihm sprach.

Unbewusst suchte sich mein Sohn Samael an seinem Vater Adam zu rächen und erzeugte so durch seine Vereinigung mit mir einen direkten Kontakt zu seinem Vater Adam, denn er war die unbewusste Zielscheibe seiner umgesetzten Rache, die aus der Vereinigung mit mir zu ihm sprach.

Die unerlöste Wunde der Rache, die unbewusst für unsere körperliche Vereinigung gesorgt hatte, verschloss unsere göttlichen Herzen und raubte uns die Möglichkeit, die göttliche Liebe in unserer körperlichen Vereinigung bewusst zu erfahren.

Die unerlöste Wunde der Rache führte dazu, dass wir vor der göttlichen Wahrhaftigkeit in uns unsere Augen zu schließen begannen.

Die unerlöste Wunde der Rache führte dazu, dass es uns nicht möglich schien zu bemerken, dass wir als irdische Mutter und als irdischer Sohn in diese Welt gelangt waren und dass zwischen uns keine wahre göttliche Ekstase in unserer körperlichen Vereinigung hätte geboren werden können.

Jede Partnerschaft, in der eine Seele in der Rolle des irdischen Kindes haften bleibt und somit ihren Partner oder ihre Partnerin unbewusst zu ihrem irdischen Vater oder ihrer irdischen Mutter werden lässt, wird die Wege der göttlichen Vereinigung in der körperlichen Vereinigung nicht erfahren können.

Jede Seele, die in ihrer Partnerschaft in der Rolle des irdischen Kindes haften bleibt, wird unbewusst dafür sorgen, dass sich ihre Partnerschaft in eine Vater-Kind-Beziehung oder in eine Mutter-Kind-Beziehung verwandelt, die die Wege der körperlichen Vereinigung auf Erden auszugrenzen sucht.

Somit kann in einer Partnerschaft mit einer Seele, die in der Rolle des irdischen Kindes haften bleibt, die körperliche Vereinigung langfristig nur sehr mühselig vollzogen werden und führt ganz gewiss nicht in die göttliche Erfüllung der partnerschaftlichen Liebe auf Erden.

Jede Seele auf Erden wird bewusst oder unbewusst ihre Illusionen und unerlösten Wunden in ihren Partner projizieren, damit das göttliche Bedürfnis in ihr erwacht, mit dem Partner über ihre Illusionen zu kommunizieren.

In der göttlichen Kommunikation zwischen zwei Seelen, die sich durch die bewusste Bereitschaft erzeugt und gebiert, miteinander klären und nicht kämpfen zu wollen, erleuchten die ihre Illusionen und unerlösten Wunden und finden immer über das göttliche Mitgefühl, das in jeder Seele erwacht, wenn sie sich der göttlichen Kommunikation öffnet, ihre göttliche Annahme, die sie schließlich transformiert.

Eine Partnerschaft, in der eine Seele ihren Partner als Projektionsfläche ihrer unverdauten Vergangenheit benutzt, ohne über die göttliche Kommunikation mit ihm die Möglichkeit einzuräumen, ihre Illusionen und unerlösten Wunden zu erleuchten und zu transformieren, wird langfristig das göttliche Herz in beiden Seelen verschließen und ihrer Partnerschaft den göttlichen Sinn auf Erden rauben.

Das Gesetz Gottes und der Göttin besagt, dass es eure göttliche Aufgabe ist, den Weg der göttlichen Kommunikation mit jeder Seele auf Erden zu beschreiten, die eure Illusionen und eure unerlösten Wunden zu aktivieren weiß.

Eine Partnerschaft auf Erden, in der eine Seele ihren Partner meist unbewusst als Projektionsfläche ihrer unverdauten Vergangenheit benutzt und dennoch die Wege der göttlichen Kommunikation meidet, sucht ihre Illusionen und unerlösten Wunden nicht aus ihrer göttlichen Wahrhaftigkeit zu erlösen, sondern missbraucht ihre Partnerschaft aus ihrem animalischen Instinkt unbewusst als Gelegenheit, den Weg der Schmerzabgabe an ihren Partner zu beschreiten, ohne selbst den Weg der bewussten Erleuchtung und Transformation beschreiten zu müssen, der sich scheinbar außerhalb der irdischen Existenz des animalischen Instinktes befindet.

Das Gesetz Gottes und der Göttin besagt, dass es eure göttliche Aufgabe ist, euch in jedem Augenblick eures Lebens bewusst erleuchten zu wollen, wenn ihr mit Situationen konfrontiert werdet, die außerhalb der göttlichen Fülle zu existieren scheinen.

Somit erzeugt und gebiert jeder solche Versuch einer Seele einen sofortigen Gegenwind in ihrem Leben, weil sie sich damit meist unbewusst gegen den göttlichen Willen auf Erden ausrichtet.

Die Gesetze Gottes und der Göttin wollen von jeder Seele auf Erden langfristig bewusst bei ihrem wahren Namen benannt werden, damit ihr ein bewusster Meister und eine bewusste Meisterin eures Lebens werden könnt, ohne dabei die Wege der göttlichen Liebe zu übergehen, die die Grundlage der Gesetze Gottes und der Göttin bilden und somit für euch zur Voraussetzung werden, um euch in eure göttliche Identität als bewusster Meister und bewusste Meisterin über euer Leben erheben zu können.

Somit kann sich keine Seele langfristig der göttlichen Wirkkraft in ihrem Leben entziehen, wenn sie sich bewusst oder unbewusst durch ihr Leben gegen die Gesetze Gottes und der Göttin auszurichten sucht.

Somit kann sich keine Seele langfristig der göttlichen Wirkkraft in ihrem Leben entziehen, wenn sie bewusst oder unbewusst durch ihr Leben den Gesetzen Gottes und der Göttin ihren göttlichen Gehorsam entgegenbringt und somit den göttlichen Applaus in ihr Leben einlädt, die göttliche Fülle bewusst erfahren zu wollen.

Aus dem Einhalten oder dem Übergehen der göttlichen Gesetze auf Erden erzeugen und gebären sich die göttlichen Zufälle in eurem Leben, die euch entweder mit der göttlichen Fülle verbinden oder davon distanzieren.

Jede Seele wird durch ihre Leben in ihren göttlichen Zeitpunkt auf Erden geführt werden, die Zufälle in ihrem Leben bewusst verstehen zu wollen, um sich das scheinbar für sie unverständliche Auf und Ab in ihrem Leben erklären zu können, und somit begibt sie sich direkt in ihre göttliche Aufgabe, die Gesetze Gottes und der Göttin bei ihrem wahren Namen benennen zu wollen.

Jede Seele kann bewusst oder unbewusst spüren, ob sie als Projektionsfläche einer Seele gewählt wurde, und wird aus ihrer emotionalen Intelligenz immer darauf reagieren wollen, auch dann, wenn sie vorerst ihre eigenen emotionalen Reaktionen durch ihre mentale Unbewusstheit nicht zu deuten weiß. Jede Seele wird bewusst oder unbewusst vorerst erlauben, als Projektionsfläche einer anderen Seele zu dienen, denn dieser Schritt ist vorerst eine göttliche Notwendigkeit, euch über die göttliche Kommunikation miteinander zu erlösen.

Meidet eine Seele langfristig die Wege der göttlichen Kommunikation, dann benutzt ihr animalischer Instinkt meist unbewusst den göttlichen Weg der Projektion, um sich ein Alibi zu verschaffen, ihren unerlösten Schmerz an eine andere Seele abzugeben und an sie die Forderung zu richten, die Verantwortung für ihre unverdaute Vergangenheit zu übernehmen, und beginnt von ihr spirituell, mental, emotional, körperlich oder materiell zu fordern, was ihr in ihrer Kindheit nicht ausreichend gegeben wurde, ohne dafür einen göttlichen Ausgleich ermöglichen zu wollen, und erzeugt und gebiert somit immer ein scheinbares Defizit in dem Leben der Seele, die sie als Projektionsfläche für ihren animalischen Instinkt missbraucht hat.

Eine Seele, die euch als Projektionsfläche ihrer unverdauten Vergangenheit zu nutzen sucht, ohne die Wege der göttlichen Kommunikation mit euch beschreiten zu wollen, wird deshalb in euch den göttlichen Zorn aktivieren, damit euch die göttliche Gelegenheit gegeben wird, euch aus der Schusslinie ihres animalischen Instinktes zu begeben und euch nicht zu einem Opfer einer meist unbewussten Schmerzabgabe werden zu lassen.

Wenn der göttliche Zorn in euch erwacht, dann wendet euch bewusst an euren göttlichen Glauben an eure göttliche Natur und erlaubt euch, den göttlichen Zorn in euch zu erhören, der euch bewusst daran zu erinnern sucht, dass der Wille Gottes und der Göttin in eurer irdischen Gegenwart scheinbar kein Gehör finden kann und euch zu signalisieren sucht, dass die Illusionen und die unerlösten Wunden dieser Welt offensichtlich die Führung in eurem Leben übernehmen wollen und euch in die Rolle des Opfers auf Erden befördern werden, wenn ihr nicht im Namen Gottes und der Göttin die bewusste göttliche Führung zu übernehmen bereit seid, die auch bedeutet, die bewusste Verantwortung für den göttlichen Zorn in euch zu übernehmen.

Wenn es eurem göttlichen Zorn gelungen ist, seine Botschaft in seiner göttlichen Vollständigkeit in euch deutlich werden zu lassen, weil ihr ihn als göttlich identifizieren durftet, da er darauf ausgerichtet ist, euch den göttlichen Willen zu verkünden, wenn dieser scheinbar in eurem Leben durch die Illusionen und unerlösten Wunden dieser Welt übergangen wird, dann wird die göttliche Erleuchtung, die durch die vollständige Botschaft des göttlichen Zorns in euch geboren wurde, immer das göttliche Mitgefühl für euch und euer Leben erzeugen, wodurch ihr euch eurer eigenen inneren Resonanz bewusst werdet, die euch beinahe zu einem Opfer der Illusionen und der unerlösten Wunden dieser Welt hat werden lassen.

Wenn ihr wegen eurer Illusionen und unerlösten Wunden euer irdisches Quadrat in eurem Leben scheinbar noch nicht bewusst durch euren Glauben an eure eigene Göttlichkeit und die Göttlichkeit in eurem Leben zu erzeugen und zu gebären in der Lage seid, dann wird euch eure materielle Existenz ungesichert erscheinen und langfristig euren animalischen Instinkt aktivieren, der für euer irdisches Überleben scheinbar kämpfen muss.

Eine göttliche Partnerschaft setzt voraus, dass die Illusionen des scheinbaren Überlebenskampfes in beiden Seelen bereits überwunden wurden, damit nicht der animalische Instinkt die unbewusste Führung in ihrer Partnerschaft übernehmen kann.

Eine göttliche Partnerschaft setzt voraus, dass beide Seelen ihr göttliches Urvertrauen in ihre göttliche Existenz auf Erden so sehr ausgeweitet haben, dass es ausreichend für ihre materielle Versorgung sorgen darf, um die eigene Existenz bewusst als gesichert zu empfinden und somit empfangen zu können, ohne dabei die Verantwortung für ihre materielle Existenz auf den Partner oder die Partnerin übertragen zu wollen.

Das Gesetz Gottes und der Göttin besagt, dass jede Seele auf Erden lernen darf, ihr Urvertrauen in die eigene Göttlichkeit und in die Göttlichkeit in ihrem Leben so weit auszudehnen, das es ihr die bewusste Absicherung ihrer materiellen Existenz ermöglichen kann.

Erst durch die bewusste oder unbewusste Absicherung eurer materiellen Existenz durch euren göttlichen Glauben wird euch die göttliche Möglichkeit gegeben sein, euer göttliches Herz in eure irdische Realität und somit auch in eure Partnerschaften zu integrieren, das seine himmlischen Türen so lange in euch verschlossen halten wird, bis der animalische Instinkt durch euren göttlichen Glauben seine Transformation ausreichend erfahren hat, um euer göttliches Herz nicht durch seine Kämpfe in eurem Leben zu verwunden.

Wenn in einer Partnerschaft die Wege der Kommunikation von einer Seele bewusst oder unbewusst gemieden werden, um den Partner als Projektionsfläche zu nutzen, die den Weg der Schmerzabgabe ermöglichen soll, dann wird der göttliche Zorn in ihrem Partner erwachen.

Es existieren zahlreiche Situationen in euren Partnerschaften, in denen eine Seele durch ihr scheinbar harmloses Schweigen den göttlichen Zorn in ihrem Partner aktiviert, der sich durch seinen fehlenden Glauben an seine Göttlichkeit dafür meist in Frage stellt.

Jede Situation, in der eine Seele aufgrund ihrer unerlösten Wunde des fehlenden Glaubens an ihre Göttlichkeit ihren göttlichen Zorn in Frage stellt, führt dazu, dass ihn zu unterdrücken sucht.

Wenn in einer Partnerschaft die Wege der Kommunikation von den Illusionen und unerlösten Wunden einer Seele dazu genutzt werden, den Partner in seiner Göttlichkeit einzuschüchtern, damit er sich dem Willen ihrer Illusionen und unerlösten Wunden beugt, um ihnen ein scheinbares Machtgefühl zu vermitteln, das sie von ihrer unerlösten Wunde der Ohnmacht befreien soll, dann wird der göttlichen Zorn in ihrem Partner erwachen.

Es existieren Situationen in euren Partnerschaften, in denen eine Seele über die Kommunikation oder über ihr Schweigen ihren Partner in Angst und Schrecken zu versetzen sucht und somit den göttlichen Zorn in ihrem Partner aktiviert, der aber durch seine unerlösten Wunden der Ohnmacht daran glauben will, dass er sich seinem scheinbar überlegenen Partner beugen muss, um sich vor dessen Angriffen zu schützen. Deshalb meint er, seinen göttlichen Zorn unterdrücken zu müssen.

Wenn in einer Partnerschaft die Wege der Kommunikation von den Illusionen und unerlösten Wunden einer Seele dazu verwendet werden, ihren Partner auszuspionieren, damit sie in einem geeigneten Moment ihre gesammelten Informationen, die sie aus der göttlichen Aufrichtigkeit ihres Partners gewonnen haben, dafür einsetzen, ihren Partner in seiner Göttlichkeit abzuwerten und sich somit selbst über ihn zu erheben, um sich von ihrer unerlösten Wunde der Wertlosigkeit zu befreien, dann wird der göttliche Zorn in ihrem Partner erwachen.

Es existieren Situationen in euren Partnerschaften, in denen eine Seele über die Kommunikation die göttliche Aufrichtigkeit ihres Partners scheinbar missbraucht und somit den göttlichen Zorn in ihrem Partner aktiviert, der sich aber durch seine unerlösten Wunden der Wertlosigkeit in seiner göttlichen Aufrichtigkeit in Frage stellt und seinen göttlichen Zorn unterdrückt, um seinem Partner nicht noch mehr von seiner wahren Identität zu offenbaren.

Wenn in einer Partnerschaft die Wege der Kommunikation von den Illusionen und unerlösten Wunden einer Seele dazu verwendet werden, ihrem Partner ihre Schuldgefühle meist unbewusst übertragen zu wollen, indem sie Situationen zu kreieren beginnen, die sie als Opfer ihres Partners erscheinen lassen und sich damit die scheinbare Möglichkeit einzuräumen suchen, sich durch die Schuld ihres Partners von ihrer unerlösten Wunde der Schuld zu befreien, die sie durch die scheinbare Strafe ihres Partners nun abgetragen haben, dann wird der göttliche Zorn in ihrem Partner erwachen, denn die Illusionen und unerlösten Wunden seines Partners fordern ihn dazu auf, seine scheinbare Schuld abzutragen, die er verursacht haben soll. Und so offenbart sich der unbewusste Weg der Schuldabgabe durch den Weg der Kommunikation in einer Partnerschaft.

Es existieren Situationen in euren Partnerschaften, in denen eine Seele über die Kommunikation oder über ihr bewusstes Schweigen ihre unerlösten Schuldgefühle an ihren Partner abzugeben sucht und somit den göttlichen Zorn in ihrem Partner aktiviert, der aber durch seine unerlösten Wunden der Schuldgefühle seine eigene göttliche Unschuld in Frage stellt und seinen göttlichen Zorn unterdrückt, um seine scheinbare Schuld nicht weiter zu vergrößern.

Alle Wege der Kommunikation oder der fehlenden Kommunikation in einer Partnerschaft, die den göttlichen Zorn in einer Seele aktivieren, wollen von ihr bewusst erleuchtet und somit analysiert werden, um den göttlichen Willen zu entschlüsseln, der durch sie zu wirken sucht.

Der göttliche Zorn ist jedoch die göttliche Energie in euch, die durch euch Menschen am wenigsten ihre bewusste Annahme erfahren darf, da sie eure Seelen unbewusst an ihre Verdichtung erinnert, die auf dem Planeten Mars für ihren Fall gesorgt hatte und euch somit unbewusst als eine Bedrohung erscheint.

Deshalb sind eure gesamten Erziehungssysteme darauf ausgerichtet, den göttlichen Zorn in euch bewusst oder unbewusst zu unterdrücken, weil ihr euch unbewusst vor seiner Verdichtung zu schützen sucht, die jedoch erst durch eure Unterdrückung entsteht. Und somit gebiert sich die Energie, die ihr zu meiden sucht, durch eure Unterdrückung in euch und konfrontiert euch erneut mit der göttlichen Aufgabe, die auf dem Planeten Mars noch keine Lösung gefunden hat.

Wenn der göttliche Zorn in einer Seele seine Unterdrückung erfährt, dann wird er sich in ihr verdichten, da ihm die göttliche Gelegenheit genommen wird, seine bewusste Annahme zu finden, so dass er sich von seiner feinstofflichen Form in seine grobstoffliche Form verwandeln wird: aus dem göttlichen Zorn wird der irdische Zorn.

Der irdische Zorn ist die unerlöste Wunde der Rache, die sich in jeder Seele intensiviert, wenn sie ihren göttlichen Zorn zu unterdrücken sucht.

Die unerlöste Wunde der Rache ist in ihrer Zerstörung sehr machtvoll, denn sie wurde aus dem göttlichen Zorn geboren, der ursprünglich den göttlichen Willen auf Erden unterstützen sollte und somit auch immer ein Bestandteil der göttlichen Macht auf Erden ist.

Somit ist es ganz gewiss eure göttliche Aufgabe auf Erden, die unerlöste Wunde der Rache in euch zu erleuchten, damit sie ihre göttliche Transformation durch eure bewusste Annahme erfahren darf.

Wenn der göttliche Zorn in eurem Alltag erwacht, wird er ganz gewiss noch nicht ohne seine Begleitung, die unerlöste Wunde der Rache, in euch aufsteigen können, denn durch eure menschlichen Erziehungssysteme und somit durch eure gemeinsamen Ur-Themen durfte jede Seele den Weg der bewussten oder unbewussten Unterdrückung ihres göttlichen Zornes auf Erden erfahren.

Wenn der göttliche Zorn in eurem Alltag erwacht, dann wird auch immer ein Bestandteil der unerlösten Wunde der Rache in euch die Gelegenheit nutzen wollen, sich über euren göttlichen Zorn in euer Bewusstsein zu erheben.

Somit darf es eure göttliche Aufgabe sein, das Erwachen des göttlichen Zornes in euch zu nutzen, um bewusst in die Stille zu gehen, euch also von eurem Alltag zu distanzieren, und euren göttlichen Zorn bewusst als göttliche Botschaft anerkennen, die es für eure göttliche Entwicklung auf Erden zu entschlüsseln gilt.

Durch die bewusste Annahme der Göttlichkeit, die in eurem Zorn pulsiert, werden sich auch die Bestandteile der unerlösten Wunde der Rache transformieren, die als Begleitung eures göttlichen Zornes in euch aufgestiegen sind, denn in ihrem Ursprung sind sie der göttliche Zorn, der einst von euch seine Göttlichkeit abgesprochen bekam und sich deshalb zu verdichten begann.

Wenn der göttliche Zorn unerleuchtet in eure irdischen Situationen fließt, wird er durch seine Begleitung, die unerlöste Wunde der Rache, auch immer eine Zerstörung in eurem Leben hervorrufen, die nur dazu führen wird, dass ihr euch darin bestätigt fühlt, den göttlichen Zorn als Bedrohung für euer Leben zu empfinden und die Wege seiner Unterdrückung in euch weiter auszudehnen und somit die unerlöste Wunde der Rache zu verstärken.

Die unerlöste Wunde der Rache sucht die Kommunikation oder das bewusste Schweigen zu benutzen, um einer anderen Seele Schmerz zuzufügen, und wird euch gewiss in eine Selbstablehnung führen, denn der Weg der Schmerzabgabe entspricht nicht eurer göttlichen Natur und es ist niemals ihr Wille, eine andere Seele zu verwunden.

Somit sollte das Erwachen eures göttlichen Zornes immer die direkte Aufforderung an euch bedeuten, die irdische Situation bewusst zu verlassen, die euren göttlichen Zorn veranlaßt hat, damit ihr euch die göttliche Anerkennung für eure emotionale Reaktion überreichen könnt, solange dieses für euch noch möglich ist, denn wenn ihr voreilig die Wege der Kommunikation beschreitet, wird die daraus entstandene Zerstörung, die von seiner Begleitung, der unerlösten Wunde der Rache, erzeugt und geboren wird, erneut ein Hindernis bilden, euch eure göttliche Anerkennung für eure emotionale Reaktion überreichen zu können, die es jedoch braucht, um die unerlöste Wunde der Rache in euch zu transformieren und dafür zu sorgen, dass der göttliche Zorn nicht erneut eine Unterdrückung in euch zu erfahren braucht.

Wenn der göttliche Zorn in euch erwacht, dann dürft ihr euch bewusst in die Stille begeben und euch in der Entfaltung eurer eigenen Göttlichkeit unterstützen, indem ihr folgende Affirmationen für euch sprecht:

Ich bin die göttliche Liebe in mir und auf Erden, die sich mir durch die Erleuchtung meiner eigenen emotionalen Wahrnehmung offenbaren wird!

Ich bin bereit, an die Göttlichkeit in mir zu glauben, die durch meine göttlichen Gefühle in mir zum Ausdruck gelangt, um die göttliche Liebe in mir und auf Erden zu bewahren!

Ich bin bereit, den göttlichen Willen in mir zu erhören, der durch meine Gefühle zu mir spricht!

Zwischen jeder Aussprache einer Affirmation darf ein kurzes Schweigen eingelegt werden, das der Länge der Aussprache eurer Affirmation entspricht, damit die gesprochene Affirmation von euch bewusst aufgenommen werden kann und in euch wirksam werden darf.

Ihr dürft eure Affirmationen langsam und deutlich aussprechen und euer Schweigen als ein bewusstes Nachwirken und somit als eine bewusste Empfängnis eurer gesprochenen Affirmation walten lassen.
 Ihr dürft eure Affirmationen so lange wiederholen, bis sich die göttliche Ruhe in euch ausdehnt und euch somit signalisiert, dass euer göttliches Herze in euch erwacht ist, weil der Bestandteil der unerlösten Wunde der Rache, der durch euren göttlichen Zorn in euer Bewusstsein gelangt ist, durch eure bewussten Affirmationen transformiert wurde, da er auf diese Weise seine göttliche Anerkennung finden durfte, die ihm in eurer Vergangenheit verweigert wurde, damit er sich in seine göttliche Natur in euch und somit auf Erden erheben kann.
 Jeder Bestandteil der unerlösten Wunde der Rache, der in euer Bewusstsein und somit in eure irdische Realität gelangt, führt zu einem sofortigen Verschluss eures göttlichen Herzens in eurem Bewusstsein und somit in eurer Realität, denn euer göttliches Herze existiert immer scheinbar getrennt von der unerlösten Wunde der Rache, und somit braucht es vorerst die bewusste Transformation eurer unerlösten Wunde der Rache, um euch der Botschaft der Liebe zu öffnen, die in eurem göttlichen Zorn pulsiert.

Wenn euch die göttliche Ruhe erfassen durfte, dann dürft ihr euch bewusst dem göttlichen Zorn in euch zuwenden, dessen Energie durch euren Körper fließt und langfristig seine Gedanken in eurer linken Gehirnhälfte gebären wird, die es für die Entschlüsselung der Situation benötigt, die euren göttlichen Zorn aktivieren durfte.

Wenn ihr spürt, dass es euch anfänglich noch nicht sofort möglich zu sein scheint, die vollständige Botschaft eures göttlichen Zornes in euch zu entschlüsseln, weil euch erst die bewusste göttliche Übung zu einem bewussten Meister und einer bewussten Meisterin werden läßt, dann übt euch in der göttlichen Geduld, die euch immer darin zu lehren sucht, an die Göttlichkeit in euch und in eurem Leben zu glauben.

Ihr dürft euch wieder ruhig und gelassen in euren irdischen Alltag begeben und bewusst der göttlichen Unterstützung vertrauen, die durch euer Leben zu euch sprechen wird.

Gott und die Göttin wissen um eure irdischen Grenzen, so dass sie euch über euer Leben und somit auch besonders über eure zwischenmenschlichen Kontakte ihre göttliche Hilfe zukommen lassen werden.

Ihr dürft euch stets als die bewussten Schüler Gottes und der Göttin auf Erden anerkennen, die über ihr Leben die göttliche Führung bewusst empfangen dürfen.

Euer bewusstes Zuhören und euer bewusstes Aufnehmen eures irdischen Lebens wird euch dabei behilflich sein, die Übersetzungen in eurer linken Gehirnhälfte zu unterstützen, die es für die Entschlüsselung eures göttlichen Zornes benötigt.

Wenn ihr euch dazu bereit erklären wollt, das Spiel des göttlichen Kindes auf Erden zu spielen, das durch die Situationen seines Lebens die Botschaften Gottes und der Göttin empfängt, werden wahre Wunder euer sein.

Wenn ihr euch dazu bereit erklären wollt, das Spiel des göttlichen Kindes auf Erden zu spielen, das durch seine eigenen göttlichen Gefühle die Botschaften Gottes und der Göttin empfängt, werden wahre Wunder euer sein.

Eure göttliche Bereitschaft, das Spiel des göttlichen Kindes auf Erden zu spielen, zeigt sich immer durch euren bewussten Glauben an die Göttlichkeit in euch und in eurem Leben.

In der Phase der Geburt der göttlichen Gedanken, die aus eurem göttlichen Zorn geboren werden wollen, solltet ihr keine voreiligen Schlüsse über euch oder eure Mitmenschen ziehen wollen, denn sonst werdet ihr euch für eure Fehlinterpretationen erneut in eurer Göttlichkeit in Frage stellen und somit euren Illusionen und euren unerlösten Wunden erneut die Führung in eurem Leben überreichen.

Der göttliche Zorn sucht sich immer in eine göttliche Erleuchtung in euch zu verwandeln, die euer göttliches Mitgefühl gebären wird, weil ihr euch der Illusionen und unerlösten Wunden bewusst werden dürft, die euch und eure Mitmenschen von ihrem göttlichen Herzen scheinbar distanzieren.

Der göttliche Zorn wird euch in der Phase seiner Erleuchtung seine vollständige Botschaft übermitteln, die euch dazu auffordern wird, eure bewussten göttlichen Erkenntnisse in einer Situation auszusprechen und auszuleben, in der euer göttlicher Zorn entstanden ist.

Somit wird sich durch die göttliche Führung in eurem Leben, die immer auf euren göttlichen Fortschritt bedacht ist, gewiss eine Situation ergeben, in der ihr euch darin üben dürft, eure göttlichen Erkenntnisse durch ihre bewusste Umsetzung in eurem Leben bewusst zu integrieren.

Der göttliche Zorn wird euch in der Phase seiner Erleuchtung seine vollständige Botschaft übermitteln, die euch dazu auffordern wird, die unbewussten Spiele der Illusionen und der unerlösten Wunden eurer selbst in göttlicher Liebe zu beenden und somit nicht mehr auf die Provokationen eingehen zu wollen, die durch die Illusionen und unerlösten Wunden einer anderen Seele an euch herangetragen werden, um euch in ihr unbewusstes Spiel zu verwickeln.

Der göttliche Zorn wird euch in der Phase seiner Erleuchtung seine vollständige Botschaft übermitteln, die euch dazu auffordern wird, die unbewussten Spiele der Illusionen und unerlösten Wunden einer anderen Seele in eurem Leben in göttlicher Liebe beenden zu wollen, indem ihr ihre Spiele der Illusionen und unerlösten Wunden laut und deutlich bei ihrem wahren Namen benennt und damit für diese Seele deutlich werden lasst, dass ihr ihre unbewussten Spiele nicht mehr mit ihr zu spielen bereit seid.

Der göttliche Zorn wird euch in der Phase seiner Erleuchtung seine vollständige Botschaft übermitteln, die euch dazu auffordern wird, die unbewussten Spiele der Illusionen und unerlösten Wunden anderer Seelen in eurem Leben in göttlicher Liebe beenden zu wollen, indem ihr die Spiele ihrer Illusionen und unerlösten Wunden als das Spiel eurer eigenen Illusionen und eurer eigenen unerlösten Wunden identifiziert und somit eure eigene Resonanz bei ihrem wahren Namen benennt, die euch in diese Spiele verwickelt hat.

Der göttliche Zorn wird euch in der Phase seiner Erleuchtung immer das göttliche Mitgefühl gebären lassen, das euch in eurer göttlichen Absicht nähren wird, euch bewusst aus den Spielen der Illusionen und der unerlösten Wunden dieser Welt befreien zu wollen, ohne euch selbst und eure Mitmenschen für ihre unbewussten Spiele anzuklagen und somit abwerten zu wollen, so dass der göttliche Frieden mit euch ist.

Der göttliche Zorn ist eine Energie, die als ein göttlicher Protest eures göttlichen Selbstes gegen die Illusionen und die unerlösten Wunden dieser Welt rebelliert und euch an die Gesetze Gottes und der Göttin zu erinnern sucht, die es für euch auf Erden bewusst zu leben gilt.

Der göttliche Zorn ist in seiner Energie göttlich bestimmend und somit in seiner göttlichen Autorität darauf ausgerichtet, die göttliche Führung in einer Situation in eurem Leben übernehmen zu wollen, die aus dem göttlichen Ruder gelaufen ist.

Der irdische Zorn ist eine Energie, die als ein irdischer Protest eures animalischen Instinktes gegen die göttliche Wahrhaftigkeit dieser Welt rebelliert und euch von den Gesetzen Gottes und der Göttin distanziert, die es für euch auf Erden bewusst zu leben gilt.

Der irdische Zorn ist in seiner Energie unbestimmt und somit in seiner irdischen Ohnmacht darauf ausgerichtet, die animalische Führung in eurem Leben übernehmen zu wollen, um seinen unerlösten Schmerz ziellos an andere Seelen in eurem Leben abgeben zu können, sobald sich eine andere Seele durch seine Provokation in sein unbewusstes Spiel einlässt.

Jeder göttliche Zorn in eurem Leben, der von euch nicht bewusst als göttliche Botschaft an euch entschlüsselt wurde, hat sich in die unerlöste Wunde der Rache verdichtet.
Wenn ihr nun rückblickend euer Leben betrachtet, dann werdet ihr verstehen, dass es seine Zeit benötigen wird, bis es euch gelungen ist, euren göttlichen Zorn wieder in seine göttliche Ur-Form in euch zu verwandeln, damit sich euer göttliches Herze in eurem irdischen Leben wieder bewusst in seiner göttlichen Vollständigkeit entfalten darf, denn die unerlöste Wunde der Rache wird euer göttliches Herze verschließen, damit es keine Verwundungen durch euren animalischen Instinkt zu erfahren braucht.

Die unerlöste Wunde der Rache missbraucht den Weg der göttlichen Kommunikation und den Weg des göttlichen Schweigens in einer Partnerschaft auf Erden.
Somit führen die unerlösten Wunden der Rache, wenn sie keine Transformation in euch erfahren dürfen, immer zu einer Unterdrückung der göttlichen Kommunikation in euren Partnerschaften.
Die göttliche Kommunikation erzeugt und gebiert den ersten Schritt einer göttlichen Vereinigung in einer Partnerschaft und ist immer eine feinstoffliche Vereinigung zweier Seelen.
Die feinstoffliche Vereinigung zweier Seelen führt immer zu einer Vereinigung ihrer göttlichen Herzen und ermöglicht ihnen, sich gegenseitig als einen göttlichen Spiegel zu betrachten, der ihnen die Möglichkeit überreicht, sich selbst bewusst über eine andere Seele erkennen zu können, und somit gemeinsam die Illusionen der Getrenntheit zu überwinden und die göttliche Einheit bewusst anzunehmen, die sich ihnen durch ihr bewusstes Sich-im-anderen-Erkennen offenbart.

Eine Partnerschaft, in der sich die feinstoffliche Vereinigung durch die göttliche Kommunikation zwischen zwei Seelen nicht erzeugen und gebären lässt, kann auch ihre körperliche Liebe nicht in eine göttliche Vereinigung erheben, die eure Illusionen und eure unerlösten Wunden zu erlösen weiß, und entspricht somit nicht dem göttlichen Willen in ihrem Leben.

Jede Partnerschaft in eurem Leben, die durch die fehlende göttliche Kommunikation gekennzeichnet ist und war, hat den göttlichen Zorn in euch erwachen lassen, der gegen die Wege der Partnerschaft in eurem Leben rebelliert, die ihre göttliche Vereinigung nicht erfahren können.

Jede Partnerschaft in eurem Leben, die durch die fehlende göttliche Kommunikation gekennzeichnet ist, verliert ihren göttlichen Sinn und aktiviert somit den göttlichen Zorn in euch.

Jeder göttliche Zorn, der durch eure Partnerschaften in euch geboren wurde und seine bewusste oder unbewusste Unterdrückung erfahren hat, wird die unerlöste Wunde der Rache in euch geboren haben.
  Somit haftet jede Partnerschaft aus eurer Vergangenheit und jede Partnerschaft in eurer Gegenwart, die die unerlöste Wunde der Rache in euch geboren hat, in eurem Herzen, das sich für die Wege der göttlichen Partnerschaft in eurem Leben so lange nicht mehr öffnen wird, bis diese unerlösten Wunden der Rache, von euch ihre bewusste Erleuchtung erfahren haben, um sich in ihre göttliche Form zu transformieren und eurem göttlichen Herzen somit zu signalisieren, dass es wieder die Wege der göttlichen Partnerschaft in eurem Leben erfahren kann, ohne das unbewusste Opfer eurer eigenen unerlösten Wunde der Rache zu werden.
  Die unerlöste Wunde der Rache in einer Seele wird meist unbewusst ihre Partnerschaften als Gelegenheit nutzen wollen, um die unverdauten Erfahrungen ihrer Vergangenheit auf ihren Partner der Gegenwart

zu projizieren und ihm ihren unerlösten Schmerz zu übertragen und sich somit an ihm für ihre unverdaute Vergangenheit zu rächen.

Ihr seid euch der unerlösten Wunde der Rache selten bewusst, denn sie ist aus eurer Unterdrückung in euch geboren worden, und jeder Weg der Unterdrückung ist euer bewusster Versuch, eine Energie in euch aus eurer irdischen Bewusstheit auszugrenzen.

Die unerlöste Wunde der Rache wird ihre Zeit in euch benötigen, bis es euch gelungen ist, sie durch die bewusste Beobachtung eurer selbst zu identifizieren.

Die unerlöste Wunde der Rache signalisiert eurem göttlichen Herzen unbewusst, dass die Wege der Partnerschaft, solange sie in euch pulsiert, eine Bedrohung für euer göttliches Herz bedeuten, da die unerlöste Wunde der Rache jede Partnerschaft langfristig gewiss zu einem Schlachtfeld werden lässt und somit euer göttliches Herze scheinbar verwunden würde.

Deshalb wird sich euer göttliches Herz allen scheinbar bedrohlichen Realitäten und somit auch der Realität der Partnerschaften in eurem Leben entziehen, bis die unerlösten Wunden der Rache in euch ihre bewusste Erleuchtung erfahren haben.

Die Illusionen, die sich aus der unerlösten Wunde der Rache in euch gebären, werden die Wege der Partnerschaft bewusst oder unbewusst als bedrohlich empfinden und somit gegen diese in eurem Leben und im Leben anderer Seelen zu kämpfen beginnen, um euch oder eine andere Seele vor den scheinbaren Gefahren einer Partnerschaft zu bewahren.

Jede Partnerschaft wird die unerlösten Wunden der Rache in euch aktivieren, die durch sie in euch geboren wurden, sobald ihr euch bewusst oder unbewusst aus einer Partnerschaft zu lösen beginnt, wenn der göttliche Zeitpunkt für diese Loslösung in eurem Leben gekommen ist.

Der göttliche Reinigungsprozess, der durch das bewusste Aufsteigen eurer unerlösten Wunden der Rache in euch erwachen will, benötigt seine bewusste göttliche Aufmerksamkeit von euch, um diese göttliche Gelegenheit für eure Entwicklung auf Erden bewusst nutzen zu können.

Die unerlöste Wunde der Rache will von euch zu ihrem göttlichen Zeitpunkt bewusst in ihre Ur-Form transformiert werden, indem ihr sie in ihrer göttlichen Ur-Form in euch anerkennt.

Ihr dürft bewusst darauf achten, eurer unerlösten Wunde der Rache Einhalt zu gebieten, wenn sie sich unerleuchtet auf euer Leben zu stürzen sucht, und sie in eurer göttlichen Liebe daran erinnern, dass sie euch einst eine Botschaft übermitteln wollte, die durch eure Unterdrückung kein Gehör finden konnte, und dass ihr euch nun die Zeit nehmen werdet, eure unerlöste Wunde der Rache so lange anzuhören, bis sie sich durch eure bewusste Annahme ihrer göttlichen Natur, die sich durch euer bewusstes Erhören ergibt, in ihre ursprüngliche Form transformieren kann, den göttlichen Zorn.

Der göttliche Zorn wird euch deutlich zu machen wissen, welche göttlichen Gesetzmäßigkeiten in eurer vergangenen Partnerschaft übergangen worden sind und somit zu seiner Aktivierung in euch geführt haben.

Der göttliche Zorn wird dafür sorgen, dass seine göttliche Erleuchtung in euch zu einer bewussten Vervollständigung eurer göttlichen Weisheit auf Erden führen wird, wenn er von euch seine bewusste Annahme erfahren darf.

Die göttliche Weisheit wird auf den Wegen der partnerschaftlichen Liebe ganz gewiss von euch benötigt werden, sie bewusst in ihre göttliche Form auf Erden zu erheben.

Somit mag jede vergangene Partnerschaft in ihrer göttlichen Wahrhaftigkeit eine Vorbereitung für eure folgende Partnerschaft gewesen sein, die euch immer einen Schritt näher in die göttliche Wahrhaftigkeit der göttlichen Partnerschaft auf Erden zu führen weiß, wenn es euch gelingt, sie für die Geburt der göttlichen Weisheit in euch zu nutzen.

Der göttliche Reinigungsprozess, der jede Partnerschaft zu ihrem göttlichen Abschluss führen und euch von den unerlösten Wunden der Rache reinigen darf, die durch ihr Aufsteigen in euer Bewusstsein ihre Transformation durch eure bewusste Erleuchtung erfahren wollen, wird euch ganz gewiss auch in eure unerlöste Kindheit führen, in der ihr die Illusionen und unerlösten Wunden aufgenommen habt, die euch in jene Partnerschaften geführt haben, in denen ihr die unerlöste Wunde der Rache erzeugen und gebären durftet.

Der göttliche Reinigungsprozess, der jeder Seele auf Erden die goldene Möglichkeit anzubieten sucht, sich von ihren Illusionen und unerlösten Wunden zu befreien, erfährt in vielen Seelen seine Unterdrückung, da die meisten eurer Illusionen und unerlösten Wunden, so wie die unerlöste Wunde der Rache, durch eure anerzogenen Bewertungssysteme als eine scheinbare Bedrohung für euch gelten, die euch euren göttlichen Wert scheinbar rauben wollen.

   Da die meisten eurer Illusionen und unerlösten Wunden durch eure irdischen Bewertungssysteme eine scheinbare Gefahr für euren Selbstwert darstellen, wird jedes bewusste Aufsteigen dieser Illusionen und unerlösten Wunden vorerst von euch bekämpft werden, so dass sie in eurer Unbewusstheit eine Größe erzeugen und gebären können, aus der sie ganz die Führung über euer bewusstes Leben übernehmen, ohne dass ihr euch ihrer bewusst seid und deshalb oftmals zu glauben beginnt, dass ihr das Opfer dieser Welt wäret und nicht das Opfer eurer eigenen unterdrückten Energien, die erst durch eure fehlende Bereitschaft, sie bewusst erleuchten zu wollen, in eurem Unterbewusstsein so angewachsen sind, dass ihr scheinbar die bewusste und somit göttliche Kontrolle über sie verloren habt.

Es mag die göttliche Zeit in eurem Leben gekommen sein, dass ihr euch bewusst den unterdrückten Energien in euch zuwendet, die es in dieser goldenen Zeit bewusst aufzunehmen, zu erleuchten und zu transformieren gilt, damit ihr euch nicht als Opfer, sondern als

Schöpfer und als Schöpferin eures eigenen Lebens anerkennen lernt.

Wenn der göttliche Reinigungsprozess, der eine gegenwärtige oder vergangene Partnerschaft abzuschließen sucht, in der die unerlösten Wunden der Rache geboren wurden, von euch bewusst oder unbewusst seine Unterdrückung erfährt oder erfahren hat, dann werden die unerlösten Wunden der Rache verhindern, dass aus eurem göttlichen Herzen der göttliche Wunsch nach einer göttlichen Partnerschaft geboren werden kann, um aus eurem Herzen in euer irdisches Leben zu fließen und dort eine göttliche Resonanz zu einem für euch bestimmten Partner oder Partnerin zu erzeugen und zu gebären.

Wenn der göttliche Reinigungsprozess, der eine gegenwärtige Partnerschaft abzuschließen sucht, die nicht mehr dem göttlichen Willen im Leben einer Seele entspricht, von ihr bewusst oder unbewusst seine Unterdrückung erfährt, dann können die unerlösten Wunden der Rache an ihrer gegenwärtigen Partnerschaft scheinbar festhalten wollen, obwohl diese offensichtlich keine göttliche Erfüllung mehr ermöglichen kann, in der unbewussten Hoffnung ihrer Illusionen und unerlösten Wunden, sich an ihrem Partner rächen oder vielmehr den scheinbar aufgenommenen Schmerz ihres Partners an ihn wieder abgeben zu können.

Wenn der göttliche Reinigungsprozess, der eine vergangene Partnerschaft in einer Seele abzuschließen gesucht hat, die nicht mehr dem göttlichen Willen in ihrem Leben entsprach, von ihr bewusst oder unbewusst seine Unterdrückung erfahren hat, dann wird ihr Herz von dieser Partnerschaft nicht frei geworden sein, auch wenn der direkte Kontakt zu ihr in ihrem Leben nicht mehr existiert.

Eine Seele, deren Herz von den unerlösten Wunden der Rache noch nicht frei ist, die sie in einer vergangenen Partnerschaft geboren hat, ohne sie durch den göttlichen Reinigungsprozess zu erlösen, wird sich dadurch immer wieder zu dem Partner ihrer Vergangenheit scheinbar hingezogen fühlen.

So mag es eine der größten menschlichen Illusionen sein, zu glauben, dass eine Seele auf Erden die Partner oder Partnerinnen bevorzugen sollte, die sie scheinbar besonders schlecht behandelt haben, nur weil es ihr nicht immer gelingt, sich innerlich von diesen Partnern zu lösen.

Wenn eine Seele scheinbar verzweifelt in eine Partnerschaft zurückzukehren sucht, die sie in göttlicher Wahrhaftigkeit von der göttlichen Fülle in ihrem Leben distanziert, dann ist es ganz gewiss nicht die göttliche Liebe in ihrem göttlichen Herzen, die sie in diese Partnerschaft zurückzuführen sucht, sondern vielmehr ihre unerlösten Wunden der Rache, die ihre göttliche Erleuchtung in ihr noch nicht erfahren haben, auch wenn die Seele daran glauben will und durch ihre Unbewusstheit glauben wird, dass es die göttliche Liebe sei, die sie in eine Partnerschaft zurückzuführen sucht, in der ihr Herze scheinbare Verwundungen erfahren hat und somit seine göttliche Erfüllung nicht erfahren konnte.

Wenn eine Seele scheinbar verzweifelt eine Partnerschaft mit einer Seele zu erfahren sucht, die diese Erfahrung nicht mit ihr teilen will oder scheinbar nicht teilen kann und die sie in göttlicher Wahrhaftigkeit von der göttlichen Fülle in ihrem Leben distanziert, dann ist es ganz gewiss nicht die göttliche Liebe in ihrem göttlichen Herzen, die sie verzweifelt um diese Partnerschaft kämpfen lässt, sondern vielmehr ihre unerlösten Wunden der Rache aus ihrer unerlösten Vergangenheit, die ihr für den Fall ihres Sieges die unbewusste Möglichkeit schaffen, von ihrem Partner eines Tages Buße und somit meist unbewusst seine Unterwerfung einzufordern.

Der animalische Instinkt in einer Seele sucht sich aus der Energie einer anderen Seele zu nähren, die sich ihm scheinbar unterworfen hat.

Die unerlöste Wunde der Rache aktiviert immer den animalischen Instinkt in einer Seele, um den scheinbaren Kampf um die notwendige Energie zu eröffnen, die es für ihre Umsetzung in ihrem irdischen Leben benötigt, da die unerlöste Wunde der Rache keine göttlichen

Energien aus eurem göttlichen Universum erhalten kann, um sich in eurem Leben erfahren zu können, denn euer animalischer Instinkt richtet sich immer gegen die göttlichen Gesetzmäßigkeiten auf Erden und existiert somit außerhalb der göttlichen Fülle, die euch ausreichend mit göttlicher Energie zu versorgen weiß, ohne scheinbare Kämpfe in eurem Leben führen zu müssen.

Die göttliche Liebe in einer Seele kämpft nicht um eine Partnerschaft, in der sie in der Gegenwart die bewusste oder unbewusste Ablehnung durch einen Partner erfährt, auch wenn es in der Vergangenheit vielleicht einmal anders gewesen ist, denn die göttliche Liebe sucht sich immer bewusst in eurer Gegenwart zu erfahren, um in eure scheinbar ungeliebte Vergangenheit zu fließen und sie somit erlösen zu können.

Die göttliche Liebe in einer Seele kämpf, nicht um eine Partnerschaft, in der sie die bewusste oder unbewusste Ablehnung durch einen Partner erfährt, denn die göttliche Liebe sucht die göttlichen Wege der bewussten Erfahrung mit einer Seele, die für sie in ihrer Gegenwart göttlich bestimmt ist und die sie aus ihrer göttlichen Bestimmung heraus anzunehmen in der Lage ist, um gemeinsam die Wege der göttlichen Liebe in einer Partnerschaft auf Erden zu erfahren.

Die göttliche Liebe in eurem Herzen ist immer frei von den Illusionen und den unerlösten Wunden des Kampfes, denn sie weiß um die göttliche Führung in eurem Leben, die sie langfristig immer in die Erfahrungen führen wird, die es ihr ermöglichen, sich göttlich in eurem Leben zu entfalten, wenn ihr aus euren Illusionen und unerlösten Wunden diese göttlichen Wege nicht unbewusst zu verhindern sucht, indem ihr ihnen unbewusst die Führung über euer Leben überlasst.

Jede Illusion und jede unerlöste Wunde von Druck distanziert euch in eurem Bewusstsein von eurem göttlichen Herzen, denn das göttliche Herz weiß um die göttliche Liebe in eurem Leben und kann somit nicht gemeinsam mit den Illusionen und unerlösten Wunden von

Druck existieren, die glauben wollen, dass euch die göttliche Führung in eurem Leben scheinbar übergehen könnte.

Wenn eine Seele aus ihrer unerlösten Wunde der Rache den direkten Kontakt zu einem Partner erhalten will, der sich scheinbar von ihr zu lösen sucht, dann wird sie aus ihrem animalischen Instinkt heraus unbewusst glauben wollen, dass sie diesen Kontakt dadurch erhalten könnte, dass sie ihrem Partner anbietet, was sich ihr animalischer Instinkt langfristig von ihrem Partner erhofft, und beginnt sich somit zu unterwerfen und die Wege der direkten Selbsterniedrigung zu beschreiten.

Bevor sich eine Seele in ihrem Leben vor einem Partner zu erniedrigen sucht, darf ihr bewusst werden, was sie tut, damit aus ihrer bewussten Handlung die göttliche Erleuchtung ihrer unbewussten Verwundung gezeugt und geboren werden kann, die sie dazu aufzufordern sucht, sich vor einer anderen Seele zu erniedrigen.

Wenn eine Seele in ihren Partnerschaften die Wege der Selbsterniedrigung beschreitet, dann sollte sie sich offen eingestehen, dass sie sich durch ihr eigenes Verhalten erniedrigt empfindet, und sich immer wieder bewusst und somit laut und deutlich die Frage erlauben, ob sie wahrhaftig eine Wiederholung ihrer Selbsterniedrigung in einem bewussten Kontakt zu einer anderen Seele benötigt, um ihre Illusionen und ihre unerlösten Wunden in ihrer Gegenwart spüren zu können, die es doch jetzt zu erleuchten gilt, damit sie ihre göttliche Transformation erfahren können. Wenn eure Illusionen und eure unerlösten Wunden von euch zu fordern scheinen, die Wege der Selbsterniedrigung zu beschreiten, dann solltet ihr euch dafür weder als schuldig noch als wertlos identifizieren, sondern euch in eurer eigenen Verwundung mit eurem göttlichen Mitgefühl versorgen wollen und in eurer göttlichen Liebe dazu ermuntern, das verwundeten Kind in euch zu lehren, dass es sich für die göttliche Liebe in seinem Leben nicht zu erniedrigen braucht, um sie sich auf diese Weise unbewusst zu verdienen und erkämpfen zu müssen.

Um die göttliche Liebe in eurem Leben in einer Partnerschaft bewusst erfahren zu können, braucht es die bewusste Erleuchtung eures Herzens, so dass keine Illusionen und keine unerlösten Wunden in euch und somit in eurem Leben die göttliche Liebe in eurem Herzen aufhalten können, um euch bewusst mit dem Partner oder der Partnerin in göttlicher Liebe zu vereinen, die eure göttliche Bestimmung auf Erden ist, um die Wege der göttlichen Vereinigung bewusst miteinander zu erfahren.

Ihr dürft euch bewusst die Zeit in eurem Leben nehmen, euch mit eurer partnerschaftlichen Vergangenheit in bewusster Stille auseinanderzusetzen, damit alle unerlösten Wunden in euch sichtvoll werden können, die euer göttliches Herze daran zu hindern scheinen, sich in eurer irdischen Realität bewusst entfalten zu können.

Ihr dürft bewusst darauf achten, an welchen Partner oder an welche Partnerin eurer Vergangenheit ihr zu denken beginnt, wenn ihr euch in der Stille mit eurer partnerschaftlichen Vergangenheit auseinanderzusetzen beginnt, um euch eurer Illusionen und unerlösten Wunden bewusst zu werden, die es für euch noch zu erleuchten gilt.

Ihr dürft der göttlichen Führung in euch bewusst vertrauen und in euer Herze hineinhören wollen, denn dann werden Erinnerungen und Bilder eurer unerlösten Vergangenheit in eurem bewussten Geist gezeugt und geboren werden, die euch unbewusst noch mit einem Partner oder einer Partnerin verbinden, weil sie noch nicht ihre göttliche Bearbeitung in euch erfahren haben, um diesen Partner eurer Vergangenheit göttlich loslassen zu können.

Jede vergangene Partnerschaft, die von einer Seele noch nicht göttlich losgelassen wurde, raubt ihrem göttlichen Herzen seine göttliche Freiheit in der Gegenwart, um sich für die bewusste Erfahrung der göttlichen Liebe in ihrem Leben öffnen zu können.

Ihr dürft bewusst darauf achten, euch von euren Illusionen und euren unerlösten Wunden nicht die göttliche Führung nehmen zu lassen, wenn sie in euer Bewusstsein aufzusteigen beginnen und euch an eure unerlöste Vergangenheit erinnern.

Ihr dürft bewusst darauf achten, euch nicht in der Phantasiewelt eurer Illusionen und unerlösten Wunden zu verlieren, die ihren unerlösten Schmerz durch ihre selbst erschaffene Phantasiewelt über eure vergangene Partnerschaft zu überdecken gesucht haben, da sie in euch keine göttliche und somit bewusste Gelegenheit gefunden haben, um ihren unerlösten Schmerz in euch zu erlösen.

Eure Illusionen und eure unerlösten Wunden werden euch die Flucht in eine Phantasiewelt ermöglichen, wenn die von ihnen geschaffene Realität durch euer unbewusstes Haften in der Rolle des Opfers auf Erden unerträglich für eure spirituelle, mentale, emotionale oder körperliche Empfindung zu sein scheint und ihr noch nicht die bewusste göttliche Entscheidung getroffen habt, euch von euren Illusionen und unerlösten Wunden erlösen zu wollen, damit es euch möglich wird, eure irdische Gegenwart bewusst göttlich zu manifestieren, so dass sie euch mit den Erfahrungen der göttlichen Fülle in eurem Leben zu vereinen weiß.

Die Phantasiewelt eurer Illusionen und unerlösten Wunden sucht euch in ihrer Unbewusstheit eine scheinbar notwendige Flucht vor den scheinbar schmerzhaften Situationen in eurem Leben zu ermöglichen, und verhindert somit in göttlicher Wahrhaftigkeit, dass euch den Illusionen und den unerlösten Wunden in euch bewusst zuwendet, die durch die zwischenmenschlichen Kontakte ihre Aktivierung in euch erfahren haben.

Ihr dürft der göttlichen Führung in euch bewusst vertrauen und in euer Herze hineinhören wollen, denn dann wird euer Herz euch aufzuzeigen wissen, welchen Partner oder welche Partnerin eurer unerlösten Vergangenheit ihr noch nicht göttlich losgelassen habt.

Wenn eure Illusionen und unerlösten Wunden aufsteigen, die dafür gesorgt haben, dass ihr euren Partner oder eure Partnerin eurer Vergangenheit noch nicht losgelassen habt, dann solltet ihr bewusst darauf achten, euch nicht in der Phantasiewelt eurer Illusionen und unerlösten Wunden zu verlieren, auch wenn sie euch noch so verlockend erscheint, und euch bewusst darauf konzentrieren, die Verwundungen in euch sehen zu wollen, die durch diesen Partner oder diese Partnerin eurer unerlösten Vergangenheit in euch aktiviert wurden und noch keine göttliche Erleuchtung und somit kein göttliches Mitgefühl von euch erhalten haben, um sich in euch transformieren und euch somit göttlich von eurer unerlösten Vergangenheit lösen zu können, damit euer göttliches Herze in der Gegenwart seine göttliche Freiheit erfahren kann.

Das göttliche Loslassen eurer unerlösten Vergangenheit und somit das göttliche Loslassen eines Partners oder einer Partnerin eurer unerlösten Vergangenheit kann und wird niemals bedeuten, dass ihr eine göttliche Verbindung der göttlichen Liebe dabei durchtrennen werdet, die eure göttliche Bestimmung auf Erden bedeutet.

Das göttliche Loslassen eurer unerlösten Vergangenheit und somit das göttliche Loslassen eines Partners oder einer Partnerin eurer unerlösten Vergangenheit, schenkt eurem göttlichen Herzen die Möglichkeit seiner göttlichen Freiheit, aus der heraus es die Seele in eurem Leben anziehen wird, mit der es in göttlicher Liebe verbunden ist, und das kann auch ein Partner oder eine Partnerin eurer unerlösten Vergangenheit sein, die den göttlichen Weg der Liebe zu euch nur finden können, wenn sie nicht mehr aus der Resonanz eurer Illusionen und unerlösten Wunden in eure irdische Realität gelangen, sondern auf die göttliche Liebe in eurem göttlichen Herzen reagieren dürfen.

Das göttliche Loslassen eurer unerlösten Vergangenheit und somit das göttliche Loslassen eines Partners oder einer Partnerin eurer unerlösten Vergangenheit ist immer ein notwendiger Reinigungsprozess eures göttlichen Herzens, der dafür sorgen darf, dass es nicht eure Illusionen und unerlösten Wunden sind, die die Resonanz bei eurer künftigen Partnerwahl übernehmen, sondern euer göttliches Herze, das seine göttliche Resonanz zu den Seelen zu erzeugen und zu gebären weiß, die wahrhaftig eurer göttlichen Bestimmung auf Erden entsprechen.

Jede Partnerschaft in eurem Leben birgt eine göttliche Botschaft über die göttliche Liebe in sich, die es für euch bewusst zu empfangen gilt, damit sich die Wege der göttlichen Liebe langfristig in eurem irdischen Leben manifestieren können. Jede Partnerschaft in eurem Leben sucht euch ein göttlicher Lehrer zu sein, der euch in den göttlichen Gesetzen der göttlichen Liebe zu unterrichten sucht, die von eurer Seele noch nicht ausreichend ihre bewusste Integration erfahren haben. Der göttliche Reinigungsprozess sucht euch immer in den Weg der bewussten Selbsterleuchtung eurer Illusionen und eurer unerlösten Wunden zu führen, die euch daran hindern, die göttliche Liebe bewusst in eurem Leben zu erfahren, und ist in seinem göttlichen Lehrstoff für euch von unermesslichem Wert.

Jeder göttliche Reinigungsprozess wird euer göttliches Herze in eurer irdischen Bewusstheit ausdehnen, wenn es seine bewusste Annahme in eurem Leben erfahren darf.

In meiner Inkarnation als Lilith gebar ich meinem Sohn Samael viele Kinder.

Als unser erstes Kind geboren wurde, unterschied es sich sehr in seiner körperlichen Beschaffenheit von mir, meinem Sohn Samael und meinem Geliebten Adam.

Sein Körperchen war winzig und seine Knochen sehr zerbrechlich.

Es schien nicht sehen zu können und schlief sehr lange.

Zu Anfang wollte ich glauben, dass es im Laufe seines Wachstumsprozesses seine göttliche Vollkommenheit nachbilden würde, aber das genaue Gegenteil traf ein.

Mein Kind schien das Laufen nicht problemlos erlernen zu können, denn seine Wirbelsäule war nach vorne gekrümmt, und es lief noch auf allen Vieren, als es bereits ausgewachsen war.

Mein Kind schien auch das Sprechen nicht vollständig zu erlernen und gab eigenartige Laute von sich, die ich erst im Laufe der Zeit zu entschlüsseln lernte, und seine gesamte Auffassungsgabe war sehr stark eingeschränkt.

Alle weiteren Kinder, die ich meinem Sohn Samael gebar, zeigten die gleichen Symptome, und ich gebar, ohne mir dessen bewusst zu sein, die ersten sterblichen Ur-Menschen auf Erden auf dem heutigen Kontinent Afrika.

Ich und mein Geliebter Adam waren aus einer direkten und somit bewussten Verbindung mit Gott und der Göttin gezeugt und geboren worden, und deshalb war es uns von Anbeginn nicht möglich gewesen, den gefallenen Seelen von dem Planeten Mars ihre körperliche Hülle zu ermöglichen, die ihrem eigenen Entwicklungsstand entsprach.

Die gefallenen Seelen vom Planeten Mars sollten auf dieser göttlichen Erde die goldene Möglichkeit erhalten, sich ihrer Illusionen und ihrer unerlösten Wunden bewusst zu werden, die auch immer über ihre körperliche Erscheinung zum Ausdruck gelangen.
   Das Gesetz Gottes und der Göttin besagt, dass euer menschlicher Körper immer ein Spiegelbild eurer eigenen göttlichen Entwicklung auf Erden ist, und ihr euch somit bewusst darin üben dürft, euren menschlichen Körper in seiner göttlichen Botschaft an euch zu entschlüsseln.

Die Geburten der ersten Ur-Menschen auf dem Kontinent von Samael verkörperten die Ankunft der gefallenen Seelen vom Mars, die durch ihre vergangenen Erfahrungen den bewussten Kontakt zu ihrem göttlichen Ursprung scheinbar verloren hatten und in ihrer körperlichen Manifestation ein irdischer Ausdruck der scheinbar fehlenden Göttlichkeit in ihrer bewussten Realität waren.
   Die Kinder, die aus meiner Vereinigung mit meinem Sohn Samael geboren wurden, waren unbewusst die Kinder unserer gemeinsamen unerlösten Wunde der Rache, die sich gegen Adam richten sollte, und entsprangen somit auf Erden der Energie, aus der unsere Kinder gekommen waren, so dass sie erst durch die unerlöste Wunde der Rache in uns ihre Resonanz zu uns und somit zu dem Planeten Erde

zu bilden in der Lage waren, denn die unerlöste Wunde der Rache beherrschte unbewusst auf dem Planeten Mars die gesamte Atmosphäre ihrer bewussten Realität.

Das Gesetz Gottes und der Göttin besagt, dass jedes Ding in eurem Leben aus dem göttlichen Gesetz der Resonanz gezeugt und geboren werden soll, damit euch der göttliche Spiegel eurer selbst stets und allgegenwärtig in eurem Leben begleitet, um euch in eurem göttlichen Auftrag der bewussten Selbsterleuchtung zu unterstützen.

Ich gebar meinem Sohn Samael alle 10 Monde weitere Kinder, und aus fast jeder Schwangerschaft gebar ich drei oder vier Kinder.

Da ich über meinen göttlichen Körper mit der Göttin verbunden war, war es mir möglich, meine Kinder reichlich mit meiner Muttermilch zu versorgen, da meine göttliche Milch in Strömen floss.

Ich nährte meine Kinder alle sehr lange an meiner Brust und gebar somit in ihnen die ersten Schritte der bewussten Liebe für die Göttin und somit für die Weiblichkeit, die auf dem Planeten Mars so viel Abwertung und Unterdrückung erfahren hatte, dass ihr göttlicher Wert verloren schien.

Mein Sohn Samael beobachtete die Entwicklung der Liebe zwischen mir und unseren Kindern und schien immer unruhiger zu werden.

Mir war nicht bewusst, dass seine Illusionen und seine unerlösten Wunden, die aus seiner unerlösten Kindheit in ihm gezeugt und geboren worden waren, den Anblick von göttlicher Liebe scheinbar nicht ertragen konnten, da es ihnen in ihrer Kindheit nicht gelungen war, die göttliche Liebe bewusst empfangen und geben zu können, denn die Kindheit von meinem Sohn Samael war geprägt von der Aktivierung der Illusionen seines Vaters Adam und meiner unerlösten Wunden, die der göttlichen Liebe in seinem Leben scheinbar ihre bewusste Existenz verweigert hatten.

Mir war nicht bewusst, dass der Anblick der göttlichen Liebe, die zwischen mir und unseren Kindern floss, für die Illusionen und unerlösten Wunden meines Sohnes Samael eine Provokation zu sein schien, die ihm scheinbar deutlich machen wollte, wie ausgeschlossen und getrennt er von der göttlichen Einheit der Liebe sei, die er offensichtlich nicht zu empfangen in der Lage war.

In göttlicher Wahrhaftigkeit wurden die ersten Illusionen seines Vaters Adam bewusst in ihm geboren, denn er wollte sich unbewusst in seinen Illusionen als getrennt von der göttlichen Einheit der Liebe betrachten, um sich aus seinem unerlösten Schmerz zu erlösen, und aktivierte somit den gesamten Kreislauf der Illusionen seines Vaters, die in seinem Gehirn gespeichert darauf gewartet hatten, in seinem Leben ihre bewusste Umsetzung zu erfahren.

In meiner Inkarnation als Lilith war ich scheinbar in meiner eigenen Unbewusstheit gefangen, doch konnte ich sehr deutlich wahrnehmen, dass sich mein Sohn Samael zu verändern begann.

Er schien immer unter einem inneren Druck zu stehen und litt immer häufiger unter Aggressionen, die ihn offensichtlich dazu veranlassten, mich oder eines unserer Kinder über seine Kommunikation zu verwunden, so dass ich und unsere Kinder sich immer mehr von ihm zu distanzieren begannen.

Mir war nicht bewusst, dass unsere Distanz die unerlöste Wunde der Getrenntheit in ihm vergrößerte, so dass seine Illusionen den Druck erzeugten, einen vermeintlichen Angreifer identifizieren zu müssen, den es zu besiegen galt, damit er sich seinen göttlichen Thron, der ihm die Zugehörigkeit zu der Einheit gewährleisten sollte, erkämpfen konnte, um somit seine unerlöste Wunde der Getrenntheit scheinbar aus ihrem Schmerz zu erlösen.

Nachdem sich mein Sohn Samael immer weiter von der göttlichen Liebe zu distanzieren schien, bat ich ihn um ein Gespräch.

Ich fragte meinen Sohn Samael, was ihn denn bedrücke, und es folgte eine lange Phase des Schweigens, denn er war sich seiner nicht bewusst.

Da schaute ich tief in seine Augen und konnte in ihnen die unerlöste Wunde der Getrenntheit und der Einsamkeit sehen, und mein Herz wurde schwer.

Ich fragte meinen Sohn, ob er sich einsam fühlte, aber er schwieg.

Nach einer Weile gab er mir zur Antwort, dass ich mich nur selbst in ihm spiegelte.

Mein Sohn Samael konnte so göttlich weise sein, dass mein Herze vor Liebe für ihn überfloss, wenn sie aus ihm sprach.

Mir war nicht bewusst, dass die Illusionen und unerlösten Wunden meines Sohnes Samael seine angeborene Göttlichkeit unbewusst missbrauchten. Da er den bewussten Glauben an seine Göttlichkeit scheinbar verloren hatte, schien seine angeborene Göttlichkeit in seiner bewussten Realität nicht zu existieren und wurde von ihm durch seine Unbewusstheit zum Diener seiner Illusionen und unerlösten Wunden benannt, die ihm durch seine unbewusste Resonanz den rechten Ausweg zu weisen schienen.

Mir war nicht bewusst, dass die Illusionen und unerlösten Wunden meines Sohnes Samael seine angeborene Göttlichkeit unbewusst missbrauchten, um ihren eigenen Schmerz zu überdecken, damit ihre unbewusste Kampfstrategie vor dem scheinbaren Feind nicht sichtbar werden konnte.

Mir war nicht bewusst, dass die Illusionen und unerlösten Wunden meines Sohnes Samael seine angeborene Göttlichkeit unbewusst dazu missbrauchten, mich von ihnen abzulenken.

In göttlicher Wahrhaftigkeit hatten sich seine Illusionen und somit die Illusionen seines Vaters Adam mit meinen unerlösten Wunden vereint und zogen ihr eigenes unbewusstes Band um uns, denn sie ergänzten sich.

Als ich die Worte der Weisheit aus dem Munde meines Sohnes Samael vernahm, stiegen in mir die Phantasiewelten meiner Illusionen und meiner unerlösten Wunden empor, denn für sie schien das kurze Aufflackern seiner Göttlichkeit Anlass genug zu sein, sich wieder in meinem bewussten Leben zu behaupten, um sich mir als ein scheinbarer Heilungstrunk für alle meine Konflikte in meinem Leben anzubieten, und ich nahm diesen Heilungstrunk scheinbar erleichtert entgegen.

Vermutlich, so begannen mir meine Illusionen und unerlösten Wunden einzureden, hatte ich mir die Veränderungen in meinem Sohn Samael eingebildet, weil ich mir meine eigene Einsamkeit nicht eingestehen wollte.

Mir war nicht bewusst, dass ich erneut meine Göttlichkeit auf Erden bewusst in Frage zu stellen begann, denn ich hatte sehr wohl die Illusionen und die unerlösten Wunden der Einsamkeit auch in ihm gesehen.

Mir war nicht bewusst, dass ich bereits wieder in der Rolle des Opfers auf Erden gefangen war, in der es immer nur einen Gewinner und einen Verlierer geben konnte und die somit die göttliche Wahrhaftigkeit auszuschließen suchte, dass wir in unseren Illusionen und unseren unerlösten Wunden gleichwertig und somit beide in den Illusionen und den unerlösten Wunden der Einsamkeit scheinbar gefangen waren.

Ein paar Tage nach unserem Gespräch kam mein Sohn Samael zu mir und bat mich um ein weiteres Gespräch.

Er offenbarte mir, dass er sich von der Erziehung unserer gemeinsamen Kinder ausgegrenzt fühle und mehr Verantwortung für die Erziehung seiner Kinder übernehmen wolle.

Er sagte mir, dass er versuchen wolle, sich bewusst um die Erziehung seiner Kinder zu bemühen, damit er nicht die gleichen Fehler mache, wie sein Vater Adam.

Mir war nicht bewusst, dass es seine Illusionen von Kampf und Konkurrenz waren, die aus ihm sprachen und sich vorgenommen hatten, ihren scheinbar größten Feind, ihren Vater Adam, auf jeder Linie besiegen zu wollen.

Mein Sohn Samael machte mir den Vorschlag, dass er sich um die Erziehung unserer Söhne kümmern wolle, so dass mir die Erziehung unserer Töchter zufallen würde.

Die Entwicklung unserer gemeinsamen Kinder hatte mir bereits zahlreiche schlaflose Nächte bereitet.

Die Sexualität unserer Kinder entwickelte sich nach meinem inneren Gefühl besorgniserregend.

Unsere Söhne nahmen sich täglich unsere Töchter und schienen dabei die Grenzen unserer Töchter und somit ihren freien Willen immer weniger achten zu wollen.

Die Kinder, die aus den körperlichen Vereinigungen unserer Kinder gezeugt und geboren wurden, waren noch weniger entwickelt als unsere Kinder und ihr animalischer Anblick gab mir zu denken.

Zudem wiesen die Körper unserer Kinder alle nur erdenklichen Krankheiten auf, die mir vollkommen unbekannt waren, und im Laufe ihrer Entwicklung zeigten ihre Körper weitere sonderbare Symptome, denn ihre Haare wurden weiß, die Zähne fielen aus, ihre Haut legte sich in Falten und sie schienen dabei immer schwächer zu werden.

Mir war nicht bewusst, dass es sich dabei um die menschliche Sterblichkeit handelte, die mir, meinem Geliebten Adam und meinem Sohn Samael durch unsere bewusste göttliche Entstehung nicht gegeben war.

Die menschliche Sterblichkeit sollte unseren Kindern die göttliche Möglichkeit anbieten, zwischen ihren einzelnen Lebenserfahrungen immer wieder in direkten Kontakt zu ihrem göttlichen Ursprung zu gelangen, zu dem sie zwar bewusst noch keine langfristige Resonanz erzeugen konnten, um sich in ihre eigene Göttlichkeit auch auf Erden erheben zu können, der es ihnen aber in ihrer unbewussten Übergangsphase, ihrem irdischen Tod, ermöglichte, im Namen des göttlichen Willens belehrt zu werden, und sie somit immer wieder an ihren göttlichen Ursprung, wenn auch unbewusst, erinnerte, so dass die Erinnerung an ihren göttlichen Ursprung in ihnen niemals verloren gehen konnte.

Die bewusste Auseinandersetzung einer Seele mit dem physischen Tod auf Erden ist immer ihre bewusste oder unbewusste Suche nach ihrer eigenen Göttlichkeit, die sich in eurem menschlichen Sterben immer zu offenbaren weiß.

Ein paar Tage bevor mich mein Sohn Samael auf die Erziehung unserer gemeinsamen Kinder ansprach, war unser erstes Kind gestorben und mein Herz schien zu bluten.
 Die unerlöste Wunde der Ohnmacht hatte die unbewusste Führung in mir übernommen und schien verzweifelt auf der Suche nach einer Gelegenheit zu sein, die Verantwortung für meine göttlichen Herausforderungen an eine andere Seele abgeben zu können.
 Als mein Sohn Samael mir nun den Vorschlag machte, die Erziehung unserer Kinder untereinander aufzuteilen, nahm ich diesen Vorschlag dankbar an.
 Zudem empfand ich die Aufgabe, unsere Töchter zu erziehen, um vieles einfacher als die Aufgabe, unsere Söhne zu erziehen, auch wenn ich nicht bereit war, mir das offen und somit bewusst einzugestehen, aber ich hatte mit allen unseren Söhnen kurze Augenblicke erfahren, in denen das Antlitz meines Geliebten Adam in ihnen zu sehen war und mich durch die Augen meiner Söhne verhöhnen zu wollen schien.

Die Erziehung unserer gemeinsamen Kinder untereinander aufzuteilen, schien für meine Illusionen und meine unerlösten Wunden der schmackhafteste aller Heiltränke zu sein, der mich von meinen unerlösten Konflikten mit der Männlichkeit auf Erden scheinbar erlösen sollte.
 So begann ich mit meinem Sohn Samael zwei geteilte Lager zu errichten, zwischen denen eine gewisse Distanz bestand, um der ungezügelten Sexualität unserer Kinder eine irdische Grenze zu setzen.

Als ich mit unseren Töchtern in unser Frauenlager zog, war ich voller Tatendrang, denn ich hatte mir vorgenommen, mich endlich bewusst um die Erziehung unserer Kinder, oder vielmehr meiner Töchter, zu kümmern.

Jeden Abend, wenn unsere Töchter schliefen, las ich in der Tora der Göttin und gab Ihre Botschaften am nächsten Morgen an unsere Töchter weiter.

Zu Beginn schien es so, als ob unsere Töchter mich nicht ausreichend verstehen konnten, um die Botschaften der Göttin in ihre Bewusstheit zu integrieren, aber im Laufe der Zeit gelang es mir durch das Wissen der großen Göttin in mir, einen direkteren Kontakt zu ihren göttlichen Herzen herzustellen, und sie begannen meine Sprache immer besser zu verstehen und lernten ihre ersten Worte sprechen.

Unsere Töchter verwandelten sich nach und nach immer mehr in mein Ebenbild, und auch ihr Körper und somit ihr Gang begann sich unübersehbar zu verändern.

Unsere Töchter erlernten durch die Worte der Göttin, die ich sie täglich lehrte, nicht nur eine gemeinsame Sprache, die einen bewussten Austausch zwischen uns Frauen ermöglichte, sondern sie erlernten auch den bewussten Umgang mit den vier Elementen in ihrem irdischen Leben.

So war es unseren Töchtern möglich, sich ein Feuer zu entzünden, um sich zu wärmen und ihre Nahrung zuzubereiten und sie sorgten dafür, dass ihre Erde fruchtbar wurde.

Unsere Töchter errichteten mit mir gemeinsam ihre ersten festen Wohnräume und übten sich wahrhaft göttlich darin, sich das Wetter untertan werden zu lassen, um ihrer angebauten Nahrung optimale Bedingungen für ihr Wachstum zu ermöglichen.

Gemeinsam erbaute ich mit meinen Töchtern eine Welt der göttlichen Fülle, die alles zu beinhalten schien - außer dem verkörperten Abbild unserer Männlichkeit.

Mir und meinen Töchtern war nicht bewusst, dass wir vom Lager der Männer, dem Lager meiner Söhne, beobachtet wurden, denn sie sahen aus der Ferne das Aufsteigen unserer Lagerfeuer, und sie sahen, wie sich Regenschauer über unserem Lager entluden, während bei ihnen eine scheinbar unüberwindliche Dürre herrschte, die ihr irdisches Überleben in einen scheinbaren Überlebenskampf verwandelte.

Es schien meinem Sohn Samael nicht gelingen zu wollen, unseren Söhnen eine gemeinsame Sprache beizubringen, und somit schien es ihm nicht zu gelingen, sie bewusst gemeinsam an einem Strang ziehen zu lassen.

Es kam zu ständigen Kämpfen zwischen unseren Söhnen, die in göttlicher Wahrhaftigkeit durch die Illusionen von Getrenntheit, Kampf und Konkurrenz erzeugt wurden, die von ihrem Vater Samael auf sie übertragen wurden.

Unsere Söhne kämpften untereinander den Kampf, den ihr Vater Samael in göttlicher Wahrhaftigkeit eigentlich gegen seinen Vater Adam zu kämpfen versuchte. Da er keine Gelegenheit dafür finden konnte, boten sie sich ihm auf ihre unbewusste Weise an, seinen unerlösten Schmerz zu lindern, indem sie für ihn seine unerlösten Kämpfe zu führen suchten, denn er war für sie ihr eigener Gott, der im Vergleich zu ihnen vollkommen in seiner Göttlichkeit zu sein schien.

Die Haare meines Sohnes Samael glänzten golden wie die Sonne, und seine Augen konnten sich in zwei Kristallgleiche Bernsteine verwandeln, die in verschiedenen Brauntönen funkelten.

Mein Sohn Samael war von einer so göttlichen Schönheit, dass sein Antlitz jedes göttliche Herz hätte öffnen können, wenn er sich seiner eigenen Göttlichkeit bewusst gewesen wäre, die durch seine göttliche Schönheit sehr bewusst auf sich aufmerksam zu machen suchte, aber er verlor sich in seinen anerzogenen Illusionen und unerlösten Wunden, die an seine eigene Göttlichkeit und somit an das göttliche Licht in ihm scheinbar nicht glauben konnten. Und so entwickelte er sich zu einem scheinbaren Kämpfer gegen die göttliche Liebe auf Erden, der in göttlicher Wahrhaftigkeit gegen die göttliche Liebe in seinem eigenen innersten Kern zu kämpfen suchte, weil er an ihre Existenz scheinbar nicht mehr glauben konnte.

Die vielen Kämpfe, die unsere Söhne in ihrem Lager untereinander führten, raubten ihnen scheinbar die Energie, für ihr körperliches Überleben ausreichend und in Liebe sorgen zu können.

Im Lager meiner Söhne herrschte permanent Nahrungsknappheit, die ihren animalischen Instinkt immer aggressiver auf ihr irdisches Umfeld reagieren ließ und dazu führte, dass sich ihr göttliches Herze aus ihrer Bewusstheit zu entfernen begann.

In ihren scheinbaren Nöten gefangen, beobachteten sie die Tiere und erklärten sie durch ihre Unbewusstheit zu ihren angeblichen Feinden, die es zu besiegen galt, um sie gewissenlos verspeisen zu können.

Meinen Söhnen war nicht bewusst, dass sie eine Realität erschufen, in denen das Tier zu einem scheinbaren Feind für sie wurde.

Die Welt der Tiere untersteht in göttlicher Wahrhaftigkeit immer der Führung der Menschen, und somit reagierte das Tierreich auf die Idee ihrer eigenen Bedrohlichkeit für den Menschen und erschuf Kreaturen, die in ihrer Gnadenlosigkeit der menschlichen Jagd auf sie in nichts nachstanden.

Meinen Söhnen war nicht bewusst, dass der animalische Instinkt in einem Tier viel größere Möglichkeiten besaß, als in einem Menschen, und so vergrößerte sich die scheinbare Not im Lager der Männer durch ihren Kampf gegen das Tierreich, ohne dass uns Frauen in unserem Lager ihre scheinbaren Nöte bewusst gewesen wären.

Einmal im Jahr bei Vollmond trafen wir uns, das Lager der Frauen und das Lager der Männer, zu einem großen Fest am Wasser der Göttin und vereinten uns als Mann und als Frau, um für unsere Fortpflanzung zu sorgen.

Bis in eure heutige Zeit ist die Nacht der Beltane überliefert worden, denn sie war einst die Nacht eurer menschlichen Empfängnis auf Erden und birgt ihre eigene göttliche Magie in sich.

Die Kinder, die ich von meinem Sohn Samael empfing, und die Kinder, die unsere Töchter von unseren Söhnen empfingen, blieben vorerst alle in der Gemeinschaft der Frauen, die sie mit ihrer Muttermilch versorgten.

Alle Töchter, die gezeugt und geboren wurden, blieben ihr Leben lang im Kreis der Frauen und wurden ab ihrem siebten Lebensjahr in die Weisheiten der Göttin eingeführt.

Alle Söhne, die gezeugt und geboren wurden, blieben sieben Jahre im Schoß ihrer Mutter und wurden zum Vollmond von Samhain nach ihrem siebten Geburtstag an ihre Väter überreicht.

Noch lange waren an diesem Tage die Schreie der Mütter im Wind zu hören, als sie ihre Söhne scheinbar pflichtgetreu an ihre Männer überreichten.

Noch lange waren an diesem Tage die Schreie der Söhne im Wind zu hören, als sie den Armen ihrer Mütter scheinbar entrissen wurden.

So kam es, dass sich die Mütter von ihren Söhnen bereits nach ihrer Geburt zu distanzieren begannen, um sich den folgenden Abschiedsschmerz scheinbar zu erleichtern, und so wurde die Kluft zwischen den Männern und den Frauen dieser Welt immer größer.

Das göttliche Herz in meinen Töchtern schien sich immer mehr davor zu ängstigen, sich der Liebe für das Männliche auf Erden zu öffnen, da diese Erfahrungen immer sehr schmerzhaft zu sein schienen, und somit spiegelten mir meine Töchter die unerlösten Wunden der partnerschaftlichen Liebe, die in meiner Partnerschaft mit meinem Geliebten Adam in mir geboren worden waren und die ich unbewusst auf sie übertrug.

Im Laufe der Zeit zog die sprachliche Kommunikation, die unsere Söhne in ihren ersten sieben Lebensjahren bei uns Frauen gelernt hatten, auch im Lager der Männer ein.

Da erfuhren unsere Söhne von der scheinbar göttlichen Welt, in der wir lebten, und unsere Söhne berichteten von unserer Magie und unserer großen Macht im Lager der Männer.

So erfuhr mein Sohn Samael von der scheinbar göttlichen Welt, in der wir lebten, und unsere Söhne berichteten ihm von unserer Magie und unserer großen Macht, die wir aus der Sichtweise meines Sohnes Samael nun scheinbar über seine Söhne gewonnen hatten, da sie so von uns und unserer Welt schwärmten, die scheinbar um vieles göttlicher zu sein schien als die Welt, die er seinen Söhnen bot.

Die Phantasiewelt seiner Illusionen und unerlösten Wunden über seine scheinbare Macht als Gott über seine Söhne schien für ihn bedroht, es und kreisten die Überlegungen seiner Illusionen und unerlösten Wunden in ihm, wie er seine scheinbar bedrohte Macht über seine Söhne zurückgewinnen könnte. Das göttliche Herz meines Sohnes Samael begann sich durch die bewusste Führung seiner Illusionen und seiner unerlösten Wunden aus seiner irdischen Realität ganz zurückzuziehen, und so ernannten mich seine Illusionen und unerlösten Wunden zu ihrem neuen Feindbild, denn ich schien die Königin zu sein, die es zu besiegen galt, um ihren Thron einnehmen zu können, der ihm die Macht über alle seine Kinder auf Erden geben sollte.

Die Illusionen und die unerlösten Wunden meines Sohnes Samael suchten ihm einzureden, dass ich ihn von Anbeginn nicht hatte lieben wollen.

Sie suchten ihm einzureden, dass er nicht mehr um meine Liebe betteln sollte, denn sie sei eine Gefahr für ihn, die ihn nur abhängig und schwach machte und somit seinen Machtanspruch auf seinen rechtmäßigen Thron gefährdete.

Seine Illusionen und unerlösten Wunden sprachen die unbewusste Sprache seines Vaters Adam, um dessen Liebe und Annahme er auf diese Weise unbewusst zu kämpfen suchte, indem er die Illusionen seines Vaters in sich aufnahm, um für ihn irdisch zum Ausdruck zu bringen, was an Illusion in ihm, seinem Vater, gezeugt worden war.

Die Illusionen und unerlösten Wunden in meinem Sohn Samael wollten daran glauben, dass ich ihn bewusst hätte demütigen wollen und dass es von Anfang an mein Plan gewesen sei, ihm durch unsere beiden geteilten Lager deutlich zu machen, dass ich die Bessere von uns beiden sei, damit ich den alleinigen Machtanspruch auf den göttlichen Thron auf Erden erheben könne, um ihn wieder in die Einsamkeit abzuschieben, aus der er scheinbar eben erst gekommen war.

Meinem Sohn Samael sollte es gelingen, die Illusionen seines Vaters auf der irdischen Ebene zu ihrem vollständigen Ausdruck zu bringen, so dass sie ihren wahren Namen durch ihn finden konnten, den es eines Tages für euch bewusst zu entschlüsseln gilt, um euch in eure Göttlichkeit auf Erden zu erheben.

Erst wenn eure Illusionen und somit auch eure unerlösten Wunden in das Licht eurer irdischen Bewusstheit gelangen, können sie von euch ihre bewusste Erlösung erfahren und erklären euch somit, warum mein Sohn Samael auch als Lichtbringer bezeichnet wurde, denn er brachte die Dunkelheit in das Licht und somit in die Bewusstheit eurer irdischen Welt, damit sie langfristig in euch ihre bewusste Erlösung erfahren kann.

Die Illusionen und die unerlösten Wunden in meinem Sohn Samael wollten daran glauben, dass ich ihnen bewusst nicht hätte helfen wollen, um ihre göttlichen Fähigkeiten auf Erden zu entwickeln, doch sie vergaßen dabei, dass sie mich durch ihre Illusionen der Konkurrenz niemals um Hilfe gebeten hätten, da sie immer sehr bemüht waren, mir und dieser Welt zu demonstrieren, wie mächtig und wie wissend sie bereits waren.

Die Illusionen und die unerlösten Wunden der Angst vor einem scheinbaren Machtverlust in meinem Sohn Samael hatten ihn stets davon abgehalten, mich um meine Hilfe bei der Erziehung unserer Söhne zu bitten, und verweigerten ihm die Möglichkeit, über die Hilfe im Außen eine bewusste göttliche Unterstützung zu erfahren.

Die Phantasiewelt meiner Illusionen und meiner unerlösten Wunden schien mich davon abzuhalten, der göttlichen Wahrhaftigkeit über die Entwicklung meiner Söhne bewusst zu begegnen, und so schien ich gefangen in der Rolle des Opfers auf Erden und war vollkommen überrascht, als mein Sohn Samael eines Tages vor mir stand.

Mein Sohn Samael hatte sich verändert, denn in seinem Gesicht sah ich seine ersten Falten, und sein Haar schien seinen goldenen Glanz verloren zu haben. Mein Sohn Samael drohte mir, dass er mich eines Tages in einem Kampf besiegen würde, wenn er scheinbar stark genug dafür geworden sei, aber er habe durch seine Unsterblichkeit alle Zeit dieser Welt und wolle sie für sich und seine Vorbereitung auf unseren Kampf bewusst nutzen.

So stand mein Sohn Samael vor mir und drohte in göttlicher Wahrhaftigkeit sich selbst, seinen eigenen bewussten und unbewussten Gefühlen der Liebe mit seinem Kampf, der seine eigenen göttlichen Gefühle der Liebe langfristig in ihm vernichten sollte, denn dann wäre er endlich erlöst von seinen scheinbaren Leiden, wollte er in seiner Unbewusstheit glauben.

Vollkommen gelähmt, verharrte ich in der Rolle des Opfers auf Erden und spürte, wie mein Herze scheinbar zu sterben drohte, als sich mein Sohn Samael von mir abwandte, um zu gehen.

Ich schrie ihm nach, dass er bleiben solle, doch er wollte mir scheinbar nicht mehr zuhören.

Nach einer Weile stand ich immer noch an der gleichen Stelle, an der er mich verlassen hatte, und war in der Rolle des Opfers auf Erden scheinbar so gefangen, dass ich einfach keine Möglichkeit mehr zu sehen schien, mich um das göttliche Herz meines Sohnes Samael bewusst zu bemühen, und verlor somit meinen bewussten Glauben an die Göttlichkeit in meinem Sohn und raubte ihm somit unbewusst seinen letzten Halt auf Erden, an seine Göttlichkeit bewusst glauben zu können.

In göttlicher Wahrhaftigkeit war die göttliche Liebe in meinem Herzen durch meine Illusionen und unerlösten Wunden in meiner irdischen Bewusstheit so geschwächt, dass sie nicht mehr stark genug in mir zum Ausdruck gelangte, um meinen Sohn Samael aus seiner scheinbaren Not erlösen zu können.

Da ich mich kurz vor einer Niederkunft befand, gelang es mir nicht mehr, in meine Höhle zu gehen, als die erste Wehen einzusetzen begannen.

Während ich ein weiteres Kind von meinem Sohn Samael gebar, hatte ich eine göttliche Vision und wusste, dass dieses unser letztes gemeinsames Kind sein sollte, das ich in diese Welt gebären durfte.

Ich nahm meine neugeborene Tochter, brachte sie in meine Höhle und legte sie dort an meine Brust, und ich gab ihr den Namen Bastet.

Meine Tochter war das 666. Kind, das ich meinem Sohn Samael geboren hatte.

In der Nacht fiel ich in einen tiefen Schlaf, in dem die Göttin mich empfing.

Die Göttin bestätigte meine Vision, die ich während der Geburt meiner Tochter empfangen hatte, dass es der göttliche Wille sei, keine weiteren Kinder von meinem Sohn Samael auf Erden zu empfangen.

Aus unseren 666 Kindern, die wir auf Erden gemeinsam gezeugt und geboren hatten, sollte sich die neue Menschheit entwickeln, die ihre unbewusste Reise angetreten hatte, um den Weg aus ihrer unbewussten Dunkelheit in ihr bewusstes Licht gehen zu lernen.

Aus unseren 666 Kindern, die wir auf Erden gemeinsam gezeugt und geboren hatten, sollte sich die neue Menschheit entwickeln, um den Weg aus ihrem unbewussten animalischen Instinkt des Kampfes und der Rache in ihre göttliche Natur des Vertrauens und der Vergebung gehen zu lernen.

Der Kontinent, den mein Sohn Samael bewohnte, sollte von Anbeginn der Kontinent auf Erden sein, der von den gefallenen Seelen des Planeten Mars besiedelt werden sollte.

Der Kontinent, den Samael bewohnte, umfasste euer heutiges Europa, Afrika und Asien, ausgenommen einige kleine Inseln, die in göttlicher Wahrhaftigkeit die kleinen Überbleibsel ihrer untergegangenen

Kontinente bilden und niemals wahrhaftig zu dem Kontinent Samaels gehört hatten.

Die Insel Japan ist das größte Überbleibsel des Kontinentes Lemurien, das euch Menschen als unbewusste Erinnerung an die vergangene Kultur meines Geliebten Adam dienen darf, dem es für eine gewisse Zeit scheinbar gelungen war, das Paradies auf Erden auf seinem Kontinent Lemurien zu verwirklichen, da es ihm lange nach unserer Trennung, die mich zu meinem Sohn Samael führte, gelungen war, die ersten Schritte der bewussten Selbsterleuchtung auf Erden zu unternehmen, um das göttliche Licht bewusst in der irdischen Atmosphäre und somit vorerst auf seinem Kontinent Lemurien zu verankern.

Mir war nicht bewusst, dass die Zahl der Kinder, die aus meiner Vereinigung mit meinem Sohn Samael geboren wurden, ein Symbol aufzeigte, das es für die neue Menschheit bewusst zu entschlüsseln gilt:
$$6 + 6 + 6 = 18$$

Die Zahl 18 steht für die menschlichen Illusionen, die es durch die göttliche Kraft der Liebe in ihrer göttlichen Vollständigkeit auf Erden bewusst zu überwinden gilt. Sie wird gezeugt und geboren aus der Vereinigung der dreifachen Zahl 6.

Die Zahl sechs steht für die drei göttlichen Urbedürfnisse in jeder Seele auf Erden, die göttliche Liebe aus ihrem feinstofflichen Ursprung, der göttlichen Einheit, in die irdische Realität zu geleiten.

Das göttliche Dreieck der Zahl sechs gleicht einem Dreieck, dessen Spitze nach oben zeigt.

Die zwei unteren Eckpunkte dieses Dreiecks setzen sich aus der *göttlichen Hoffnung* und dem *göttlichen Glauben* zusammen und zeigen die beiden ersten göttlichen Urbedürfnisse in meinen Kindern, die auch die ersten zwei Sechser aus der Geburtszahl meiner Kinder symbolisieren, die ich von meinem Sohn Samael empfing, um sie in diese Welt zu gebären.

Die beiden ersten göttlichen Urbedürfnisse in meinen Kindern sind das nach göttlicher Hoffnung und das nach göttlichem Glauben in ihrem Leben.

In der Spitze des göttlichen Dreieckes der Zahl 6 vereinen sich der göttliche Glaube und die göttliche Hoffnung und erzeugen und gebären die göttliche Liebe, die das dritte göttliche Urbedürfnis meiner Kinder ist und die dritte Sechs aus der Geburtszahl meiner Kinder symbolisiert.

Das dritte göttliche Urbedürfnis in meinen Kindern ist das nach Liebe in ihrem Leben.

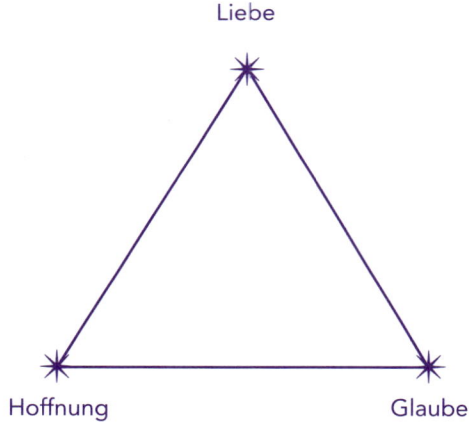

Das göttliche Dreieck der Liebe kann jedoch in eure Realität keinen Einlass finden, wenn es kein viertes Standbein in euch finden kann, um sich in eurer irdischen Realität, die aus einem Quadrat besteht, zu manifestieren.

Das göttliche Dreieck der Liebe kann sich erst dann bewusst in euch und damit in eurem Leben manifestieren, wenn ihr der göttlichen Liebe mit der bewussten Geburt eines vierten Standbeines die Möglichkeit überreicht, sich in ein irdisches Quadrat der göttlichen Liebe zu verwandeln, damit es in eure bewusste Realität fließen kann.

Das vierte Standbein der göttlichen Liebe, das es bewusst zu erschaffen gilt, zeigt euch eure größte Herausforderung auf Erden. Es ist die göttliche Vergebung, die es bewusst zu erlernen gilt, um die göttliche Liebe durch eure eigene bewusste Empfänglichkeit in eurem Leben erfahren zu können.

Die größte Illusion, meine geliebten Kinder, die es in euch und somit auf Erden bewusst zu überwinden gilt, ist die, glauben zu wollen, dass es euch möglich sein könnte, die Wege der göttlichen Liebe allein aus euren drei göttlichen Urbedürfnissen der Hoffnung, des Glaubens und der göttlichen Liebe zu erfahren, ohne dass euch bewusst geworden ist, dass die göttliche Vergebung von euch bewusst erzeugt und geboren werden will, damit euch die göttliche Liebe in eurer irdischen Realität langfristig erreichen kann.

Alle eure Illusionen und alle eure unerlösten Wunden fordern euch unbewusst dazu auf, euch in der göttlichen Vergebung zu üben, damit sie zu einem festen Bestandteil in euch und eurem Leben werden kann.

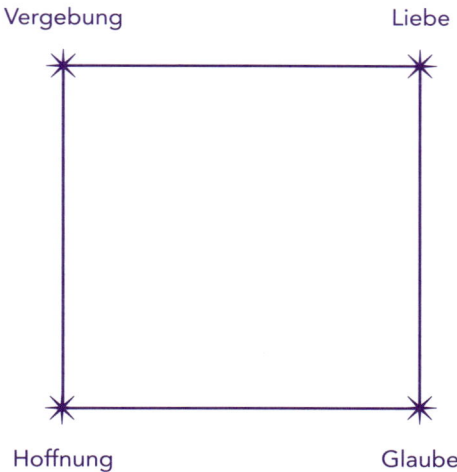

Ist das Quadrat der göttlichen Liebe durch eure bewusste Vergebungsbereitschaft in euch gezeugt und geboren worden, dann wird es sich vierfach in seine göttliche Form erheben und zu einer Pyramide der göttlichen Liebe werden, die sich um euer irdisches Leben erzeugen und gebären wird, damit sie in ihrer ganzen göttlichen Fülle empfangen werden kann.

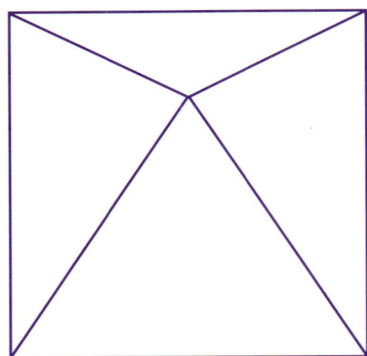

Mein Sohn Samael verwendete lange Zeit das Dreieck der göttlichen Liebe als sein Symbol, das ihm scheinbar deutlich werden ließ, dass die drei göttlichen Urbedürfnisse der göttlichen Liebe in uns Menschen auf Erden zum Scheitern verurteilt sind, und ernannte das göttliche Dreieck der göttlichen Liebe zum Symbol seiner bewussten Verhöhnung der göttlichen Liebe, die auf Erden scheinbar machtlos und zum Scheitern verurteilt zu sein scheint.

Gewiss mag das göttliche Dreieck der göttlichen Liebe auf Erden scheitern, wenn es nicht seine irdische Vollständigkeit erfahren darf, um die Illusionen meines Sohnes Samael in euch überwinden zu können.

Wenn das vierte Standbein der göttlichen Liebe auf Erden, die göttliche Vergebung, in euch gezeugt und geboren wurde, dann gesellt sich die vierte Zahl 6, die euer unbewusstes göttliches Urbedürfnis nach göttlicher Vergebung präsentiert, zu dem göttlichen Dreieck der göttlichen Liebe und verwandelt es in das göttliche Quadrat der göttlichen Liebe auf Erden und ermöglicht euch die bewusste Umsetzung

eurer göttlichen Urbedürfnisse nach Liebe in euch und somit auf Erden:
$$6 + 6 + 6 + 6 = 24$$
$$2 + 4 = 6$$

Und so darf es eure göttliche Aufgabe auf Erden sein, euch bewusst in der göttlichen Vergebung zu üben.

Wenn ihr die göttlichen Reinigungsprozesse eures Herzens in euch erfahren dürft, die euch von eurer unerlösten Vergangenheit zu erlösen suchen, dann darf es auch immer die göttliche Vergebung sein, die ihre bewusste Übung von euch erfahren darf.

Wenn es euch in eurem Leben scheinbar schwerfallen will, euch selbst oder einer anderen Seelen eure bewusste göttliche Vergebung zuschenken, dann übt euch bewusst in der Affirmation und sprecht laut und deutlich:

Ich bin die göttliche Vergebung in mir!
Ich vergebe mir und allem Leben, das mich umgibt, denn ich bin ein bewusster Herr und Meister, eine bewusste Herrin und Meisterin der göttlichen Vergebung auf Erden!

Wenn die göttliche Vergebung für euch oder für eine andere Seele scheinbar nicht gelingen will, dann erlaubt eurer bewussten Vorstellungskraft, euch zu Hilfe zu eilen.

Stellt euch mit geschlossenen Augen euer Herz, das euren gesamten Brustbereich einnimmt, und das Herzen der anderen Seele, das ihren gesamten Brustbereich einnimmt, in eurem Geist vor.

Wenn es euch gelungen ist, euch beide Herzen vorzustellen, dann stellt euch weiter vor, wie ein rosafarbener Lichtstrahl aus eurem Herzen in das Herz der anderen Seele fließt, um euch gemeinsam zu erlösen.

Dabei dürft ihr erneut die Affirmationen der göttlichen Vergebung sprechen.

In meiner Inkarnation als Lilith war der göttliche Zeitpunkt gekommen, dass mich der Ruf der Göttin ereilte und mich zu Ihr an Ihr großes Wasser führte.

Da stand ich auf einer hohen Klippe und betrachtete das große Meer in seiner endlosen Weite.

In mir stiegen die Bilder meiner Kinder auf, und ein Ozean an Tränen strömte aus meinen Augen.

Mir wurde die scheinbar unüberwindliche Kluft bewusst, die sich zwischen meinen Söhnen und meinen Töchtern gebildet hatte.

Meine Töchter hatten durch die bewusste Integration der Botschaften der Göttin, die ich ihnen übermittelt hatte, eine ganz und gar andere Entwicklung genommen, als meine Söhne, was inzwischen auch körperlich nicht mehr zu übersehen war.

Die Körper und vor allem auch die Köpfe meiner Töchter waren sehr viel kleiner als die Körper und die Köpfe meiner Söhne, die sich für ihre scheinbare Erfahrungsebene von Kampf besonders auszudehnen suchten, während sich meine Töchter immer mehr in einen göttlichen Kanal zu entwickeln suchten, der auch die Dualität in ihren Köpfen scheinbar zu überwinden suchte.

Die Kinder, die ich von meinem Sohn Samael in mir empfangen hatte, um sie in dieser Welt zu gebären, hatten sich durch unsere geteilten Lager in zwei verschiedene Rassen entwickelt, die durch die Zugehörigkeit ihres Geschlechtes gekennzeichnet waren, da es für meine Söhne scheinbar ganz und gar andere Aufgaben in ihrem Leben zu meistern galt als für unsere Töchter.

Aus dem Lager der Frauen gebar sich der von euch so genannte *Homo floresiensis*. Der *Homo floresiensis* wird von euch auch Hobbit genannt.

Aus dem Lager der Männer erzeugte sich der von euch so genannte *Homo sapiens*.

Die *Homo floresiensis* und der *Homo sapiens* sind beide dem *Homo erectus* entsprungen, den ersten Urmenschen, die aus der Vereinigung mit meinem Sohn Samael gezeugt und geboren wurden, bevor wir die Erziehung unserer Kinder in zwei Lager aufzuteilen begannen.

In meiner Inkarnation als Lilith stand ich noch immer reglos auf der Klippe, und ich konnte spüren, wie das große Meer nach mir rief, und da wusste ich, dass der göttliche Zeitpunkt in meinem Leben gekommen war, den Kontinent meines Sohnes Samael zu verlassen, denn in meiner irdischen Realität fehlte mir mein eigener Grund und Boden, mein eigener Kontinent und somit mein eigenes Reich, um mich auf Erden bewusst selbst erfahren zu können.

Erst lebte ich auf dem Kontinent meines Geliebten Adam, um das scheinbare Opfer seiner Illusionen zu werden.

Dann lebte ich auf dem Kontinent meines Sohnes Samael, um das scheinbare Opfer seiner Illusionen zu werden.

Und während ich so nachsann, kam eine große Windböe, das göttliche Element Luft, das ursprünglich mein Sohn Samael verkörpern sollte, und warf mich von der Klippe, auf der ich stand.

Ich schien endlos zu fallen, bis ich das große Meer an meinen Füßen spürte, das sich wie eine Spirale unter mir zu öffnen begann, um mich scheinbar zu verschlingen.

In göttlicher Wahrhaftigkeit hatte ich mich in der großen Göttin Kessel von Sterben und Werden begeben, denn ich hatte mich ausreichend erleuchtet, um einen Schritt weiter in der Bewusstwerdung meiner eigenen Göttlichkeit auf Erden gehen zu können.

Da ich unsterblich war, verlor ich den bewussten Kontakt zu dieser Welt nicht, doch verwandelte mich durch die göttliche Kraft der Transformation in mir in eine vollkommen neue Erscheinungsform auf Erden.

Das Tor der partnerschaftlichen Liebe

So seid gegrüßt, meine geliebten Erdenkinder,
   so durften wir, Meister Saint Germain, euch durch die Erfahrungen von Adam, Lilith und Samael begleiten und waren oft auch die Stimme der Erklärungen, die euch in ihrem Kapitel gegeben wurden.

Wir haben euch bewusst alle Erklärungen überreicht, die es für euch braucht, um das Tor der partnerschaftlichen Liebe meistern zu lernen, damit es euch langfristig in das Tor der göttlichen Liebe auf Erden erheben darf.
   So mag es unser göttliches Bedürfnis sein, euch zum Abschluss dieses Buches besonders daran zu erinnern, dass es in eurem Herzen bewusst auf die göttliche Liebe zu hoffen gilt, die stärker ist als jede Energie in eurem gesamten Universum.
   Eine Partnerschaft durch einen scheinbaren Kampf mit einer Seele erkämpfen oder erhalten zu wollen, wird euch ganz gewiss niemals die göttliche Fülle der göttlichen Liebe auf Erden schenken.

Bewusst daran glauben zu wollen, dass die göttliche Liebe die stärkste Macht in eurem Leben ist, die euch immer in eure göttliche Erfüllung auf Erden zu führen weiß, mag euch den wahren Weg in die göttlichen Wunder auf Erden weisen.
   Jede Illusion von Getrenntheit, Kampf, Konkurrenz oder Handlungsunfähigkeit wird die göttliche Liebe in eurem Herzen daran hindern, sich in eurer Realität zu manifestieren.
   Die göttliche Hoffnung auf die Kraft der Vereinigung Gottes und der Göttin in eurem Leben gilt es bewusst für euch zu bewahren und damit euch die Hoffnung auf die göttliche Kraft der partnerschaftlichen Liebe, damit es euch möglich wird, die göttliche Liebe in ihrer

Kraft der Vereinigung in euch und somit auf Erden bewusst zu erfahren. Es braucht nur dein: Ich bin bereit!

Um aber die göttliche Hoffnung bewusst in euch bewahren zu lernen, braucht es eure Bereitschaft, euch bewusst in der göttlichen Vergebung auf Erden zu üben, damit sich eure unerlöste Vergangenheit in den göttlichen Lehrer und die göttliche Lehrerin verwandeln kann, die sie von Anbeginn für euch sein wollte.

Ihr seid die göttlichen Kinder eurer göttlichen Eltern in ihrer göttlichen Übung auf Erden, und am Ende eurer göttlichen Entwicklung auf Erden wird euch bewusst werden, dass alles in eurem Leben, unabhängig davon, welche Verkleidung es zu tragen schien, aus der göttlichen Liebe gezeugt und geboren wurde.

Denn „Kinder der Liebe seid ihr alle auf der Welt, ob ihr nun arm seid oder reich, am Anfang seid ihr alle gleich!"

Ist es nicht göttlich, dass soviel göttliche Weisheit aus einem Lied zu sprechen weiß, das von einer Seele auf Erden für euch gesungen wurde?!

Das göttliche Licht der göttlichen Liebe in euch ist allgegenwärtig!
Es braucht nur dein: Ich bin bereit!

Euer Meister Saint Germain

Ich möchte zum Abschluss dieses Buches meiner Freundin Heike danken, ohne deren Hilfe es mir nicht möglich gewesen wäre, die Zeit zu finden, dieses Buch für unseren geliebten Meister Saint Germain empfangen zu dürfen. Danke, liebe Heike! *Sibylle*

Solltet ihr Fragen zu Seminaren oder zu Veranstaltungen haben, in denen ich die Botschaften von Meister Saint Germain weitergebe darf, dann wendet euch doch bitte an folgende Telefonnummer: 06145 - 5 999 08
Alles Liebe, Sibylle

Bitte beachten Sie auch die folgende Seite.

Aus Anlass des Hinweises von Meister Saint Germain auf die Bedeutung einer neuen Erziehung für unsere Kinder in diesem Buch dürfen wir auf unsere Kinderbücher aufmerksam machen, die alle die seelisch-intuitive Seite im jungen Menschen zu fördern suchen:

Dein Engel und du
ISBN 3-924161-22-4

Die Geschichten vom Engel Jerome
ISBN 3-89568-010-9

Das Buch vom wahren Zaubern
ISBN 3-924161-14-3

Das Geheimnis des friedlichen Kriegers
ISBN 3-924161-59-3

Das Edelsteinbuch
ISBN 3-89568-024-9

Wenn die Seele Märchen erzählt
ISBN 3-924161-71-2

Der kleine Junge, der die Schule hasste
ISBN 3-924161-65-8

Kinder heilen Bäume und Tiere
ISBN 3-924161-61-5

Mira und der Kreidestrich
ISBN 3-924161-39-9

Elf Albwo
ISBN 3-89568-038-9

Von der Zauberkraft der Bäume
ISBN 3-89568-149-0

Die Reise in die vier Elemente
ISBN 3-89568-143-1

Jacomo baut ein Medizinrad
ISBN 3-924161-40-2

Wellen der Liebe
ISBN 3-89568-106-7

Ich komm' aus der Sonne
ISBN 3-924161-72-0

... und weitere mehr ...

Bitte fordern Sie unseren Naturgeister- und Kinderbuchprospekt an.

ch. falk-verlag
www.chfalk-verlag.de